La queja masculina

Un ensayo sobre la machosfera

Simon James Copland

La queja masculina
Un ensayo sobre la machosfera

Traducción de Magalí Martínez Solimán

EDICIONES CÁTEDRA
UNIVERSITAT DE VALÈNCIA

Feminismos

Consejo asesor:

1.ª edición, febrero de 2026

Título original de la obra: *The Male Complaint:
The Manosphere and Mysogyne Online*

Diseño de cubierta: Germán Úcar

Reservados todos los derechos. El contenido de esta obra está protegido
por la Ley, que establece penas de prisión y/o multas, además de las
correspondientes indemnizaciones por daños y perjuicios, para
quienes reprodujeren, plagiaren, distribuyeren o comunicaren
públicamente, en todo o en parte, una obra literaria, artística
o científica, o su transformación, interpretación o ejecución
artística fijada en cualquier tipo de soporte o comunicada
a través de cualquier medio, sin la preceptiva autorización.

PAPEL DE FIBRA
CERTIFICADA

© Simon James Copland, 2025, 2026
Translated from *The Male Complaint: The Manosphere and Misogyny Online,* 2025
This edition is published by arrangement with Polity Press Ltd., Cambridge
© De la traducción: No Gaps Project, S. L. / Magalí Martínez Solimán, 2026
© Ediciones Cátedra (Grupo Anaya, S. A.), 2026
Valentín Beato, 21. 28037 Madrid
Depósito legal: M. 22.507-2025
I.S.B.N.: 978-84-376-4973-3
I.S.B.N.: 978-84-1118-665-0
Printed in Spain

Para Beatrix, Max, Ethan y Levi, a los que disfruto viéndolos crecer y desarrollarse. Y para Isaac, al que echo de menos con cada fibra de mi corazón.

Agradecimientos

Escribí este libro en tierras del pueblo ngunnawal y quiero rendir tributo a los mayores, pasados y presentes. Mi libro solo ha sido posible gracias a la constante colonización de esta tierra, y me doy cuenta de que no se logrará hacer justicia plena hasta que tengamos un relato de la verdad y un tratado. Esta siempre ha sido, y siempre será, una tierra aborigen.

Quiero empezar por dar las gracias a mis dos extraordinarios socios, James y Martyn, que me han acompañado desde el primer momento y han permanecido a mi lado durante todos los altibajos. Escuchan mis ideas, me hacen sugerencias, se preocupan cuando voy a reuniones o conferencias de la extrema derecha y han acudido a múltiples presentaciones. También me proporcionan un hogar seguro y acogedor al que acudir cada noche. No podría haber hecho esto sin el apoyo que ambos me habéis dado. Os quiero muchísimo a los dos.

Estoy enormemente agradecido a las personas de mi universidad que me han apoyado a lo largo de mi doctorado y a la hora de convertir mi tesis en este libro. Gracias especialmente a Mary Lou Rasmussen, que fue mi directora de tesis y se ha convertido en una buena amiga y en una compañera intelectual de discusiones. Aprecio enormemente que Mary Lou me permitiera explorar las tangentes intelectuales sin dejar de echarme el freno cuando ha sido necesario.

Gracias también al resto de académicos y académicas que me han ayudado durante mi proceso de doctorado: Helen Keane, Rob Ackland, Timothy Graham, Elizabeth Humphrys y Hannah McCann, que formaron parte en algún momento de mi tribunal de tesis. También tengo una lista interminable de personas de mi universidad y de mi facultad —estudiantes, profesorado, personal investigador y administrativo— que han creado un entorno de apoyo para que pudiera terminar primero la tesis y luego el libro. En los últimos años de mi investigación, recibimos la influencia de nuevos estudiantes de doctorado que promovieron una impresionante cultura (¡lo siento, no puedo nombraros a todos y a todas!). Hemos compartido los almuerzos diarios, las copas del viernes por la noche y una salida al cine al mes. Ha sido estupendo contar con personas a mí alrededor con las que hablar de los detalles cotidianos de la investigación y con las que distraerme cuando lo necesitaba.

Una de las alegrías de escribir este libro ha sido estar rodeado de una comunidad de personas a las que quiero y que me importan y que me quieren y a las que les importo. Quiero dar las gracias a Yvonne y a Robyn, que releyeron mi tesis doctoral antes de que se publicara, y a mi madre, que leyó todo el libro (¡dos veces!) e hizo comentarios. Gracias a toda mi familia —mamá, Mohammad, papá, Robyn, Sarah, Craig, Isaac, Ethan, Levy, Josh, Dee, Beatrix, Max— y a mi familia política —Joy, Don y Charlie—, siempre presentes, interesándose por mí y por cómo iba y dándome sus puntos de vista cuando lo necesitaba. También tengo una impresionante comunidad de amistades: Halie (+ Winnie), Liam, Maiy, Robyn, Imogen, Louise y Cam (+ Katherine y Eleanor), Pam, Tess y Frank (+ Annie), Bondy y KL (+ Charlotte), Anna, Ebony, Katina y Andrew, Luke y Alex, Emily, Ben, Maeve, Lina, Millan, Hannah, Tim, Clare y Holly, James C, Henry, Skye,

Pat, Jack, Lucy, Nick y Zev, Mia y Mat (+ Sammy), Sean y Ashleigh y muchas personas más, que no solo me han apoyado mientras escribía sino que me han brindado un espacio cuando de vez en cuando he necesitado refugiarme en él. Es impresionante tener semejante red de apoyo a mi alrededor.

Por último, gracias a los editores de Polity Press, en particular a Karina Jákupsdóttir, que me ha guiado a lo largo del proceso de edición. Ha sido una auténtica gozada trabajar con todo el equipo de Polity Press, y estoy encantado de haber contado con tan excelente editorial para este trabajo.

No sé cómo poner punto final a este apartado, porque dar las gracias a la gente se antoja algo insignificante comparado con todo el apoyo que he recibido. ¡Muchísimas gracias a todas y a todos!

Siglas

AWALT   All Women Are Like That
IRL   In Real Life
MGTOW   Men Going Their Own Way
NNN   No Nothing November
OP   Original Poster
SMV   Sexual Market Value
THOT   That Ho Over There
TRP   The Red Pill

CAPÍTULO PRIMERO

Introducción

Os presento al pobre Arthur. Arthur realiza un trabajo no cualificado en una empresa de payasos a domicilio y sueña con ser actor de monólogos. Pero eso nunca va a ocurrir: ¡Arthur es un muermo! Lo que explica en parte la situación de Arthur es que sufre problemas graves de salud mental, incluida una enfermedad socialmente embarazosa que le induce a reírse sin control en las situaciones más inapropiadas. Por si eso no fuera suficiente, Arthur no va a tardar en ser víctima de los nuevos recortes del gobierno. Pierde acceso a los servicios sociales de los que disfrutaba y por otra parte no puede permitirse la medicación o el apoyo psicológico que necesita desesperadamente. Arthur y su madre, que también tiene problemas de salud mental debido a una larga historia de traumas, viven en una situación de pobreza extrema. Arthur va de mal en peor. Sin embargo, la situación alcanza un punto álgido cuando, en el trabajo, donde hace publicidad de empresas por la calle como hombre anuncio, una panda de adolescentes le da una paliza. En lugar de preocuparse por él como debería, el jefe de Arthur le obliga a pagar el cartel de «liquidación» con el que circulaba en aquel momento y a continuación lo despide.

Arthur reacciona como lo haría cualquier persona en su situación: se enfada. Pero su ira va más allá y empieza a ponerse violento. Mata a una persona, primero en defensa propia, al querer protegerse a sí mismo y a una mujer durante una agresión en el tren. Pero al matar, se da cuenta de que ha sentido algo que nunca había experimentado anteriormente: el control. En su vida de delincuente, Arthur dice que «durante toda mi vida ni siquiera he sabido si realmente existía. Pero existo. La gente está empezando a darse cuenta».

Algunas personas ya conoceréis esta historia. Arthur fue interpretado magistralmente en la película *Joker* de 2019 por Joaquin Phoenix, que obtuvo un Oscar al mejor actor por este papel. *Joker* también ganó el León de Oro en el Festival de Cine de Venecia, donde el público se puso en pie para dedicarle una ovación de siete minutos. En los Oscar, también fue nominada a mejor película, mejor dirección y mejor guion adaptado. Mientras escribo esto, estoy esperando impaciente la secuela, en la que actuará nada menos que Lady Gaga.

Pero Arthur se convirtió en algo más que un mero personaje de película. Durante una etapa política muy crítica, llegó a ser un símbolo. *Joker* se estrenó tres años después de la elección de Donald Trump como presidente de Estados Unidos*, en un momento en que las sociedades occidentales empezaban a experimentar el resurgimiento de movimientos políticos radicales y violentos de extrema derecha. Tras ver la película, algunas personas no tardaron en establecer comparaciones entre Arthur y los miembros violentos de aquellos movimientos, en particular los de un grupo que entonces estaba suscitando mucha

---

* Se trata de la primera elección de Donald Trump como presidente, en enero de 2017 *[N. de la T.]*.

preocupación: los *incels,* o «célibes involuntarios». Los *incels* creen que, debido a factores genéticos, son incapaces de establecer relaciones significativas con mujeres (lo que para ellos supone no tener relaciones sexuales), y se han convertido en el estereotipo de los hombres aislados y alienados. Algunos, como Arthur, han cometido actos de violencia de masas.

El posible parecido de Arthur con los *incels* suscitó inmediatamente la indignación de muchos críticos de cine y de una gran parte del público. Estas personas pensaban que *Joker* mostraba excesiva empatía con Arthur y que, al hacerlo, justificaba su violencia (por ejemplo, Edelstein, 2019; Ellwood, 2019; Zacharek, 2019). En su opinión, *Joker* convertía en ídolos a quienes cometían asesinatos y otros crímenes violentos. David Edelstein (2019), crítico de cine de larga trayectoria en *Vulture,* se queja de que «en realidad, no solo admiras al Joker. El despliegue de insultos es tan repetitivo y en última instancia resulta tan aburrido que estás deseando que aparezca su *alter ego:* ¡Vamos, Arthur, mata a alguien, a quien sea!». Stephanie Zacharek (2019), crítica de cine de la revista *Time Magazine,* estableció el vínculo directo entre Arthur y los movimientos violentos al afirmar:

> La película ensalza e idealiza a Arthur cuando sacude la cabeza, falsamente compungido por su comportamiento violento [...]. Podría fácilmente ser adoptado como santo patrón de los *incels.*

Como si de una profecía autocumplida se tratara, los comentarios de Zacharek se hicieron realidad. Tras haber pasado prácticamente desapercibida, la película se convirtió de repente en tema de debate en las comunidades *incel.* Aunque algunos *incels* no comprendían por qué se les relacionaba con Arthur, muchos empezaron a conectar con él. Los *incels* comenzaron a escribir posts sobre la película, a compartir sus puntos de vista, a organizar visionados de esta y a cambiar sus avatares *online* por fotografías de Arthur. Como podía leerse en un comentario en el foro *incel* de Reddit r/Braincels redactado en el despectivo tono que suelen adoptar: «Algunos retrasados afirmaron que la nueva película *Joker* es una película *incel,* así que se ha convertido en algo así como una profecía autocumplida, porque ahora de hecho el Joker es muy popular entre nosotros». Emocionado ante la perspectiva de ver la película, otro escribía: «Joker es *incel*. Estoy deseando ver la peli».

Para los *incels,* así como para otros participantes conservadores en distintos foros, el film era una historia de las dificultades a las que se enfrentan los hombres, que muestra cómo los recientes cambios sociales han abocado a la destrucción de la masculinidad moderna. El problema no era el auge desbocado del capitalismo, sino que el cambio de las circunstancias sociales había destruido a los hombres. El periodista conservador estadounidense Chadwick Moore (2019) tuiteaba:

> ¿Qué temas son los que aparecen más distorsionados en la película? La maternidad monoparental (que ocupa el n.º 1), la farmacología y la ausencia de dios en un estado administrativo distópico. Por ello la izquierda no es capaz de comprender realmente esta película.

Joker, que se estrenó en un momento clave, se convirtió en el punto de mira de un debate sobre lo que está ocurriendo con los hombres en nuestra sociedad y por qué muchos de ellos están recurriendo, una vez más, a la violencia y al extremismo. Lamentablemente, gran parte de este debate erró el tiro. Por un lado, los progresistas redujeron a Arthur a una «mala persona» en sí mismo, pasando completamente por alto las complejas razones por las cuales él y otros cometen actos de violencia. Las situaciones del mundo real quedaban transformadas en películas de superhéroes en blanco y negro donde los buenos luchan contra los malos y donde además no hay nada que podamos hacer para detener la violencia. Y aunque al menos los *incels* y los conservadores reconocieron las posibles causas sociales de las quejas de Arthur, ellos también acabaron por culpar a la «gente malvada»: en este caso, las mujeres, las feministas y las «guerreras que luchan por la justicia social», que han despojado a los hombres de su virilidad, destruido los sistemas de creencias y creado una epidemia de maternidad monomarental. Esto no solo es objetivamente falso, sino que además priva a Arthur de cualquier iniciativa.

El presente libro no trata de Arthur, sino de personas que comparten muchas de sus quejas, y de unas cuantas que han sido igual de violentas que él. Estudia a hombres reales, que cometen actos de violencia reales en nuestra comunidad. Me centro en esos «hombres malvados» que viven, chatean y se organizan en «lugares oscuros» *online*. Me propongo hacer lo que personalmente considero que *Joker* hace tan bien: proceder a un análisis pormenorizado de estos hombres que los muestre en su complejidad para tratar de arrojar luz tanto sobre lo bueno como sobre lo malo, e incluso empatizar con ellos. Sin embargo, lo hago sin adoptar su enfoque, es decir, achacar a las mujeres y al feminismo todos sus males. Te invito a adentrarte conmigo en las complejas estructuras sociales que subyacen tras las comunidades de los supuestos «hombres malvados».

Introducción a la machosfera*

La controversia de *Joker* se centraba en una comunidad denominada «los *incels*». Sin embargo, los *incels* forman parte de un grupo, movimiento y comunidad más amplios cono-

---

* *Manospher* en inglés. Aunque en las redes sociales y los medios de comunicación se utiliza también el término «manosfera» (un híbrido formado por una palabra inglesa y otra española), hemos optado por el de «machosfera», construcción española, que, por otra parte, está muy extendido en los textos académicos feministas. Asimismo existe la forma «machoesfera», pero es mucho menos utilizada *[N. de la T.]*.

cidos como la «machosfera». De este grupo, y de los hombres que la conforman, es de lo que trata este libro. La machosfera es

> un neologismo que se utiliza para designar una extensa red de blogs, foros y comunidades *online* en el internet angloparlante centrada en una amplia gama de intereses masculinos, desde las filosofías de vida y las relaciones de género hasta consejos para el autodesarrollo personal y estrategias para alcanzar el éxito en la vida, las relaciones y el sexo (Know Your Meme, 2015).

La machosfera consiste en una serie de grupos diferentes que creen que el feminismo, y en general las mujeres, han destruido no solo la vida de sus miembros, sino la política, la economía y la sociedad. Dichos grupos confluyen bajo esta bandera con la persistente convicción de que «los valores femeninos dominan la sociedad: este hecho ha sido obviado por las feministas y lo "políticamente correcto" y los hombres deben defenderse contra una cultura *misándrica [que odia lo masculino]* generalizada para proteger su existencia misma» (Marwick y Caplan, 2018: 546; cursiva en el original).

El término «machosfera» se remonta a noviembre de 2009 y a un blog llamado «The Manosphere», pero fue Ian Ironwood, especialista en *marketing* porno, el que lo popularizó en 2013 a través de su libro *The Manosphere: A New Hope for Masculinity*. Desde entonces el término ha sido adoptado sin reparos por los activistas de los derechos de los hombres y otras comunidades masculinas *online* (Ging, 2017). Es posible que ya conozcas a algunos de los líderes de estas comunidades. De la machosfera han surgido algunas celebridades notorias, entre ellas el excampeón de *kickboxing* Andrew Tate, el psicólogo Jordan Peterson, el locutor sensacionalista de extrema derecha Milo Yiannopoulos y el afamado artista del ligue Roosh V. Estos hombres le han sacado un gran partido a la machosfera, o a las ideas que gravitan en torno a la machosfera, haciendo giras de conferencias, logrando ingresos procedentes de las redes sociales e impartiendo cursos en los que enseñan a los hombres cómo mejorar su vida. Llegados a este punto, vale la pena señalar que, aunque estos personajes son obviamente importantes, y los citaré regularmente a lo largo del libro, no constituyen mi foco principal. Me interesan los hombres que se unen a una comunidad, publican posts *online* o participan en uno de estos talleres, y estudiaremos su contenido mucho más a fondo.

Cabe preguntarnos quiénes componen estos grupos diversos pero coincidentes. Incluyen a:

— activistas de los derechos de los hombres, cuyo movimiento existe desde la década de 1970 y que plantean que los hombres están discriminados en la sociedad;
— artistas del ligue *[pick-up artists* o *PUAs,* por sus siglas en inglés]* y miembros de la industria de la seducción (que a menudo aparecen bajo el paraguas de comunidades denominadas «The Red Pill» [«La píldora roja»]), que enseña a los hombres técnicas de manipulación para ligar con mujeres;
— *incels,* que creen que, debido a una serie de rasgos genéticos, no son capaces de establecer relaciones sexuales o sentimentales con las mujeres, y
— los «Men Going Their Own Way» (MGTOW, hombres que siguen su propio camino): a menudo, aunque no siempre, hombres divorciados que están tan furiosos contra las mujeres que han decidido prescindir por completo de cualquier relación sexual o sentimental.

Aunque predominantemente blancos y occidentales, estos grupos son extremadamente diversos en cuanto a raza, nivel socioeconómico, edad y otros parámetros demográficos. Sin embargo, tienen una ideología común, aunque no todos los miembros suscriben o se creen todas las ideas. Todos afirman que existen diferencias inherentes y genéticamente determinadas entre los hombres y las mujeres (Ging, 2017). Creen que los hombres son por naturaleza racionales y lógicos y que las mujeres son irracionales y emotivas y, sobre todo, que están programadas para emparejarse con lo que los hombres de la machosfera describen como «machos alfa» (Ging, 2017). Al mismo tiempo, consideran que la sociedad siempre ha sido ginocéntrica, término que significa que se ha centrado en las necesidades de las mujeres. A las mujeres se las venera mientras que los hombres se ven abocados a realizar tareas duras y peligrosas. En tiempos pasados, según sostienen, la sociedad había creado un equilibrio entre los dos géneros dando a los hombres un propósito al erigirlos como líderes en ámbitos como la política y los negocios. Entonces se respetaban estas diferencias inherentes y la sociedad era mucho más armoniosa. Los hombres de la machosfera creen que los recientes cambios sociales, particularmente el auge del feminismo, no solo han reforzado el ginocentrismo sino que han despojado a los hombres de todo el propósito o valor social que tenían. El feminismo ha roto el equilibrio, ha alterado el orden establecido, por así decirlo, situando a las mujeres en una posición de dominio. Las mujeres se han apropiado de los roles de los hombres y atacan la masculinidad intrínseca de estos, dejándolos a la deriva.

Esto puede sonar muy parecido a las quejas de muchas personas de extrema derecha. Basta pensar en el lema de Donald Trump, «Make America Great Again» [«Haz que América vuelva a ser grande»], que se basa en la creencia de que algo se ha torcido de manera fundamental en la sociedad estadounidense y que es preciso enderezarlo. No es casualidad. La machosfera y las ideas que incorpora están vinculadas a gran parte de la extrema derecha, y, más específicamente, a la llamada «derecha alternativa» (Marwick y Caplan, 2018; Bratich, 2024). Tanto la machosfera como estos movimientos expresan resentimiento con respecto al cambio en las normas y estructuras sociales. Esto es muy evidente en muchos de los líderes más influyentes de la comunidad, como Andrew Tate, Jordan Peterson, RooshV y Milo Yiannopoulos, que están a caballo entre ambas tendencias. Tanto la derecha alternativa como la machosfera atraen a varones que se sienten socialmente aislados y alienados y que consideran que los recientes cambios sociales y el progreso de la sociedad los han relegado al olvido y a la opresión. La machosfera también suele ser muy racista (Ging, 2017; Farrell *et al.*, 2019; Bates, 2020), y la faceta del supremacismo blanco está presente en todo el movimiento. Esto crea vínculos naturales entre los dos grupos.

Al igual que la extrema derecha, los miembros de la machosfera también se han vuelto violentos en la expresión de sus convicciones. Los hombres de la machosfera han participado en una serie de campañas de acoso digital coordinado (Marwick y Caplan, 2018) dirigidas fundamentalmente contra las mujeres. Entre estas cabe citar #gamergate, una campaña sistemática de acoso dirigida contra las mujeres desarrolladoras de videojuegos (Massanari, 2017; Salter, 2018); #TheFappening, que incluyó la distribución ilegal y la puesta en común de miles de fotografías de celebridades femeninas desnudas (Massanari, 2017; Moloney y Love, 2018), y #thotaudit, en la que los hombres denunciaban a mujeres trabajadoras del sexo en Estados Unidos al Internal Revenue Service (equivalente de la Agencia Tributaria en Estados Unidos) para que las inspeccionaran (Copland, 2021). En ocasiones estas campañas han generado también acciones *offline,* y las posturas antifeministas y contrarias a las mujeres subyacen tras los tiroteos masivos, las masacres y los actos terroristas (Dragiewicz y Mann, 2016; Kalish y Kimmel, 2010). Los más destacados de estos ataques los han acometido unos autodenominados *incels,* entre ellos la masacre de Isla Vista en 2014, en la que Elliot Rodger asesinó a seis personas antes de suicidarse, así como la matanza por atropello que perpetró en Toronto en 2018 Alek Minassian con una furgoneta, en la que once personas perdieron la vida.

La machosfera somos nosotros

La preocupación de las políticas y los políticos, de los medios de comunicación, de la comunidad investigadora e incluso del público en general por la machosfera ha ido en aumento, y por una buena razón. En primer lugar, es obvia la amenaza de violencia, que incluye casos de violación y otras formas de agresión sexual, así como ataques terroristas. Además, líderes como Andrew Tate se han convertido en superestrellas internacionales que moldean las ideas de muchos hombres jóvenes acerca del género, y no precisamente de una manera sana. A mí mismo me preocupa muchísimo la influencia de las ideas de la machosfera en un montón de hombres jóvenes.

Al mismo tiempo, sin embargo, las conversaciones que he mantenido sobre esta comunidad a menudo me han generado frustración. Volvamos a muchas de las críticas de la película *Joker* para explicarlo. Una parte importante de las reacciones de las personas progresistas que he citado anteriormente se limitan a una sencilla objeción: la película no representaba a Arthur como un «hombre malvado». Al ir más allá de los estereotipos del bien y del mal representados en las películas de superhéroes, *Joker* tuvo la audacia de pedir a los espectadores que empatizaran con un personaje que hace cosas terribles en lugar de limitarse simplemente a condenarlo. David Edelstein (2019), por ejemplo, afirmaba que la película da demasiado crédito a las quejas de Arthur y «es indulgente con sus egoístas y mezquinas manifestaciones de resentimiento». Añadía que deberíamos dejar de empatizar con ellas y por el contrario sencillamente «hacer que parezcan lo que son: las estupideces propias de un perdedor».

Haz una rápida búsqueda en las redes sociales, o incluso entre los comentarios de los líderes políticos y sociales, y verás que muchos describen a los hombres de la machosfera precisamente de esta manera: como «frikis encerrados», como «los perdedores de la sociedad» o como «hombres adultos infantiloides». Resulta decepcionante que incluso algunos investigadores e investigadoras hayan adoptado esa línea. Aludiendo a la tendencia de los *incels* a recurrir a la cirugía estética para cambiar de aspecto, la investigadora australiana Emma Jane (2019) escribe que «es simplemente una forma más de misoginia por parte de una legión de perniciosos ermitaños digitales». Michael Kimmel (2014), uno de los investigadores más destacados de este ámbito, da la siguiente explicación:

> La mayor parte de lo que constituye el activismo a favor de los derechos de los hombres consiste en este tipo de discurso, respaldado por unas cuantas anécdotas y una serie ocasional de inversiones empíricas que tienden a dejar descolocada la mente racional. Según este mensaje (el de los activistas de los derechos de los hombres), los hombres blancos de Estados Unidos están abocados a la sumisión, el desamparo absoluto y la impotencia. Son patriarcas fracasados, reyes depuestos, y no solo son los «mayores perdedores» sino también los más dolidos.

Este tipo de lenguaje ha sido una respuesta habitual por parte de los llamados progresistas al auge de la derecha alternativa y de otros grupos similares del momento. Durante la campaña presidencial de 2016, por ejemplo, es notoria la observación de Hillary Clinton: «Como sabéis, generalizando de forma algo burda, podríamos decir que la mitad de quienes apoyan a Trump están en lo que yo llamo el cesto de los deplorables. ¿A que sí?». El comentario, justificadamente, provocó gran indignación entre muchas personas y condujo a un gran número de partidarios de Trump a ponerse la etiqueta, como si de una medalla de honor se tratara. Apareció en camisetas, gorras, banderas y pancartas. Fui testigo de sentimientos similares durante la pandemia de la COVID-19 entre quienes cuestionaban la ciencia de las vacunas o la lógica de los confinamientos, apodados los «sin olla» (porque se les ha ido la olla) por parte de sus amigos o colegas progresistas. Incluso algunos líderes públicos lo hicieron. Durante las manifestaciones contra la imposición de las vacunas en Australia, Bill Shorten, exlíder federal del Partido Laborista, describió a los manifestantes como «adultos infantiloides nazis»; por su parte, Brett Sutton, consejero de Sanidad del estado de Victoria, acusó a los manifestantes de «vivir en un mundo de fantasía» y declaró: «No hagamos como si se tratara de individuos por lo demás racionales. Están totalmente chiflados».

Esta «política presuntuosa» (Sparrow, 2018), que mira a los hombres de la machosfera y a otros de extrema derecha por encima del hombro, desde luego que no ayuda. Da por supuesto que los hombres de la machosfera son por naturaleza «malvados», lo cual no solo es incorrecto (la misoginia es una enfermedad de la sociedad) sino que además no conduce a nada. Si los hombres de la machosfera son meros perdedores o unos misóginos innatos, no hay nada que podamos hacer excepto reprenderlos o tal vez encerrarlos. Y yo eso sencillamente no lo acepto.

Tristemente, los intentos de analizar las cosas con algo más de profundidad también caen en trampas parecidas. Por mi parte, no voy a tildar a la machosfera de «masculinidad tóxica», que probablemente sea la manera en que la mayoría de la gente explica lo que es esa comunidad. La masculinidad tóxica se refiere a la idea de que existe una serie de rasgos masculinos «tóxicos» que, cuando se manifiestan, derivan en violencia, odio y otros comportamientos problemáticos. La masculinidad tóxica se contrapone a su vez a la «masculinidad sana» (Waling, 2019a). Los debates dan por supuesto que todos los hombres llevan implícitas tanto la actitud «tóxica» como la «sana», y que son las circunstancias sociales las que provocan la manifestación de estos rasgos más tóxicos en determinados varones (Salter, 2019). La masculinidad tóxica se ha convertido en una expresión cada vez más popular en algunos entornos feministas y en los medios de comunicación, y se ha señalado como causa de la violencia machista, de la represión de las emociones por parte de los hombres (conducente a la depresión, la ansiedad y el suicidio), del descenso de la dedicación de los hombres a la actividad física, de la homofobia y del sexismo e incluso del cambio climático y del auge de Donald Trump (Salter, 2019; Waling, 2019a).

Lamentablemente, se ha abusado tanto de la expresión que esta ha perdido todo su valor. Aunque esto no sea inherente a la expresión en sí misma, la manera en que «masculinidad tóxica» se utiliza en el discurso público suele dar por supuesto que los rasgos masculinos tóxicos son de alguna manera intrínsecos a los hombres (y, por tanto, no a las mujeres) (Salter, 2019; Waling, 2019a). Ello se debe al propio término «tóxica», que hace pensar que los cuerpos de los hombres han enfermado o se han contagiado (Waling, 2019a). En cambio, la masculinidad «mala» se considera algo inherente, más que producto de las relaciones sociales (Waling, 2019a).

Al dar por supuesto que existe algo intrínseco a los «cuerpos masculinos», el concepto de masculinidad tóxica señala la masculinidad como única fuerza generadora de los problemas de los hombres y a menudo de los de la sociedad (Waling, 2019a; 2019b). Estos planteamientos «erigen a la masculinidad en el único motor que conforma la vida de los hombres» (Waling, 2019b: 103). Pero es que las vidas de los hombres no funcionan así. Esto me lo planteo pensando en un ejemplo más banal. Voy al gimnasio tres o cuatro veces por semana. Existen claros vínculos entre la cultura del gimnasio y la masculinidad. Los hombres suelen ir al gimnasio para consolidar su sentido de la masculinidad, lo que con frecuencia puede generar culturas tóxicas en ese ambiente. Estoy seguro de que, muy dentro de mí, potenciar mi propio sentido de masculinidad forma parte de las razones por las que voy al gimnasio. Pero no cabe duda de que no es el único beneficio que me aporta. También voy porque allí hay una comunidad estupenda. Es importante para mi salud mental: a la salida siempre estoy más contento. Quiero estar en forma porque sé que la ciencia ha demostrado que puede ser beneficioso a medida que se van cumpliendo años. El gimnasio está relacionado con la masculinidad pero, desde luego, no trata solo de masculinidad. Atribuirlo todo a la masculinidad es una simplificación excesiva, que supone ignorar otras cuestiones que es preciso abordar.

Centrarnos en la «masculinidad tóxica» da lugar a su vez a una respuesta simplista a grandes problemas sociales que no tiene en cuenta que la percepción de su masculinidad por parte de los hombres varía según las épocas, el espacio, la historia y el lugar (Waling, 2019a). La masculinidad no representa lo mismo en todas partes, y por ello es difícil achacarle todos los problemas relacionados con los varones. Como comenta Michael Salter (2019):

> El concepto de masculinidad tóxica fomenta la suposición de que las causas de la violencia machista y otros problemas sociales son los mismos en todas partes y que, por ello, las soluciones también son las mismas. Sin embargo […] las realidades materiales son importantes.

Estas cuestiones son particularmente ciertas cuando la masculinidad tóxica se refiere a grupos de hombres al margen de la sociedad. En un estudio sobre grupos extremistas violentos en Filipinas, Duriesmith (2020: 25) habla de «la importancia de entender las masculinidades extremistas violentas desde el punto de vista relacional, evitando definiciones monolíticas de lo que es "tóxico" o de la "hipermasculinidad"». Sostiene, y yo estoy de acuerdo con él, que la investigación sobre grupos extremistas «tiende a ceñirse a interpretaciones generalizadas de lo "tóxico" o la "hipermasculinidad" que no aciertan a explicar cómo opera el género en entornos locales». Estos conceptos crean una imagen totalizadora de la masculinidad que hace pensar que existe una masculinidad «real» o «buena» frente a otras desviaciones más dañinas. También distancia estas variaciones dañinas de la mayoría de la población, ignorando que muchos rasgos «tóxicos» (tales como la violencia, por ejemplo) están profundamente arraigados en nuestras instituciones dominantes. El concepto de «masculinidad tóxica» segrega a los individuos «tóxicos» del resto de la sociedad (Pearson, 2019). Pearson afirma que el concepto de masculinidad tóxica no hace nada por alterar los órdenes de género existentes y que:

> Cabe darse cuenta de que muchas de las llamadas prácticas tóxicas de quienes se sitúan en los márgenes extremistas están presentes en la sociedad en su conjunto. Al igual que los extremistas en realidad no son independientes de la sociedad, la masculinidad tóxica no es independiente del patriarcado ni de las normas sociales de género (Pearson, 2019: 1269).

La masculinidad tóxica simplifica la experiencia masculina y, al mismo tiempo, separa a los «hombres tóxicos» de la sociedad dominante. Ni una cosa ni otra resultan útiles para comprender las complejidades de la comunidad ni cómo sus miembros se conectan con dicha sociedad dominante. Por este motivo, procuro no utilizar el término cuando describo a la comunidad.

La banalidad de la machosfera

Debemos ir más allá. Los hombres alienados de la machosfera, aun los violentos, no son una aberración, ni siquiera son tan radicales, sino que representan síntomas de la sociedad en la que ellos y el resto de las personas vivimos. No son monstruos; en realidad, no son muy distintos de muchos de nosotros, y los problemas que tienen y que plantean son problemas de la sociedad. De hecho, según seguiré argumentando, la machosfera es bastante banal.

Estoy utilizando aquí el concepto de Hannah Arendt de «banalidad del mal» (Arendt, 1994). En su libro *Eichmann en Jerusalén: un estudio sobre la banalidad del mal,* Arendt escribe una crónica del juicio por crímenes de guerra a Adolf Eichmann, militar nazi responsable de organizar el transporte de millones de personas a los distintos campos de concentración durante la Segunda Guerra Mundial. Arendt, que estuvo presente en el juicio en Jerusalén, esperaba hallar el rostro del mal. En cambio, descubrió que se trataba de un burócrata corriente y anodino, que no era «ni un perverso ni un sádico» sino «aterradoramente normal» (Arendt, 1994: 276). Su principal motivo, según la autora, no era el mal, sino hacer carrera diligentemente. No pretendo entrar en el debate sobre si Eichmann era malvado o no. Algunas personas han explicado que o bien Arendt pasó por alto o no tuvo acceso a hechos importantes sobre Eichmann que revelan su adscripción a la ideología nazi (White, 2018). Sin embargo, el planteamiento más general de Arendt sigue resultando útil. A veces las ideas perversas y violentas se asientan de tal modo en nuestra sociedad que se convierten en norma; un estándar que se inscribe tan profundamente en la corriente general que todo el mundo —hasta un anodino burócrata— pasa a formar parte de esa maquinaria. Las personas que participan en estos movimientos a menudo no son aberraciones. Por el contrario, puede tratarse de individuos banales, aburridos, como el vecino de la puerta de al lado. Con frecuencia, como cualquiera de nosotros, solo están buscando una salida, una manera de tener éxito en la vida cotidiana. Al igual que Eichmann, los de la machosfera son hombres banales, que aspiran a sobrevivir (de una forma horrible) en un mundo cada vez más difícil.

Es este afán de supervivencia el que resulta tan fundamental para comprender la machosfera. La machosfera es una respuesta a las múltiples crisis que ha provocado el capitalismo tardío. Los hombres, al igual que el resto de las personas, se enfrentan a un mundo en profunda transformación y cada vez más complejo e incierto desde el punto de vista tanto económico como social; y todo ello está sucediendo a gran velocidad. La machosfera es una de las vías a través de las cuales algunos hombres tratan de comprender este mundo y transitar por él. Ofrece a los hombres un lugar en el que expresar sus quejas, una narrativa para comprender por qué el mundo es como es, una comunidad de personas que piensan igual que ellos y la sensación de tener un propósito en un mundo que en su opinión cada vez tiene menos. Las respuestas de hombres de la machosfera a estas crisis están profundamente determinadas por el propio capitalismo, y apenas se dan cuenta de que, a su vez, están perpetuando los problemas de los que se quejan. Por supuesto, los hombres tienen autonomía en las decisiones que toman, y no estoy utilizando este argumento para justificar muchas de las cosas horribles que hacen. Sin embargo, sí defiendo que la violencia que surge de esta comunidad es una violencia que ya está profundamente enraizada en nuestros sistemas sociales: los hombres están haciendo lo que los varones llevan haciendo cientos, cuando no miles, de años para resolver sus problemas.

La machosfera como público íntimo

Distintos hombres han respondido a estas crisis de manera diferente. Los Tate, Peterson, Yiannopoulos, RooshV y compañía han buscado y encontrado vías para sacar partido de esta crisis vendiendo a los hombres, a menudo a precios desorbitados, la fantasía de que, si siguen sus ideas, conseguirán superarla e incluso obtener beneficios de ella. El mensaje que difunden les convierte en poco más que vendedores de humo.

La mayoría, sin embargo, y especialmente aquellos en los que me centro en este libro, buscan lugares y comunidades que los ayuden a comprender, a existir y a sobrevivir en medio de estas crisis. La machosfera es un ejemplo de lo que los teóricos definen como «público íntimo». Los públicos íntimos hacen referencia a grupos que se unen en torno a una visión compartida del mundo y a un conocimiento emocional común. ¿Qué rayos significa eso? En un público íntimo, los individuos se juntan porque conectan en torno a determinadas ideas y también por una percepción colectiva de su posición en el mundo. Rechazan la política y creen que pueden cambiar el mundo a través de la mera fuerza de su comunidad y del sentimiento que la anima.

Los públicos íntimos existen a lo largo y lo ancho de nuestra comunidad, y este concepto permite describir grupos de todo el espectro político. En su investigación, Lauren Berlant (1988; 2008) sostenía que el primer público íntimo lo conforman fundamentalmente mujeres blancas estadounidenses que utilizan textos, por ejemplo las novelas románticas, para plantear una queja colectiva acerca de su vida. Berlant describía este fenómeno como *The Female Complaint* [«La queja femenina»]. Como podrás imaginar por el título del presente libro, me he inspirado en gran medida en el concepto de Berlant. La machosfera genera un espacio en el que los hombres pueden compartir sus quejas y crear una conexión en torno a ellas, con lo que dan lugar a *The Male Complaint* [«La queja masculina»]. Aunque la queja masculina no siempre es racional ni está adecuadamente fundamentada, constituye un gran aliciente para algunos hombres porque los une a través de una identidad colectiva y un propósito vital común.

Cuando planteo la machosfera de esta manera, no pretendo mitigar el impacto de la intolerancia y la misoginia que estos hombres perpetúan. Por el contrario, la intolerancia y la misoginia nunca son intrascendentes, y los hombres de la machosfera han recurrido a la misoginia para justificar varios ataques violentos. Debemos hacer todo lo posible por ponerle fin. Sin embargo, la misoginia de la machosfera no es nueva. Los hombres de la machosfera repiten tópicos e ideas que, tristemente, llevan siglos existiendo, y la comunidad utiliza a las mujeres como cabezas de turco en los problemas que afectan a nuestro mundo. Estamos en una nueva vuelta de tuerca de la «guerra de los sexos» en la que algunos hombres se han alistado en un bando y están peleando denodadamente. Los hombres de la machosfera lo hacen porque consideran que es la única manera de poder sobrevivir y, tal vez incluso, prosperar.

Creo que analizar la machosfera de esta manera es fundamental si queremos comprender a esta comunidad y hacer algo al respecto. Si tratamos la machosfera, y sobre todo a los hombres que la conforman, como una aberración, diferente y separada del resto del mundo, nos estaremos exonerando a nosotros mismos o, lo que es más importante, estaremos absolviendo de toda culpa a nuestros líderes y a nuestras instituciones establecidas. Y esto es un grandísimo error. La machosfera no ha surgido de la nada; por el contrario, es una respuesta tanto a las ideologías como a los fracasos de nuestras instituciones modernas, específicamente al neoliberalismo capitalista tardío (Bratich y Banet-Weiser, 2019). Es importante comprender este aspecto, pues muchos comentaristas hablan de la misoginia de la machosfera, especialmente en el contexto del auge de las redes sociales, como si se tratara de un fenómeno totalmente nuevo. Así, por ejemplo, en su libro sobre la machosfera, Donna Zuckerberg (2018: 3), hermana de Mark Zuckerberg, el fundador de Facebook, explica:

> Las redes sociales han conducido a una democratización sin precedentes de la información, pero también han generado la oportunidad de que los hombres con ideas antifeministas difundan sus puntos de vista a más personas que nunca, y que divulguen sus teorías de la conspiración, sus mentiras y su desinformación. Las redes sociales han aupado la misoginia a niveles de violencia y virulencia totalmente nuevos.

33

Tristemente, la misoginia violenta existía y se ha difundido mucho antes del auge de las redes sociales y de la machosfera; y, dadas las circunstancias sociales actuales, seguramente seguiría existiendo si mañana estas plataformas desaparecieran. En su argumento, al parecer Zuckerberg se olvida por ejemplo de las cazas de brujas, en las que literalmente se quemó a mujeres en la hoguera en campañas de violencia misógina (Federici, 2018). Aunque es posible que la machosfera presente una versión distinta de la misoginia, la mayoría de sus ideas no son nada nuevas. Es muy importante volver la vista atrás para comprender la historia de esta comunidad y de sus ideas misóginas.

Mi objetivo fundamental es tratar de comprender de dónde viene la misoginia de la machosfera. La misoginia no surge de la nada, y la machosfera tampoco apareció sin más de un día para otro. Debemos tratar de comprender a estas comunidades para poder descubrir las causas y afrontarlas. Como escribe Rachel O'Neill (2018b), «a menos que aceptemos la idea de que algunos hombres simplemente odian a las mujeres —que la misoginia es realmente una fuerza inamovible—, es preciso entender lo que induce a los hombres a unirse a la machosfera». Este es el primero y el más importante de los objetivos, y no solo del presente libro.

Más allá de los hombres malvados

Pensar y escribir sobre la machosfera de esta manera resulta difícil. Supone indagar sobre unos hombres que a menudo dicen cosas horribles o cometen actos violentos, así como tratar de comprenderlos e incluso de empatizar con ellos. Precisamente por ello a menudo se me ha acusado de justificar la violencia masculina, lo que desde luego no es mi objetivo ni lo que estoy haciendo aquí. Pero sí significa pensar en esta comunidad y planteársela de una manera diferente.

Estás leyendo un análisis sobre el motivo por el que los hombres se suman a la machosfera, lo que les ofrece esta comunidad y lo que supone para los hombres y para la sociedad en términos más amplios. Al explicar lo que son grupos como la machosfera, muchas personas se plantean la pertenencia a ellos como una serie de fases. La investigación suele centrarse en tratar de trazar una línea: cómo llega una persona del punto A (por ejemplo, un hombre joven corriente) al punto B, y luego al C, y así sucesivamente (cuando comete violencia de masas como un *incel*). Considero que esto no es útil, pues ningún individuo sigue el mismo camino en la vida. Lamentablemente, no estoy en condiciones de ofrecer una descripción definitiva de cómo acaba cada hombre en esta comunidad y, por consiguiente, en qué fase podemos intervenir para evitar que siga adelante por esa vía.

En cambio, cada uno de los capítulos del libro explorará un componente de la comunidad para tratar de encajar las piezas del puzle (Hafez y Mullins, 2015) de modo que se entienda por qué los hombres se unen a la machosfera, qué les aporta esta comunidad y cómo la machosfera les impacta a ellos y al resto de la sociedad. Procederé explorando en profundidad cuatro temas (por orden): quejas y alienación; la creación de identidad; soledad y comunidad, y nihilismo y violencia.

Empiezo, en el capítulo 2, tratando de comprender de qué se están quejando los hombres, de dónde vienen esas quejas y por qué son lo suficientemente importantes como para encaminarlos a la comunidad. En el capítulo 3 analizo el modo en que los hombres acaban formando una identidad colectiva en torno a dichas quejas y me pregunto cómo es posible que se consideren a sí mismos seres oprimidos en nuestra sociedad. A continuación, los capítulos 4 y 5 examinan cómo abordan y resuelven los hombres de la machosfera las quejas del mundo que plantean. En el capítulo 4 estudio por qué la comunidad es tan importante para la machosfera y cómo los hombres de la machosfera tratan de crear una comunidad a través de prácticas de autoayuda. En el capítulo 5 investigo el recorrido que lleva de la queja a la violencia y al odio contra las mujeres. Termino, en el capítulo 6, planteando cómo podemos responder a la misoginia y a la violencia que proceden de la comunidad.

Como tales, las piezas del puzle encajan unas con otras: así, por ejemplo, la comunidad es un atractivo de la machosfera y al mismo tiempo crea identidad. Las quejas masculinas también conducen claramente a la violencia. Como telón de fondo de estas piezas del puzle están nuestras instituciones sociales y nuestras ideologías dominantes, todas ellas subyacentes tras el capitalismo. A lo largo del texto describo cada una de estas estructuras. Al igual que la propia machosfera, la metáfora de un puzle no es sencilla, sino profundamente compleja. Sin embargo, resulta útil y ayudará a conformar mi exploración de la machosfera.

El tema en su conjunto resulta difícil, y a lo largo del libro expongo algunos contenidos duros. No rehúyo señalar el contenido sexista muy real que subyace tras esta comunidad. Te aviso de que leerás algunas cosas horribles. Sin embargo, estoy convencido de que no podemos abordar los temas relacionados con la machosfera si no la comprendemos adecuadamente. Así pues, abróchate el cinturón y acompáñame, que vamos a adentrarnos por las profundidades de esta comunidad.

Capítulo 2

Hombres jóvenes alienados

El matrimonio ha muerto. El divorcio significa que estás jodido para el resto de tu vida. Las mujeres han renunciado a la monogamia, por lo que han dejado de interesarnos para ninguna relación seria ni para fundar una familia. Así están las cosas. Aun cuando asumamos el riesgo, es posible que las criaturas ni siquiera sean nuestras. En Francia, incluso tenemos que pagar para mantener a los hijos que una mujer ha tenido de relaciones adúlteras. En el colegio, a los chicos los machacan una y otra vez todo el tiempo. Los colegios están diseñados para favorecer a las mujeres. En Estados Unidos, a los niños se les atiborra a la fuerza de Ritalin*, como si fuera un caramelo, para callarles la boca. Y mientras que a las niñas se les favorece en virtud de las cuotas, los hombres quedan relegados a un distante segundo lugar.

---

* Ritalin, nombre comercial en Estados Unidos de un medicamento cuyo principio activo es el metilfenidato hidrocloruro, utilizado principalmente para tratar el Trastorno por Déficit de Atención e Hiperactividad (TDAH). El equivalente comercial en España sería el Rubifen [*N. de la T.*].

Nadie de mi generación cree que vaya a disfrutar de una pensión digna. Disponemos de un tercio o de un cuarto de la riqueza que tuvieron las generaciones anteriores, y todo el mundo se refugia en la educación superior para evitar el desempleo y la pobreza, porque no hay puestos de trabajo.

Todo esto no estaría tan mal si al menos pudiéramos buscar consuelo en las chicas. Pero nos acusan de pedófilos y de violadores en potencia solo por mostrar interés.

Estas son las palabras de Rupert, un joven alemán fan de los videojuegos al que Milo Yiannopoulos, el provocador de extrema derecha que ahora se dedica a la venta *online* de baratijas religiosas, dice que conoció cuando estaba escribiendo un artículo para Breitbart News sobre las ideas de la machosfera (Yiannopoulos, 2014), artículo que alcanzó gran difusión. Aunque Rupert las expresó hace más de una década, la mayoría de los hombres de la machosfera podrían repetir estas palabras hoy en día. Rupert condensa una serie de quejas que dominan la comunidad y que van desde las relaciones con las chicas hasta el trato que reciben en los colegios, así como la sensación de futilidad con respecto a su futuro.

Has elegido este libro, llamado *La queja masculina,* de manera que la primera pregunta que hay que hacerse es: ¿de qué se quejan realmente los hombres? ¿Debemos tomarnos estas quejas en serio o no son más que el desahogo de unos pocos privilegiados que están furiosos porque han perdido el poder que antes tenían?

No soy la primera persona que se hace esta pregunta; de hecho, en su libro *Angry White Men**, el sociólogo Michael Kimmel se hace la misma pregunta de esta forma irónica:

---

* Ed. cast.: Michael Kimmel, *Hombres (blancos) cabreados. La masculinidad al final de una era*, Valencia, Barlin Libros, col. Barlin Paisaje, 2023 *[N. de la T.].*

«¿Pero los hombres blancos de mediana edad de las clases media y media alta de qué *exactamente* podrían tener que quejarse?» (Kimmel, 2017: 137). Kimmel muestra desdén ante las quejas de los hombres en Occidente. Explica que estas quejas pueden atribuirse a lo que él denomina «derechos agraviados», es decir, que los hombres se sienten agraviados porque les han arrebatado la riqueza y el poder a los que tenían derecho. Hay parte de verdad en este argumento, como veremos. Sin embargo, las quejas de estos hombres tienen unas raíces mucho más profundas que esta explicación, demasiado sencilla.

Así que analicemos detenidamente las quejas de los hombres en la machosfera. ¿De qué se quejan estos hombres, de dónde proceden estas quejas y por qué acaban dirigiéndose contra las mujeres y el feminismo? Creo firmemente que deberíamos tomarnos estas quejas en serio, aun cuando no estemos de acuerdo con todas ellas, ni con a quiénes culpan estos hombres de sus problemas ni con la actitud a menudo violenta a la que les pueden conducir.

¿Están realmente tan mal las cosas para los hombres?

¿Qué motivos de queja tienen los hombres? Cuando se les hace esta pregunta, muchos hombres de la machosfera aluden a una serie de ámbitos en los que los varones están empezando a quedarse atrás, ya sea en comparación con su estatus anterior o en comparación con las mujeres. Incluso algunas feministas de renombre comienzan a reparar en este dato estadístico. Así, por ejemplo, Caitlin Moran plantea esta pregunta en su libro *What About Men?* Cita a un chico de clase media que le sorprendió aludiendo a una serie de cuestiones a las que han de hacer frente los hombres. Al parecer, el chaval le dijo: «Te voy a dar unos datos», antes de exponerle lo siguiente:

Los chicos tienen peores resultados que las chicas en sus estudios. Es más probable que a un chico lo expulsen del colegio. Los chicos tienen menor probabilidad de continuar sus estudios. Los chicos tienen mayor probabilidad de que se les recete una medicación para el TDAH o el comportamiento disruptivo. El riesgo de adicción es mayor en los chicos: a las drogas, al alcohol, a la pornografía. La mayoría de los miembros de bandas son hombres. Los hombres constituyen la mayoría de las personas sin techo. Los hombres registran la mayoría de los suicidios. Los hombres constituyen la mayoría de las personas que son asesinadas. La mayoría de la población carcelaria es masculina. Los hombres conforman la mayoría de las personas desempleadas. La mayoría de las personas que mueren por accidente laboral son hombres. La mayoría de las personas que mueren en guerras son hombres. La mayoría de las personas que pierden la custodia de sus hijos e hijas en caso de divorcio son hombres (Moran, 2023).

Aunque tal vez pongas en tela de juicio el despotrique de un adolescente, en la mayoría de los países occidentales estas estadísticas son correctas. Así, por ejemplo, todos los indicadores reflejan que los chicos tienen peores resultados que las chicas en el colegio, sin duda. Sacan peores notas en los exámenes y es menos probable que acaben el instituto y también que vayan a la universidad; se les imponen más castigos disciplinarios y la probabilidad de que les diagnostiquen alteraciones del aprendizaje es mayor (Abrams, 2023). Los hombres tienen también una probabilidad mucho mayor de suicidarse. Los datos de Inglaterra y Gales en 2019 muestran que las tasas de suicidio entre hombres habían alcanzado su máximo desde el año 2000: 16,9 hombres por cada 100.000 habitantes (Butler, 2020). Esta tasa es muy superior a la que correspondió a las mujeres, que fue de 5,3 por 100.000 habitantes. Estos altísimos datos estadísticos son similares en otros países occidentales. Los hombres también están enormemente sobrerrepresentados entre la población penitenciaria. En Estados Unidos, en 2022, por ejemplo, había 1.142.359 hombres en la cárcel frente a 87.784 mujeres (Statista, 2022). Por supuesto, esto se debe en gran medida a que los hombres cometen más delitos que las mujeres. Pero, dado el impacto claramente negativo que la cárcel tiene en las personas, la encarcelación masiva que acabamos de comentar es algo que sin duda debería preocuparnos.

Los hombres de la machosfera, al igual que muchos otros pensadores, citan estas estadísticas como prueba de lo que denominan una «crisis de la masculinidad». La gente lleva hablando de esta crisis desde la década de 1980, afirmando que los hombres y los niños se enfrentan a retos específicos que conducen a malos resultados sociales y económicos (Edley, 2017). Los hombres de la machosfera achacan esta «crisis» a los ataques que sufren los varones, mientras que otros señalan el impacto que la adhesión estricta a la masculinidad tiene sobre la capacidad de los hombres de vivir y prosperar en el mundo moderno. Hay motivos para creer que semejante crisis existe, y que está bien que los hombres se quejen de estas cuestiones. ¿Por qué han de seguir muriendo los varones en las guerras y teniendo que hacer frente a problemas de salud mental cada vez más complejos, incluido el suicidio? Si los chicos fracasan en la escuela, no cabe duda de que hemos de resolverlo. También es evidente que deberíamos hacer un exhaustivo seguimiento de las muertes laborales, independientemente del género de la persona que muere. En este sentido, los hombres de la machosfera tienen razón: existen temas que realmente es preciso abordar.

Si las cosas fueran tan sencillas, podríamos dejarlo ahí y ofrecerte una lectura un poco más ligera. Sin embargo, estos datos estadísticos y el concepto de una crisis de la masculinidad en el fondo no aciertan a explicar lo que está sucediendo con los hombres ni tampoco el auge de la machosfera. Para empezar, estas estadísticas solo se fijan en una parte de la balanza y, desde luego, no pueden utilizarse para afirmar que ahora los hombres constituyen el género oprimido. Aunque los chicos tienen dificultades en la escuela, por ejemplo, a menudo, aun dejando los estudios, acaban ocupando la mayoría de los puestos de liderazgo en la sociedad, incluidos la política, los negocios, la ciencia y otros. Los hombres también ganan más, y la brecha salarial se resiste a desaparecer. Como ya he subrayado, los hombres conforman la amplia mayoría de la población presidiaria porque cometen muchos delitos, en especial los violentos, a menudo dirigidos contra las mujeres (y también contra otros hombres). Aunque las cosas han cambiado, los hombres siguen ostentando importantes cuotas de poder en nuestra sociedad.

Además, muchos de estos datos no son nuevos, y en diferentes circunstancias los hombres de la machosfera suelen inducir a la sociedad a que mantenga las estructuras que derivan en estas estadísticas. Los hombres siempre han sido los que han ido a la guerra, y, en todo caso, lo que ha cambiado es que ahora a las mujeres se les permite participar en los combates. Al tiempo que se quejan de que mueren en las guerras, los hombres de la machosfera también protestan por estos cambios. Muchos miembros de la machosfera señalan el honor de ir a la guerra como un componente de lo que significa ser un hombre y ahora se quejan de que las mujeres formen parte de las fuerzas armadas. También es lógico que los hombres históricamente hayan constituido la mayoría de las personas que morían en accidentes laborales, principalmente porque han dominado el ámbito laboral y siguen prevaleciendo en los espacios de trabajo de alto riesgo, donde existe mayor probabilidad de que se produzcan accidentes mortales. Una vez más, al tiempo que se quejan de morir en el trabajo, los hombres de la machosfera también tienden a quejarse de que las mujeres accedan a estos lugares de trabajo (y no se quejan de los jefes que los colocan en puestos tan peligrosos). Es decir, que aunque estos datos estadísticos justifican la queja, no se pueden relacionar directamente con el crecimiento de la machosfera. Los hombres llevan décadas enfrentándose a estas cuestiones, mientras que la machosfera y las crecientes quejas sobre la opresión de los hombres son recientes. Tiene que estar pasando otra cosa.

Seguramente lo más importante es que ninguno de estos datos explica por qué los hombres de la machosfera dirigen su ira contra el feminismo. Numerosas feministas también están dando la voz de alarma ante estas estadísticas, y llevan haciéndolo muchos años. Las feministas han señalado acertadamente que dichos datos responden, al menos en parte, a códigos estrictos de masculinidad y feminidad: nuestra sociedad sexista perjudica tanto a los hombres como a las mujeres. Esta también fue la reivindicación del primer movimiento por la liberación de los hombres, que se alineó con las feministas hasta la famosa escisión en las décadas de 1990 y 2000 (Coston y Kimmel, 2013). Muchos hombres también orientan este tipo de quejas hacia otros movimientos; así, se afilian a los sindicatos para reivindicar lugares de trabajo más seguros, se unen a grupos de apoyo de salud mental para tratar de limitar las tasas de suicidio y se adhieren al movimiento por la paz para oponerse a las guerras. La forma en que los hombres de la machosfera han puesto al feminismo en su punto de mira también requiere una explicación. Para comprender el auge de la machosfera, hemos de profundizar mucho más. No se trata simplemente de jugar a comparar a los hombres con las mujeres. Hemos de comprender por qué los recientes cambios en la sociedad han suscitado mayores quejas por parte de los hombres acerca de su posición en ella, pero también por qué dirigen estas quejas contra el feminismo. Y es lo que vamos a analizar a continuación.

LAS PROMESAS Y LA TRAICIÓN DE LA HOMBRÍA

No podemos achacar la queja masculina simplemente a unos datos estadísticos sobre el rendimiento educativo, la población penitenciaria o las tasas de suicidio entre los hombres.

De hecho, las causas que están en la raíz del auge de la machosfera hay que buscarlas a una profundidad mucho mayor: en la naturaleza cambiante de la sociedad occidental y, en particular, de las ideas sobre lo que significa ser hombre. Aunque esto no sea cierto para todos los hombres, la machosfera suele repetir una versión idealizada de lo que creen que debería significar la hombría. La cita que se reproduce a continuación, por ejemplo, está extraída de la página web MGTOW. com (actualmente ya no existe). En dicha página de internet describían la machosfera empezando con estas palabras:

> La felicidad es un águila que se eleva por el aire, porque para eso es para lo que fue creada; no le preocupa el viento, porque el mismo viento que crea resistencia también la eleva. La felicidad es un pez que nada en el agua, porque para eso es para lo que fue creado; no le preocupan las fuertes corrientes, porque las mismas aguas turbulentas que nublan su vista generan con su movimiento su alimento. La felicidad es un árbol que echa profundas raíces, porque para eso es para lo que fue creado; no le preocupa su falta de libertad, porque las mismas raíces que lo anclan al suelo le permiten capear el temporal.
>
> La felicidad es un hombre que protege y cuida a su familia, avanza y conquista, se entrega en pro de una causa mayor y se asegura de su legado, porque para eso es para lo que fue creado. No teme las resistencias, la turbulencia ni el compromiso, porque su estructura masculina convierte la resistencia en crecimiento, halla sustento en aguas turbulentas y confía en las sólidas raíces del compromiso para aportar estabilidad para sí mismo y seguridad para aquellos a los que juró proteger[1].

---

[1] En este libro, comparto posts de redes sociales de la machosfera. En muchos casos, no cito la publicación original, pues las extraigo de lugares que son extremadamente dañinos para nuestra comunidad, o de comunidades que resultan muy difícilmente accesibles o han sido vetadas o que ya no existen.

Esta descripción de una versión idealizada de la masculinidad está en consonancia con las promesas que la sociedad hizo a los hombres después de las guerras mundiales del siglo xx, lo que Susan Faludi (1999: 26) denomina la «misión hacia la hombría». Faludi explica que en aquel periodo la sociedad encomendó a los hombres cuatro misiones que producirían tanto felicidad como sentido de propósito. Estas promesas hechas a los hombres eran: (1) una frontera por conquistar; (2) un enemigo claro y malvado al que aplastar; (3) una institución de hermandad en la que los miembros anónimos pudieran compartir una gloria institucional más elevada, y (4) una familia a la que proveer de alimento y proteger. Esta misión queda perfectamente sintetizada en el post de MGTOW recién citado, particularmente cuando expone que la felicidad es «un hombre que protege y cuida a su familia, avanza y conquista, se entrega en pro de una causa mayor y se asegura de su legado, porque para eso es para lo que fue creado».

Esta misión es la manera que tienen los hombres no solo de generar felicidad sino también de contribuir a la sociedad. Ha sido representada así en una serie de mitos modernos. Podemos ver, por ejemplo, la promesa de la hombría en las ideas del vaquero americano que conquista la frontera del Oeste, en los soldados australianos y neozelandeses a los que se idolatra por su «compañerismo» y determinación a la hora de derrotar al enemigo en la Primera Guerra Mundial o en el hombre trabajador de clase media que protege y provee a su familia yendo cada día a trabajar. En nuestra imaginación colectiva, estos hombres están ahí fuera en el mundo, conquistando una frontera o derrotando a un enemigo, y con ello están creando hermandad y protegiendo a su familia al mismo tiempo.

Esta misión de la hombría dio a los hombres una posición y una razón de ser dentro de la sociedad capitalista moderna. El capitalismo temprano intervino privatizando el trabajo doméstico (Brenner y Ramas, 1984: 26), de modo que todo lo que ocurría en el ámbito doméstico recaía sobre las mujeres. De estas se esperaba que se quedaran en casa cuidando a los hijos mientras los varones salían al exterior a trabajar, luchar y conquistar. Por lo tanto el capitalismo impuso/impone una firme distinción entre el ámbito «público» (masculino) y el «privado» (femenino) (Sheller y Urry, 2003; Sheller, 2004). La misión de la masculinidad era el modo en que los hombres podían cumplir satisfactoriamente el rol social que tenían asignado.

La misión de la hombría también subyacía tras lo que los teóricos de la masculinidad denominan la «masculinidad hegemónica». Desarrollado por Raewyn Connell (1995), probablemente la más famosa especialista en masculinidad, el concepto de «masculinidad hegemónica» describe los procesos sociales que garantizan que algunos tipos de masculinidad se consideren cultural y políticamente más legítimos que otros. La masculinidad hegemónica encarna la manera más honrosa de ser hombre, un ideal que otros admiran (Connell, 1995; Connell y Messerschmidt, 2005). Aunque no todos los hombres están a la altura de la norma hegemónica, todos participan en diferentes roles que garantizan en su conjunto el mantenimiento de esta norma hegemónica (Connell, 1995). La norma hegemónica impulsada por la misión de la masculinidad era la de un «hombre hecho a sí mismo» (Kimmel, 2011) que no necesita a la sociedad y, de hecho, se caracteriza por su afán por el éxito individualizado. También en este caso, el hombre hecho a sí mismo está integrado en nuestra imaginación colectiva, ya se trate del hombre de negocios que consigue el éxito gracias a su propio ingenio y habilidad, ya de los presidentes de Estados Unidos, que se presentan como genios irrepetibles, individuos únicos que encarnan la mejor manifestación de la hombría de sus respectivas épocas. Tal como explica Faludi (1999: 10):

> El hombre que controla su entorno es hoy en día la imagen de la masculinidad que prevalece en Estados Unidos. De un hombre se espera que demuestre su capacidad

no siendo parte de la sociedad, sino manteniéndose intacto con respecto a esta, trascendiéndola. Ha de viajar sin restricciones, libre de las garras de la sociedad, solo, creando o acabando con quienquiera o lo que quiera que se cruce en su camino.

Por supuesto, no todos los hombres han estado a la altura de esta misión y, desde luego, no han podido alcanzar tan ambiciosos estándares, por mucho que lo hayan deseado o se lo hayan propuesto. Sin embargo, en palabras de Connell (1995), en la masculinidad hegemónica los hombres (¡y las mujeres!) participan en diferentes roles, y en su conjunto garantizan el mantenimiento de la norma hegemónica. Mientras algunos alcanzan la cúspide al conseguir ser considerados lo que denominamos «hombres hechos a sí mismos», otros consolidan estas ideas tratando de alcanzar esta condición, idolatrando a quienes lo logran y atacando y apartando a quienes no son capaces de cumplir estas normas o se niegan a hacerlo.

No estoy queriendo decir que esta «misión», ni los ideales masculinos hegemónicos, fueran en absoluto positivos para los hombres ni para la sociedad. La misión de una frontera por conquistar incita a los líderes globales, y a los hombres que los siguen, a participar en guerras colonialistas y agresivas. La promesa de una familia a la que proveer y proteger sitúa al hombre a la «cabeza» del hogar, lo que justifica la opresión de las mujeres, incluida la violencia de género y, dentro de esta, la violación. La «misión» general situaba decididamente a los hombres en la «esfera social» y les otorgaba posiciones de poder en todas nuestras principales instituciones. Por último, naturalmente, esta «misión» no incluía a todos los hombres. Los hombres gais, los hombres negros, los hombres trans y sencillamente los hombres que no querían dividir y conquistar no figuran en esta historia. Fueron y siguen estando excluidos y a menudo fueron y siguen siendo castigados por no vivir conforme al ideal masculino. Esta misión y esta imagen de la masculinidad han sido y son algo que era preciso poner en tela de juicio y revertir, algo que los movimientos feministas y por la liberación de los hombres (entre otros movimientos de izquierdas) han tratado de hacer.

Sin embargo, aun resultando extremadamente problemática, esta «misión de la masculinidad» dio a muchos hombres un propósito. A ello se refieren constantemente los hombres de la machosfera, que añoran un mundo en el que tenían la sensación de ser más valiosos como miembros de la sociedad. En un post de un blog titulado «In defence of patriarchy» [«En defensa del patriarcado»], por ejemplo, Jeremy Wilson (2014) describe el patriarcado como algo que proporciona roles esenciales a hombres y a mujeres. Escribe lo siguiente:

> El patriarcado trata de producir criaturas y de protegerlas asignando roles a los hombres y a las mujeres. Las mujeres cuidan de los niños, los hombres son los proveedores de alimento de la familia. Durante la mayor parte de la historia esto seguramente sería negativo para la minoría que no aceptaba las normas de género: las mujeres que odian a los niños y los hombres a los que les gusta jugar a las casitas. Pero, en términos de supervivencia humana, nos ha venido muy bien.

Por lo tanto, uno de los elementos más útiles de la misión de la masculinidad fue que creó un vínculo entre la hombría y la «utilidad social» (Faludi, 1999: 11). Los hombres de la machosfera desarrollan esta idea hasta sus últimas consecuencias cuando afirman que son ellos los que han construido prácticamente todas las cosas que hoy son importantes para la sociedad. Como, por ejemplo, sigue diciendo Wilson (2014):

> El patriarcado nos dotó del fuego, el arado, la rueda, los textiles, el capitalismo, la pintura, la escritura, la medicina, la música, el metal, el papel, la literatura, las pirámi-

des, los canales, los puentes, la escultura, la óptica, la alfarería, la pirotecnia, la imprenta, la industrialización, la mecánica, la electricidad, los aviones, los trenes, los automóviles, las naves espaciales, los teléfonos, la radio, la televisión, los deportes, los pueblos, las ciudades, los rascacielos, la fusión nuclear, los ordenadores, internet, la política, la filosofía, la economía, la democracia, la ilustración, los microondas, las aspiradoras, los pañales desechables, las lavadoras y hasta los vibradores de pilas.

Lo que subyace tras las palabras de Wilson no es solo que el patriarcado aportó estas cosas, sino que lo hicieron específicamente los varones. Por supuesto, no reconoce el papel de las mujeres en estas contribuciones, aunque solo sea como trabajadoras del hogar que se ocupan de que el hombre esté limpio y alimentado para que pueda ir al trabajo. Tampoco los hombres de la machosfera tienen en cuenta que la misión de la hombría excluyó a muchas personas que fueron marginadas de la sociedad y no consideradas socialmente útiles en absoluto. Pero la misión de la masculinidad proporcionó a algunos hombres un objetivo, un propósito, un sentido de utilidad. Aunque a menudo ha tomado derroteros socialmente destructivos, a los hombres les ha brindado un anclaje, una forma de conectarse con el mundo.

Pero a finales del siglo xx empezó a producirse un cambio importante, cuando esta misión comenzó a desmoronarse. Los hombres de la machosfera achacan este hecho al auge del feminismo de la segunda ola, así como a otros movimientos de clase y de justicia social. El feminismo lleva ya vigente muchísimo tiempo, pero en las décadas de 1960 y 1970 estos movimientos se enfrentaron sin ambages a la misión de la masculinidad. El feminismo, acertadamente, desafió la posición de los hombres como únicos «protectores» de la familia con el argumento, por un lado, de que las mujeres no necesitaban la protección de los hombres y, por otro, de que las familias a menudo no eran espacios de protección, sino de violencia y opresión. Los movimientos antibélicos, con toda razón, desafiaron la mentalidad de conquista del mundo occidental cuestionando al mismo tiempo la imagen del «soldado» como representación idealizada de la masculinidad. Después de la guerra de Vietnam, los soldados, al volver a casa, no fueron recibidos como héroes, sino más bien como unos colonialistas involucrados en una guerra injusta. Estos movimientos por supuesto tuvieron un éxito variable y no han acabado por completo con la misión de la masculinidad. Los hombres siguen cometiendo violencia de masas en casa y tristemente la guerra sigue siendo una parte importante de nuestro mundo. Pero estos movimientos han creado nuevos espacios e ideas para reflexionar sobre la masculinidad y la feminidad, un hecho que ha tenido una enorme trascendencia.

Mientras que el feminismo y otros movimientos sociales sin duda han tenido un gran impacto (ampliamente positivo), la misión de la masculinidad se ha visto socavada mucho más intensamente por amplias fuerzas sociales y económicas. En concreto, durante la segunda mitad del siglo xx, se han vivido cambios importantes en el modo de producción capitalista, promovidos principalmente por el auge del neoliberalismo. El neoliberalismo ha acabado con muchas de las normas económicas y sociales del siglo xx, socavando, en primer lugar, los conceptos tradicionales del trabajo y, con ello, la estabilidad económica. El neoliberalismo ha conducido a la destrucción de los sindicatos y a una creciente «flexibilización» del trabajo, generando lugares de trabajo muy inseguros y precarios. Los salarios se han igualado a la baja y millones de personas han retrocedido económicamente. Como observa Kimmel (2014: 10), los varones

han recibido algunos palos en las décadas recientes, y no solo a consecuencia de las últimas recesiones. El ingreso real viene cayendo desde la década de 1990 en el caso de los hombres blancos de clase media y se ha mantenido prácticamente sin cambios desde principios de la de 1970. La renta media de los hogares para una familia (en dólares actuales) en 1971 era de 56.329 dólares. Exactamente cuarenta años más tarde, en 2011, era de 50.054 dólares. Así que, en términos de ingresos reales, el ingreso familiar medio ha disminuido unos 6.000 dólares. Pero la gran diferencia entre las familias de clase media cuarenta años después es que ahora las esposas trabajan. Literalmente se requieren dos salarios para ganar lo que una familia conseguía con un solo salario hace cuarenta años; y aun así, ni siquiera llega del todo.

Los hombres de la machosfera aluden constantemente a esta cruda realidad económica. Nuestro amigo Rupert, que apareció al inicio de este capítulo, por ejemplo, se quejaba de que: «Nadie de mi generación cree que vaya a disfrutar de una pensión digna. Disponemos de un tercio o de un cuarto de la riqueza que tuvieron las generaciones anteriores». La presentación de la machosfera en MGTOW.com expone una queja similar al plantear que la fuerza de trabajo moderna puede prescindir de los varones. Dicen que «las empresas para las que trabajan exigen lealtad pero luego les despiden o les cesan sin contemplaciones si los beneficios caen la décima parte del uno por ciento». Para ser justos, ¡tienen razón!

Por supuesto, todas las personas, excepto las muy ricas, se han visto afectadas por estos cambios del capitalismo tardío y han perdido gran parte de su estabilidad económica y social. Numerosas mujeres y personas negras se han visto mucho más gravemente afectadas que los hombres blancos que dominan la machosfera. El neoliberalismo es una crisis que afecta a todo el mundo. Los hombres están padeciendo las mismas crisis que todo el mundo sufre, pero tristemente algunos están respondiendo de una manera particularmente marcada por el género.

Sin embargo, el neoliberalismo no es únicamente un sistema económico. También ejerce una profunda influencia en nuestra cultura (Brown, 2015; O'Neill, 2018a) y ha desempeñado un papel fundamental en la transformación de lo que significa ser hombre. Con ello ha socavado las expectativas culturales de la misión de la masculinidad. En particular, el neoliberalismo ha provocado la expansión al ámbito no económico de lógicas económicas como el conservadurismo fiscal, el individualismo y la competitividad (Brown, 2015). ¿Qué significa esto? Wendy Brown (2015: 31) sostiene que el neoliberalismo ha facilitado una «economización imparable y generalizada de todos los aspectos de la vida». Todo en nuestro mundo ha pasado a ser individualismo y competitividad, ya se trate de personas que compiten por unos *likes* en sus posts en redes sociales o de la mercantilización de la actividad sexual a través de webs como Only Fans. Todo se pone al servicio de la economía neoliberal. Y, con ello, la «racionalidad neoliberal difunde el modelo de mercado a todos los ámbitos y actividades —aun cuando no haya dinero en juego— y configura exhaustivamente a los seres humanos como actores en el mercado, siempre, exclusivamente y por doquier como *homo economicus*» (Brown, 2015: 31). En otras palabras, el neoliberalismo ha alterado por completo el propósito de la existencia. Vivir ya no va de ser feliz o de relacionarse con la familia y las amistades; por el contrario, consiste únicamente en afanarse por conseguir dinero, dinero y más dinero y en el interés propio.

Y en esto precisamente radica el problema. La cuestión no es acabar con la misión, sino saber qué la sustituye. Lo que los hombres (y el resto de las personas) están recibiendo es una «cultura ornamental» que está conformando el modo en que debemos imaginar y vivir nuestra vida y nuestra sociedad (Faludi, 1999). Una cultura ornamental es la que «incita a las personas a no desempeñar prácticamente ningún papel público, solo roles decorativos o de consumo» (Faludi, 1999: 35). En una cultura ornamental, a la gente se la desvía de la participación en la política, la iglesia, los sindicatos, los grupos sociales, etc. A las personas no se las considera útiles desde el punto de vista social o individual. En cambio, participamos en la sociedad principalmente a través del consumo. Se nos anima a competir con nuestros semejantes en los mercados de consumo porque así es como supuestamente alcanzamos la auténtica felicidad. Esto ha sucedido a través del auge de los movimientos de autoayuda, debido a una obsesión generalizada con el individualismo y más recientemente con la popularización de la figura de *influencer* en las redes sociales. Es el resultado inevitable de la famosa máxima de Margaret Thatcher acerca de la sociedad: «No existe tal cosa».

La cultura ornamental ha desempeñado un papel importante a la hora de transformar las percepciones de lo que significa ser hombre; y para muchos, no precisamente a mejor (Faludi, 1999). Como escribe Faludi (1999: 38-39), en esta cultura, «la hombría se define por la apariencia, por la juventud y el atractivo, por el dinero y la agresividad, por la postura corporal, la actitud confiada y los objetos simbólicos, por el labio fruncido, el mohín petulante y los bíceps flexionados, por el glamur del guapo de portada y por la "individualidad" reducida por el mercado a bien de consumo, que eleva a un astronauta, atleta o gánster por encima de otro». Si la vieja «misión de la masculinidad» proporcionaba a los hombres la sensación de cumplir un propósito social, una cultura ornamental hace tabla rasa de todo ello. Muchos hombres han dejado de acceder a las comunidades y estructuras sociales en las que solían participar porque les han dicho que solo pueden ser hombres si actúan solos, por su cuenta, consumiendo lo más posible. Como explica Faludi:

> Construida en torno a la fama y a la imagen, al glamur y al entretenimiento, al *marketing* y al consumismo, es una puerta de salida ceremonial hacia ninguna parte. Su esencia no es solo el acto de vender sino el acto de vender el yo, y en este afán cada hombre está fundamentalmente solo (Faludi, 1999: 34-35).

Y con ello:

> La cultura ornamental ha demostrado ser la máxima expresión del Siglo Americano, llevándose por delante aquellas instituciones que a los hombres les brindaban algún sentido de pertenencia y sustituyéndolas por espectáculos visuales que solo pueden contemplar y que benefician a unas fuerzas comerciales globales que no alcanzan a comprender (Faludi, 1999: 35).

Aunque Faludi habla específicamente de Estados Unidos, su análisis puede aplicarse igualmente a otras naciones occidentales. Tras imponerse a nivel global, en una cultura ornamental los aspectos productivos de la antigua misión de la masculinidad han sido sustituidos, superados, por la cultura comercial, «un espejo frente al cual los hombres solo conseguían mostrar una cruda semblanza de masculinidad» (Faludi, 1999: 37).

Por supuesto, vale la pena señalar que no se trata de una simple sustitución de una cosa por otra. Muchos de los ideales de la misión de la masculinidad siguen firmemente arraigados en el mundo occidental. A los hombres se les sigue animando a combatir en las guerras, a conquistar tierras enemigas y a «proteger» (a veces de modo violento) a su familia. Las culturas nunca cambian de manera rápida y sencilla. A pesar de ello, el auge de la cultura ornamental no deja de ser un cambio brutal que está sembrando confusión, frustración y decepción entre muchos hombres.

Todo esto sin duda presenta un lado irónico. La cultura ornamental no es nueva en el neoliberalismo. De hecho, como plantea Faludi (1999: 39), estos rasgos «se han identificado hace tiempo como la esencia de la *vanidad* femenina, el rostro público de lo femenino en oposición al cuidado doméstico y maternal». La cultura ornamental ofrece una imagen pública histórica de la feminidad y de las mujeres en la que estas han sido / son cosificadas, infantilizadas y consideradas pasivas, subidas a su pedestal y absortas en su propia imagen. Se trata de una imagen de la que desde luego las mujeres no se han librado: de hecho, en este periodo las cosas han empeorado también para las mujeres. Además de socavar la misión, la cultura ornamental ha marcado profundamente el feminismo a finales del siglo xx y principios del xxi, en concreto difundiendo un concepto llamado «posfeminismo» (Gill, 2017; Banet-Weiser, 2018; Ging, 2019). El posfeminismo es un conjunto de ideologías, estrategias y prácticas que agrupa «discursos feministas liberales como el de la libertad, la libre elección y la independencia y los incorpora a una amplia batería de medios de comunicación y redes sociales, de estrategias de venta y de participación activa de la clientela» (Banet-Weiser, 2018: 153). El posfeminismo se basa en tres ideas nucleares: la reaparición en el ámbito cultural de los debates sobre el género, la focalización en el individualismo neoliberal, con el argumento de que la igualdad y el empoderamiento pueden alcanzarse a través de la actitud personal, y el retorno a argumentos biológicamente esencialistas sobre las supuestas diferencias naturales entre mujeres y hombres (Ging, 2019). El posfeminismo ha transformado gran parte del debate sobre el género en el mundo occidental al limitar la discusión a la reivindicación de que, para las mujeres, «"empoderarse" significa ser un mejor sujeto *económico* y no necesariamente un mejor sujeto feminista» (Banet-Weiser, 2018: 155).

Vale la pena señalar que el posfeminismo ha sido un espacio fructífero en el que la cultura masculina de la machosfera se ha desarrollado y ha prosperado. Proporciona una ideología cultural, social y políticamente aceptable a través de la cual se puede criticar el feminismo, que es «deslegitimado» por ser extremo, difícil y desagradable (Tasker y Negra, 2007). Como pondré de manifiesto a lo largo del libro, también proporciona sistemas culturales (el esencialismo biológico, el individualismo, la mercantilización, etc.) que los hombres de la machosfera utilizan para reflexionar sobre el género, las políticas de género y las relaciones personales de los hombres con las mujeres. Aunque una cultura ornamental es una de las semillas de las quejas de los hombres de la machosfera con respecto al mundo, estos también recurren a sus principios fundamentales para atacar el feminismo.

Tanto la cultura ornamental como el posfeminismo son ideas contra las que, acertadamente, muchas mujeres y muchas integrantes de los movimientos feministas han reaccionado enérgicamente (aunque en la actualidad gran parte del feminismo de la tercera ola ha integrado ideas parecidas de «empoderamiento»). Tampoco resulta sorprendente que muchos hombres asimismo estén reaccionando contra estas ideas (aunque, como veremos, al mismo tiempo también suelen integrarlas). Como escribe Faludi (1999: 39):

> No es de extrañar que los hombres estén sufriendo tanto. No solo están quedándose sin la sociedad para la que en otra época fueron tan esenciales, sino que «se están ganando» exactamente el mismo mundo del que las mujeres se libraron tan recientemente por ser degradante y deshumanizador.

Yo, que escribo más de veinte años después de que lo hiciera Faludi, editaría este pasaje y añadiría ahora que las mujeres tampoco han sido capaces de librarse de este mundo. En lugar de conseguir acabar con esta cultura, esta ha pasado a ser completamente dominante. Como mostraré en este libro, los hombres de la machosfera responden a este hecho de manera contradictoria, pues reaccionan contra la cultura pero al mismo tiempo utilizan esta cultura y estas ideologías para atacar el feminismo y a las mujeres y para tratar de acceder a una vida mejor para ellos. Lo consideran un sistema tanto contra el que reaccionar como al que aferrarse.

¿Cómo resumir esto de la mejor manera posible? Un hombre de MGTOW, «Sunrise Hoodie», que cree que a los hombres les están arrebatando su capacidad de existir y su capacidad de ser hombres, es el que mejor explica los cambios sociales y económicos recientes y el impacto que han tenido cuando dice:

> Hombres, ya no podéis cazar, no podéis construir, no podéis luchar, no podéis vivir. Os echan a patadas. Las mismas normas se aplican hoy, solo que más abstractas. Los robots realizan cada vez más trabajos, que son automatizados, el coste de la vida cada vez es mayor, los hombres dependen de otras personas para conseguir un ingreso y ya no de su propia capacidad de subsistencia y, en general, hay mucha más incertidumbre de la que había en la década de 1980 (sunrisehoodie, 2018).

Los cambios producidos a finales del siglo xx han tenido en general impactos negativos en algunos hombres. En un entorno cambiante en cuestiones de género, a muchos hombres todavía se les dice que sigan estando a la altura de la misión de la masculinidad. Al mismo tiempo, los movimientos recientes han plantado acertadamente cara a esta misión y a toda la destrucción que ha acarreado. Esto ha suscitado en muchos de ellos confusión e inseguridad acerca de lo que significa ser hombre. Esta situación podría gestionarse, pero los cambios, por desgracia, también se han producido coincidiendo con que los hombres (y el resto de la población) se han visto afectados por las transformaciones económicas y sociales causadas por el capitalismo tardío. En toda esta confusión, a muchos hombres se les ha dicho que la única forma que tienen de contribuir a la sociedad es como consumidores. Esto ha dejado a muchos de ellos tirados en un mundo que está cambiando a un ritmo demasiado veloz para que puedan mantenerse a flote.

He comentado los cambios en nuestras normas sobre la hombría y la masculinidad, que han tenido un notable impacto en muchos hombres. Los hombres han reaccionado ante estos cambios de muchas maneras distintas. No todos los hombres han aspirado a la «misión de la hombría» y no todos los hombres reaccionarán ante su pérdida del mismo modo. Por ejemplo, una de las respuestas más claras ha sido el auge del movimiento por los derechos de los hombres. Surgido en las décadas de 1980 y 1990 (es decir, más o menos en la misma época que el neoliberalismo), este movimiento está claramente centrado en la creencia de que los hombres han sido traicionados en el ámbito social y político, y los activistas luchan constantemente por revertir el cambio de la sociedad para que esta vuelva a favorecer a los hombres (Coston y Kimmel, 2013).

Aunque el movimiento por los derechos de los hombres forma parte de la machosfera, los integrantes de esta se han apartado en gran medida de estas luchas políticas y sociales más amplias para expresar, en cambio, su frustración, ira y alienación a través de constantes y continuadas quejas sobre los aspectos más prosaicos de su vida cotidiana. En particular, los hombres de la machosfera centran casi todas sus quejas en el sexo y las relaciones. Berlant (2008: 10) explica que un público es íntimo «cuando enfatiza los apegos afectivos y emocionales ubicados en fantasías sobre lo común, lo cotidiano y la sensación de normalidad». En otras palabras, los públicos íntimos se convierten en un espacio de encuentro a través del debate sobre lo cotidiano compartido. En el caso del público íntimo de la machosfera, esto ocurre porque hay hombres que hablan de sus experiencias personales, a veces positivas, pero fundamentalmente negativas, con el sexo y las relaciones. Esto constituye el meollo de la comunidad, y el sexo es el tema fundamental en el que se centra todo el pensamiento de la machosfera, sus debates y sus actos. Esta obsesión por el sexo queda de manifiesto en un post de un foro *incel* titulado «Imagine how a woman feels» [«Imagina la sensación de estar con una mujer»]. En este post, el OP *(original poster,* autor original del post) describe su fantasía más profunda, que gira casi por completo en torno al sexo. Escribe lo siguiente:

> Imagina lo suave y cálida que es su piel. Imagina el suave aroma de su perfume. Imagina que aprieta sus suaves labios contra los tuyos. Imagina que deja que te acuestes sobre ella y te deja introducir tu pene en su interior, gimiendo suavemente cuando este penetra. Imagina las paredes de su firme, suave y cálida vagina envolviendo cada centímetro de tu polla. Imagina cómo su respiración se hace más y más intensa con cada movimiento tuyo. Imagínala rodeándote con sus brazos y piernas, manteniéndote tan cerca como puede y rogándote que te corras dentro de ella cuando sueltas cada gramo de su tensión sexual en su interior. Imagina la sensación de pura satisfacción y paz que te invade a continuación, y que lanzas una mirada a tu costado y ves a una persona que se preocupa por ti y que te ha aceptado de la forma más íntima que existe.

El OP afirma que es la intimidad con una mujer lo que le proporcionaría pura satisfacción y paz, algo a lo que los *incels* no tienen acceso, y de ahí su dolor. La intimidad, y el consiguiente amor, simplifican la vida (Berlant, 2012: 89), y la verdadera felicidad nace ante todo de la posibilidad de tener relaciones sexuales. El sexo es fundamental para todo.

Para comprender por qué el sexo ha llegado a ser tan importante para la machosfera, hemos de analizar el papel cada vez más relevante que el sexo y las relaciones han desempeñado en la sociedad moderna. El auge del capitalismo industrial supuso un cambio: el matrimonio, que se consideraba principalmente un contrato entre dos partes, pasó a ser algo funda-mentado en el «amor» (Illouz, 2012). Como explica la so-cióloga Eva Illouz (2012: 11), el capitalismo industrial ha pro-vocado que se asignen al matrimonio «nuevas expectativas emocionales», unas expectativas que resaltan la importancia de la intimidad, la intensidad emocional y, hasta cierto punto, la igualdad en la relación. Para amar, les solían decir —el Es-tado, la Iglesia, los psicólogos y la cultura a través de sus es-critos— a los individuos, estos debían dedicarse enteramente a su «media naranja» (Illouz, 2012). Estas nuevas expectati-vas emocionales alteraban no solo la manera en que nos casá-bamos, sino también la importancia que les dábamos al sexo y a las relaciones para nuestro bienestar personal y nuestra felicidad. El amor, y en términos más generales la sexualidad, se han convertido en algo esencial para la percepción de sí misma y el sentido de identidad de una persona (Foucault, 1976; Berlant, 2012; Illouz, 2012). Como expuso célebremen-te Freud (1961: 29), el amor y la intimidad se han convertido en *el centro de todo*. El amor no es fundamental para nuestra felicidad, nuestro sentido de identidad y nuestro alineamiento con los valores de la sociedad moderna (Foucault, 1976; Ber-lant, 2012; Illouz, 2012). En la era neoliberal, esto significa que el amor es la manera en que una persona cumple con los ideales de «autenticidad, autonomía, igualdad, libertad, com-promiso y autorrealización» (Illouz, 2012: 9).

En la cultura femenina que describe Berlant, esta fantasía del amor gira en torno a los ideales románticos: a las mujeres se les cuenta el cuento de que enamorándose locamente pue-den alcanzar tanto la felicidad como la verdadera feminidad (Berlant, 2008). El amor es la vía a través de la cual se convier-ten en «mujeres-mujeres». Esto no ocurre en el caso de los hombres de la machosfera. Aunque los hombres hablan de su deseo de intimidad y de amor, su interés se centra principal-mente en el sexo más que en la conexión emocional. El *incel* del post anterior, por ejemplo, hace referencia casi exclusivamente al sexo: introducir su pene en el interior de ella, su cálida vagina envolviendo su polla, etc. Solo después del sexo espera alcanzar una sensación de pura satisfacción y paz. Una «guía básica de la píldora roja» para chicos lo aclara diciendo que la fantasía del «verdadero amor» no es relevante para los hombres y que lo importante es el sexo. El post explica:

> El Verdadero Amor no trata demasiado de sexo, o no habla de ello en absoluto. Pero es en el sexo en lo que se centran tu cuerpo y tu mente gracias a tu legado de masculinidad y al inicio de la pubertad. El sexo va implícito en el Verdadero Amor, pero solo como un tema menor y marginal. El matrimonio implicaba sexo. Tal como se desarrollan las estrategias modernas de emparejamiento, es muy *light*…
>
> El Verdadero Amor es un ideal femenino, salido de los dibujos animados de Disney y de la literatura francesa medieval y las novelas rosas. *Para los chicos, en la mayoría de los casos, el Verdadero Amor es una especie de trampa perversa* (subrayado en el original).

Según esta guía, el verdadero amor es una trampa para los hombres porque no garantiza el sexo, que es lo que los chicos y los hombres de verdad necesitan, y de hecho puede impedir el acceso a él. Está bastante generalizada la idea de que los hombres tienen un impulso sexual más fuerte que las mujeres y que el sexo es más importante para ellos (Hollway, 1984). Pensemos en el estereotipo del hombre que le ruega a la mujer que tengan sexo y esta le responde con frases como «esta noche me tengo que arreglar el pelo» o «me duele la cabeza». Personajes como Barney, de la serie *Cómo conocí a vuestra madre*, célebremente interpretado por Neil Patrick Harris, también reflejan la imagen de unos hombres obsesionados por el sexo, incapaces de pensar en nada más. Este estereotipo ha ejercido una notable influencia en la percepción que tienen los hombres heterosexuales de sí mismos como seres dotados de género y sexuales (O'Neill, 2018a: 125; véase igualmente Gavey *et al.*, 1999;

Mooney-Somers y Ussher, 2010; Terry, 2012). El sexo para ellos no solo es un acto divertido: es fundamental para su percepción de sí mismos, su realización y su felicidad.

No obstante, los hombres de la machosfera se vuelven extremadamente negativos en relación con su fantasía acerca del sexo. Las comunidades de mujeres de las que habla Berlant son muy optimistas por lo que respecta al potencial del amor, aun cuando se quejen de algunos de sus aspectos. Creen que el amor es real y que puede mejorar sus vidas. En cambio, los hombres de la machosfera no comparten esta idea. Por el contrario, manifiestan su decepción y desesperación porque se sienten incapaces de colmar sus deseos sexuales. Aunque el OP de antes describe sus deseos sexuales y el potencial de pura felicidad que conllevan si se cumplen, luego echa un jarro de agua fría sobre esta fantasía, no solo para sí mismo, sino para todos los demás, al añadir:

> Esto nunca lo experimentarás porque tu esqueleto es demasiado pequeño o los huesos de tu cara no tienen la forma adecuada. Que tengas un buen día.

El OP afirma que, debido a sus rasgos físicos, las mujeres nunca querrán tener relaciones sexuales con los *incels,* a los que niegan ese gozo y esa satisfacción básicos. Ahí reside el meollo de la queja. Los *incels* están obsesionados con el potencial de la intimidad y el amor y el sexo, pero luego se dan cuenta de que nunca consiguen alcanzarlo. Sus fracasos significan que están fallando como seres humanos y no tienen propósito en la vida. Si el amor y el sexo lo son todo, carecer de amor se convierte a su vez en un todo. Esto no es solo la experiencia de este OP en particular. Los comentarios al post, por ejemplo, hablan reiteradas veces de que eso es *suifuel* (fuel o gasolina para el suicidio); es decir, el tipo de narrativa que podría incitar a un *incel* al suicidio. Así, por ejemplo, un participante afirma: «Este post es más letal que un kilo de toxina botulínica pura» (un veneno utilizado para suicidarse), mientras que otro comenta: «Desde luego que este es el *suifuel* más evidente que jamás he visto». Otro le contesta: «Todos los *incels* en alerta por soga»*. El sexo y la intimidad son tan importantes para la percepción que tienen los hombres de sí mismos que están dispuestos, o al menos así lo declaran, a quitarse la vida si no pueden acceder a ellos.

Los temas referentes al sexo y las relaciones se convierten a su vez en la encarnación de todas las demás quejas de los hombres. En ellos confluyen todas sus cuestiones vitales: son la causa de todos sus problemas. Los hombres creen que, si pudieran cambiar ese aspecto, serían capaces de resolver todos sus problemas. Existen un par de motivos que explican esta forma de pensar.

En primer lugar, la realidad cultural del neoliberalismo y de la cultura ornamental se ha vuelto tan hegemónica que es prácticamente imposible cuestionar o enfrentarse a muchas de las estructuras que subyacen tras el sistema. Como suele decirse, es más fácil imaginar el fin del mundo que el fin del capitalismo. Y eso se ha perpetuado porque la machosfera también se ha impregnado de la ideología del capitalismo y el neoliberalismo (comentaré este aspecto mucho más detenidamente más adelante en este libro, así que de momento te pido que te lo creas). Es imposible desafiar unas estructuras con las que has establecido una conexión tan estrecha. Shawn van Valkenburgh, por ejemplo, estudia la «barra lateral»[2] del subreddit r/TheRedPill. Tal como explica:

---

[2] La barra lateral es una sección del subreddit donde sus moderadores pueden publicar normas, enlaces, etc. Los moderadores de r/TheRedPill utilizan la barra lateral para subir una serie de textos que respaldan la teoría de la comunidad.

* El post en inglés original utiliza la expresión *rope alert*. El autor explica en el texto que el verbo *to rope* «pertenece a la jerga *incel* y significa "suicidarse"» *[N. de la T.]*.

Frente al cúmulo de pruebas de los negativos resultados económicos del capitalismo tardío —entre ellos las crisis económicas, la alienación, la explotación y el desempleo—, aunque manifiestamente incapaz de cuestionar la supuesta benevolencia del capitalismo, el discurso de la barra lateral permite a los hombres desviar la hostilidad del sistema económico que les rodea y redirigirla contra las mujeres (2019: 9).

Otro factor es la complejidad de los problemas a los que se enfrentan todas las comunidades en el capitalismo moderno. El capitalismo es un sistema complejo, con una amplia variedad de actores y de estructuras que marcan, todos ellos, nuestra vida. Esto significa que muchos de nosotros, si no todos, tenemos dificultades para comprender sus dinámicas y el modo en que ejercen su influencia en nuestra vida (Srnicek y Williams, 2015: 14). Esta complejidad se ha hecho todavía más evidente en las últimas décadas al globalizarse aún más el capitalismo, y, a su vez, en cierta medida deliberadamente, se ha vuelto más difícil hallar tanto las causas de los numerosos problemas que afectan a nuestra sociedad como las soluciones a ellos. Los grandes temas globales a menudo no encajan con la manera en que muchas personas se planteaban habitualmente la política y participaban en ella, de modo que los antiguos enfoques resultan difíciles de aplicar. Como escriben Srnicek y Williams, «esta distancia entre la experiencia cotidiana y el sistema en el que vivimos da lugar a una mayor alienación: nos sentimos a la deriva en un mundo que no comprendemos» (2015: 14).

Todos estos factores han creado un espacio abonado para movimientos que buscan soluciones sencillas a grandes problemas. Es más fácil achacar la infelicidad de los hombres a las mujeres, al feminismo o al amor que al complejo sistema capitalista. La machosfera, y algunos de sus líderes, como Jordan Peterson o Andrew Tate, optan por la solución de centrarse en la vida privada, pues está más pegada a la realidad que conocen y es más fácil de controlar. Hablar del amor y de las relaciones también contribuye a encontrar enemigos claramente definidos a los que culpar. Hallar enemigos tan claramente definidos es una práctica común de este tipo de movimientos, y no es exclusiva de los grupos de extrema derecha. La popularidad de las teorías de la conspiración, por ejemplo, ha sido en parte una respuesta a la creciente sensación de estar a la deriva en un mundo que no se comprende. Como dicen Srnicek y Williams:

> Las teorías de la conspiración actúan limitando la agencia en nuestro mundo a una única figura de poder [...]. A pesar de la extraordinaria complejidad de algunas de estas teorías, proporcionan una respuesta tranquilizadoramente sencilla a la pregunta de «quién está detrás de todo ello» o cuál es nuestro papel en esta situación. En otras palabras, actúan precisamente como un mapa cognitivo (incorrecto) (2015: 14).

La machosfera actúa exactamente del mismo modo. Frente a la apabullante complejidad del capitalismo, la comunidad, incapaz de cuestionar sus principios básicos y renuente a hacerlo, busca una cabeza de turco fácil. Trata de recuperar la energía del primer pilar de la «misión de la hombría» buscando «un enemigo claro y malvado al que aplastar» (Faludi, 1999). Para la machosfera, este enemigo claro y malvado son las mujeres y el feminismo.

Todo ello queda reflejado de una manera bastante clara en un post de la comunidad MGTOW. Dicha comunidad la componen en gran medida hombres que han vivido fracasos en relaciones a largo plazo y que se quejan reiteradamente de las mujeres a pesar de tener el objetivo declarado de hacerse independientes de ellas. En un post en una comunidad denominada What is the point? [«¿Qué sentido tiene?»], un hombre describe una de estas historias. El post dice lo siguiente:

> Varón de 51 años violado por un divorcio*, destrozado física, económica, emocional y espiritualmente. Di todo lo que tenía en un trabajo sucio, peligroso e incómodo en el sector de la construcción industrial y ella acabó por dejarme plantado como si fuera basura en cuanto encontró algo mejor. Pensé que el amor era para siempre, pero ahora me doy cuenta de que fue todo una mentira y que yo no era más que un trampolín. No puedo evitar sentir que lo mejor de mi vida ha quedado atrás y que el futuro no me brinda más que sufrimiento y soledad. Hermanos Mgtow, he tratado de hallar consuelo en esta comunidad, pero creo que he llegado demasiado tarde. Es extraño porque solía ser una persona a la que otras admiraban, pero ahora voy andando por la calle y casi puedo percibir que la gente quiere apartarse de mí como si les fuera a contagiar alguna enfermedad. Solía tener amigos, pero ahora nadie me llama. Y es como si las mujeres pudieran olfatear lo patético que soy.

El OP cita muchos de los tópicos comunes asociados al amor heterosexual. Dice que lo ha «dado todo» en un «trabajo sucio, peligroso e incómodo en el sector de la construcción industrial». Luego explica que creía que «el amor es para siempre», con lo que reproduce la ideología de que el amor debería implicar un profundo compromiso con la fidelidad «hasta que la muerte nos separe». Ante la incapacidad de lograrlo, como si «todo [fuese] una mentira», el OP refuerza su compromiso con los ideales del amor situando su fe en el amor en oposición a la mujer que le ha robado su fantasía.

---

* Los mensajes y las publicaciones presentan a menudo faltas de ortografía y otros errores tipográficos que el autor indica en nota que decide intencionadamente no corregir para dejar que el contenido hable por sí mismo. Obviamente, resulta imposible trasladar estos errores a la traducción *[N. de la T.]*.

Pasa a ser alguien «destrozado» al habérsele negado el verdadero amor. Insiste en que le han robado. El amor se ha convertido en la encarnación de todos los fracasos de los hombres. A este hombre no solo le han roto el corazón, sino que también está «destrozado física, económica, emocional y espiritualmente». Aunque los hombres MGTOW recurren a esta comunidad esgrimiendo un discurso de independencia, esta es fruto tan solo de la necesidad, no de la voluntad. Los hombres describen una sensación de desesperación al verse incapaces de alcanzar la fantasía del amor heteronormativo. Este hombre insinúa que «su mejor versión» se mostró cuando estaba enamorado. Fue en esa etapa de su vida cuando era «una persona a la que otras admiraban». Sin amor pasa a ser alguien económica, emocional y espiritualmente destrozado, hasta el punto de que «casi puedo percibir que la gente quiere apartarse de mí como si les fuera a contagiar alguna enfermedad». Ser amado y estar enamorado es estar sano; la ausencia de amor es enfermedad y malestar.

La decepcionante trama amorosa

Los hombres de la machosfera hablan mucho de sexo y de relaciones y consideran el sexo algo fundamental en su vida a todos los niveles. Pero no es solo ahora cuando el amor y el sexo se consideran nucleares para la felicidad individual. En el siglo xx, la sexualidad dejó de ser solo algo que se practicaba para convertirse en algo que se consideraba fundamental para la formación de la identidad. Al cambiar de este modo nuestras ideas sobre la sexualidad, floreció el debate en torno al tema (Foucault, 1976) y las instituciones sociales y económicas enseñaban a la gente que, para estar adecuadamente insertas en nuestra sociedad, tenían que conversar sobre sexo y amor (Berlant, 2012: 67). Michel Foucault (1976), por ejemplo, hizo un célebre comentario al respecto al señalar que ya se hacía a través de la confesión. El sentido de nuestra sexualidad, y de nuestro yo, se forma hablando de ello: con los curas, los psicólogos, los médicos, nuestras amistades y nuestros parientes. Los públicos íntimos desempeñan un papel fundamental en este aspecto, y esta es una de las vías a través de las cuales las personas se reúnen en estas comunidades. A los hombres de la machosfera no solo les importan el sexo y las relaciones: ¡además quieren hablar de eso todo lo posible!

Este debate sobre el sexo y las relaciones se articula en torno a la repetición constante de lo que Berlant (2012) denomina la «trama amorosa». La trama amorosa es una historia, contada una y otra vez, que establece las fases que las personas atraviesan hasta alcanzar la pura satisfacción de la intimidad y el amor. Aunque la trama amorosa de una persona difiere levemente de la de otra, también se parecen siempre mucho, con una que prevalece sobre todas las demás (Berlant, 2012: 44). La trama amorosa supone que todo el mundo experimenta el amor del mismo modo, un amor que suele basarse en normas blancas, occidentales, heterosexuales y burguesas (Berlant, 2012: 112). Por otra parte, la trama amorosa no es una mera historia individual, sino que también une a las personas a través de la narración reiterada de cada una de ellas (Foucault, 1976; Berlant, 2008; 2012). Es esta función socializadora la que une a los hombres de la machosfera y los mantiene en la comunidad.

Todas las personas conocemos esta trama amorosa, aunque no nos la hayamos planteado en estos términos. La historia es algo así: chico conoce chica (siempre va en ese sentido), quedan y se enamoran. En un determinado momento probablemente discutan, pero lo superan. Luego se casan, compran una casa con una valla de madera blanca, tienen dos o tres criaturas y viven felices como perdices. Esta es la secuencia que has de seguir para enamorarte y llegar a ser verdaderamente feliz.

La trama amorosa es particularmente importante para los públicos íntimos de las mujeres, pues el amor se considera verdaderamente fundamental para la felicidad femenina. Un gran ejemplo de cómo opera esta trama amorosa puede leerse en el libro *138 Dates* de Rebekah Campbell. Comentado en una reseña de *The Guardian online* (Cunningham, 2021), el libro es la crónica de la travesía de Campbell para encontrar a su hombre ideal aplicando una técnica que se describe como técnica de ligue femenino *(female dating strategy* [FDS]), un planteamiento que muchas personas han comparado con las técnicas de ligue de la machosfera vinculadas a los videojuegos. La historia de Campbell comienza cuando tiene unos 35 años de edad, todavía está soltera y por lo tanto es infeliz. Preocupada por que se le pueda estar pasando el arroz, Campbell se da cuenta de que algo «tenía que cambiar» para que encontrara el amor. El cambio es algo habitual en la trama amorosa (Berlant, 2008) y suele caracterizarse por que las personas, sobre todo las mujeres, modifican su apariencia física, su personalidad u otros aspectos. En las comedias románticas *Dirty Dancing* y *El amor está en el aire,* por ejemplo, las protagonistas femeninas introducen cambios físicos en su cuerpo; en *El diario de Bridget Jones* y en *La boda de mi mejor amigo,* las mujeres renuncian a sus vicios y cambian de personalidad. La trama amorosa da por supuesto que de partida algo va mal y que las dificultades y los fracasos en la vida se deben a decisiones individuales y no a estructuras sociales (Illouz, 2012). El cambio de Campbell consiste en modificar la forma en que se plantea el ligoteo. Establece una lista de las características que desea que tenga su pareja, evalúa a los candidatos a través de llamadas de selección y realiza un «experimento controlado» en el que queda con sus pretendientes en uno de los dos lugares que escoge cada semana.

La trama amorosa femenina se basa en una fantasía en la que a las mujeres se las induce a pensar con optimismo cómo pueden conseguir su particular «vivieron felices y comieron perdices». Como explica Berlant (2008: 171), «la trama amorosa moderna requiere, si eres mujer, que al menos sigas creyendo en la capacidad del amor tanto para salvarte de tu vida actual como para ofrecerte una nueva». La historia de Campbell lo pone de manifiesto. Ella supera varios retos para hallar el amor perfecto y su historia acaba con que conoce a su marido, Rod. El artículo de *The Guardian* con la reseña de su libro incluye una fotografía de Campbell de pie junto a Rod y sus dos hijos, un cuadro heterosexual perfecto.

Esta repetición de la «trama amorosa» es habitual en la cultura de las mujeres. Sin embargo, a los hombres heterosexuales se les ha negado la posibilidad de contar historias de este tipo, o al menos no se les ha considerado capaces de hacerlo. Se supone que los hombres no son demasiado hábiles en materia de intimidad (Berlant, 2012) y que están emocionalmente reprimidos (De Boise, 2015). Aunque cada vez más corpus de investigación respalda la idea de que tal vez estas suposiciones no sean necesariamente ciertas hoy en día (Wester *et al.*, 2002; Dixon, 2005; MacArthur y Shields, 2015; De Boise y Hearn, 2017), siguen siendo una creencia dominante. A los hombres blancos heterosexuales se les ve como sexual e íntimamente reprimidos, mientras que el debate sobre el sexo o la sexualidad se considera normal entre todos «los demás».

Los hombres de la machosfera dan un giro radical al tema al convertir el debate sobre el sexo y la sexualidad en una cuestión fundamental para su comunidad. Dichos hombres también repiten hasta la saciedad distintas versiones de la trama amorosa, pero con un giro particular. Un gran ejemplo de ello es un post titulado «Now I am become Chad, the Destroyer of pussy» [«Ahora me he convertido en Chad, el Destructor de coños»], que se publicó en el subreddit r/TheRedPill. En este post, el OP describe su transición hasta convertirse en un «chad» (término utilizado para designar a un «macho alfa» venerado y sexualmente activo) y las lecciones que aprendió por el camino. Esta historia presenta una serie de características similares a las de la trama amorosa femenina: una fantasía proyectada en el futuro, una historia de cambio para materializar ese futuro y la convicción de que las estructuras heteronormativas conseguirán satisfacer dicha fantasía. Pero, a diferencia de la trama amorosa femenina, el post enseguida adopta un tono pesimista. Tras cumplirse la fantasía, el OP denuncia que la trama amorosa es una mentira. La trama amorosa masculina resulta ser decepcionante. El post comienza de la siguiente manera:

> Hace unos dos años o algo así, empecé a resultar atractivo.
>
> Hacía ya un tiempo que me había tragado la píldora[3], pero, como la mayoría de vosotros, pensé que yo era una especie de excepción y no levantaba cabeza. Bueno, un poco sí, pero me dio un arrebato bastante serio de andar jodiendo por ahí y sin disciplina; por no hablar de que no sé cocinar ni alimentarme como es debido. No conseguí ningún avance.

El OP comienza su experiencia con optimismo con respecto al mundo y a su potencial para las relaciones, a pesar de su puntuación de «3» (una valoración, sobre 10, de su atractivo). También habla de las mujeres como si fueran algo así como seres de otro mundo, y piensa que son completamente diferentes de él. Dice lo siguiente:

> Por aquel entonces todavía tenía esa idea mágica de las mujeres, que son distintas de nosotros, que eran capaces de ver más allá de la belleza y que se podían sentir atraídas por la personalidad alfa que uno alberga en su interior; que no necesitaban que nosotros tuviéramos buen aspecto para querer follar con nosotros, que podíamos compensarlo de

---

[3] Tragarse la píldora significa tomarse la píldora roja (¡más sobre el tema enseguida!)

otras maneras. Que controlaban mejor sus impulsos sexuales y que lo visual no les ponía tanto como a nosotros. Que en realidad no disfrutaban tanto del sexo como nosotros y que lo degenerado les quitaba las ganas; que eran seres puros y serenos, llenos de gracia e inocencia.

Por desgracia para él, con el tiempo este optimismo se desvanece a medida que sigue sin conseguir enrollarse con mujeres. Dice de sí mismo que está fuera de la realidad y que, «tras años de dolorosos rechazos y de cabrones menosprecios, dejé de poner excusas y empecé a aceptar que yo no era la excepción; necesitaba activar y arreglar mi cuerpo para conseguir ser más atractivo; todas las estrategias de ligue del mundo no me iban a ayudar si seguía pareciendo un adolescente friki de Fedora».

Empieza a acometer cambios, fundamentalmente trabajándose su aspecto físico: va al gimnasio, se corta el pelo, cambia de ropa, se pone a dieta, etc. Los cambios corporales son habituales en la trama amorosa (Berlant, 2012). En la comedia romántica australiana de 1992 *El amor está en el aire,* por ejemplo, Fran, uno de los dos personajes protagonistas, desea ser bailarina de salón, pero se la representa como rara, fea y torpe. Entabla relación con el apuesto Scott y empieza a bailar con él en secreto. A medida que se va enamorando y aprendiendo a bailar, también acomete cambios en su cuerpo y su apariencia: se suelta el pelo, se quita las gafas y cambia su estilo de vestir. Estos cambios no solo le reportan la aceptación, sino también el acceso a la fantasía del amor.

Par el OP, todos estos cambios físicos están relacionados con el objetivo de alcanzar la verdadera masculinidad. Cita varias cosas que cambia para conseguirlo. Dice, por ejemplo:

> Luego me corté el pelo. Solía llevarlo por debajo de las orejas por las putas normas de género, y el pelo corto era de deportista y a mí me gustaba el *heavy metal*. Esta vez pensé que iba a decirle a un barbero nuevo que me lo dejara corto. Los hombres llevan el pelo corto.

Un aspecto esencial a la hora de resultar masculino es rechazar cualquier cosa que pueda hacerle parecer gay. Antes de hacer sus cambios, el OP describe su pelo diciendo que es «largo, fuerte y gay», algo que obviamente tiene que cambiar. En otra sección, describe la lección que ha aprendido acerca del modo de abordar a las mujeres. Dice que observa a «betas»[4] tratando de ligar con chicas y fracasando. Explica que hablan demasiado y afirma: «Yo me relajo y dejo que se estampen estrepitosamente, sabiendo que la regla de oro es que cuanto más hablas, más maricón resultas». Llegar a ser auténticamente masculino significa rechazar la homosexualidad y todos los rasgos asociados a ella. El OP no lo plantea como un rechazo en sí de los hombres gais, pues estos han sido / son ampliamente ignorados en la machosfera, excepto para hablar mal de ellos de vez en cuando. En cambio, se trata de una versión más estructural y sutil de la homofobia basada en la creencia de que la homosexualidad está profundamente conectada con la feminidad, algo de lo que los hombres de la machosfera quieren distanciarse a toda costa (Thorburn, 2023). Como hombre masculino, heterosexual, el OP no puede parecer femenino bajo ningún concepto y, por lo tanto, debe rechazar cualquier cosa que le haga parecer gay.

A medida que se somete a estos cambios, el OP empieza a percibir lo que interpreta como un éxito. Las mujeres no lo ignoran: algunas se fijan en él y otras flirtean. Algunos amigos, familiares y compañeros de trabajo le hacen cumplidos, refuerzan positivamente sus cambios físicos y perciben la confianza que ha adquirido. Comienza a tener citas y relaciones sexuales regularmente. «Empezó a ser innegable que las mujeres se fijaban en mí», dice, y añade: «cada vez que me subía a

---

[4] A los usuarios de la machosfera les gusta dividir a los hombres en «alfas» y «betas». Los alfas son los guais mientras que los betas son hombres débiles, de segunda categoría.

un tren había al menos una mujer que me observaba, y entonces nuestras miradas se cruzaban y ella apartaba rápidamente la suya».

Algunas de las interacciones de las que habla el OP tienen que ver con las críticas que recibe de otros miembros de la comunidad, que piensan que ha adornado el relato. En un momento dado, el OP afirma: «Estaba esa chica en particular, no especialmente atractiva, que se apoyó contra mí en un tren en el que íbamos como sardinas en lata y empezó a menear su puto culo contra mi entrepierna como si estuviéramos en un club». Esta afirmación suscitó un acalorado debate, pues algunos decían que no era realista mientras que otros pensaban que era una práctica habitual de las «putas» que estaban dispuestas a todo para agenciarse un «chad».

Aunque recibe refuerzo positivo del mundo exterior, el OP no se siente mucho mejor. Y no es de extrañar. Acometer cambios físicos es a menudo una forma superficial de tratar de abordar cuestiones culturales y sociales mucho más arraigadas (Berlant, 2008). El «cuerpo es aquello a lo que los impotentes dedican sus esfuerzos cuando no tienen otra cosa; una determinada falda o unos alimentos concretos pueden pasar a formar parte de lo que se considera una satisfacción imaginable frente a otras relaciones sociales frustradas» (Steedman, 1986). El OP no es ajeno a esto, y afirma: «Cada vez que me miraba al espejo, me desinflaba: seguía jodidamente feo y con aspecto de gay aniñado[5], todavía y eternamente bajito». Aunque consiguió realizar cambios físicos y se convirtió en un «chad», aquello no le permitió alcanzar la percepción de sí mismo que realmente anhelaba.

---

[5] (El autor utiliza aquí el término inglés *twinky* y lo explica en esta nota *[N. de la T.]*. Un *twink* es un hombre gay, normalmente delgadito, joven y afeminado. *Twinky* como adjetivo se aplica a un hombre con esas características.

Además, aunque el OP consigue los objetivos comunes a todos los miembros de la machosfera, enseguida se da cuenta de que las estructuras sociales que lo rodean, en particular el comportamiento de las mujeres, no han cambiado. El OP afirma que, contrariamente a su anterior visión idealizada de las mujeres, en realidad son «todas unas putas». Dice que se ha acostado con mujeres de las que luego se enteró que tenían novio. Otras se ponían inmediatamente a escribir mensajes de móvil a otros tipos en cuanto habían terminado en la cama. Aunque disfruta de la actividad sexual extra, al final se da cuenta de que todo lo que las mujeres hacen es «pillar». Las mujeres, al parecer, van de un tipo al siguiente, y no le corresponden con la intimidad y el amor que él quiere darles.

El OP expresa su frustración por el hecho de que las mujeres al parecer no muestran reciprocidad con respecto a las emociones que está invirtiendo en ellas. El deseo de reciprocidad es fundamental para el amor (Singer, 1984; Ahmed, 2004; Berlant, 2008): quienes aman desean ser correspondidos. En cambio, una falta de reciprocidad potencia el impacto emocional de la queja. En este post, el OP dice que la falta de reciprocidad es universal. Así son las mujeres. Eso le repugna, porque arruina su fantasía con respecto no solo a las mujeres, sino al mundo entero. Dice lo siguiente:

> Son todas unas putas [...]. Todas ellas. Sin excepción. Solo hizo falta que me volviera atractivo y de repente me encuentro en un mundo totalmente nuevo, en un puto juego diferente en el que se revela la verdadera naturaleza del sexo femenino. Convertirme en «chad» ha sido lo mejor y lo peor que jamás me ha ocurrido. Desde luego antes no follaba tanto, pero al menos tenía fe en el «bello» sexo y mi mundo resultaba más agradable. Fue bonito mantener la ilusión mientras duró [...] pero ahora eso ha saltado en pedazos y no me queda más que una asquerosa y cruda realidad a la que no me apunté.

De esta sensación se hacen eco otros participantes. En un comentario aparece: «AWALT (All Women Are Like That)[6]. Y THOTs (That Ho Over There)[7] se sorprende de que Chad no las respete y no se comprometa. El respeto se gana, pero merecerse cosas es un concepto ajeno a las llamadas mujeres de hoy». En ningún momento los hombres de la machosfera señalan la hipocresía que subyace aquí, pues el OP afirma osadamente que ahora es un «destructor de coños», y fanfarronea activamente acerca del número de mujeres con las que ha tenido sexo, mientras, al mismo tiempo, se queja de que las mujeres hacen lo mismo. Las mujeres suelen tener que hacer frente a este doble rasero sexual (Farvid *et al.*, 2015), pues son juzgadas de manera distinta que los hombres por ser «fáciles», en el sentido de promiscuas. Los hombres de la machosfera consideran apropiado que el OP «conquiste» a tantas mujeres como pueda, pero al mismo tiempo critican a las mujeres por hacer lo mismo.

Aunque es tremendamente hipócrita, este post pone al mismo tiempo de manifiesto la compleja relación de los hombres con el amor y el sexo. A lo largo del post, el OP describe una forma de alienación de lo que Marx (2009 [1844]) describía como su «ser genérico». Marx planteaba que, para los seres humanos, el trabajo equivale a propósito, y es esencial para su identidad humana. En el modo de producción capitalista, al trabajador se le enajena de su trabajo y se le enajena de ese «ser genérico». El amor ha adoptado una posición semejante al convertirse en algo fundamental para nuestro sentido del yo: es esencial para nuestro «ser genérico». En este

---

[6] All Women Are Like That [«Todas las mujeres son así»]: expresión utilizada en la machosfera para sostener que todas las mujeres son iguales en cuanto al comportamiento lamentable que tienen hacia los hombres.

[7] That Ho Over There [«Esa puta de ahí»]: expresión peyorativa utilizada para describir a las mujeres consideradas sexualmente promiscuas.

post, el OP describe una sensación parecida de alienación de este ser genérico.

Dicha alienación resulta a menudo contradictoria. Aunque el OP manifiesta su decepción, el post no está exento de alegría o gozo, y en muchos aspectos celebra los logros de su autor. Es el venerado «destructor de coños», algo que al parecer todos los hombres quieren llegar a ser. Aunque se sienten frustrados con el amor y el sexo, los hombres de la machosfera siguen de todas formas deseando alcanzarlos. El amor es por lo tanto una estructura de «optimismo cruel», otra excelente expresión de Lauren Berlant (2011) que vale la pena explicar brevemente, pues la utilizaré a lo largo del libro. El optimismo cruel es una relación que «existe cuando algo que deseas es en realidad un obstáculo para que progreses» (Berlant, 2011). Piensa por ejemplo que mantuvieras una relación negativa. Puede que con alguien a quien amas, y a quien tal vez también deseas; imagina incluso que si te esfuerzas lo suficiente puedes conseguir que esa relación funcione. Sin embargo, al mismo tiempo, a menudo sencillamente no es posible, y esa persona te produce más sufrimiento que felicidad. Esa sería una relación de optimismo cruel. Cuando hablo de optimismo cruel en este libro, me estoy refiriendo principalmente a que nuestro apego a las estructuras del capitalismo puede resultar cruel: el capitalismo nos induce a pensar que, si nos esforzamos lo suficiente y cumplimos las reglas, podemos conseguir disfrutar de una vida buena. Es decir, algo cada vez más falso para la mayoría de la gente. El capitalismo en sí mismo es una relación de optimismo cruel.

En la machosfera, algunos hombres se plantean el amor y el sexo como estructuras de optimismo cruel. Esto queda de manifiesto a través del hilo más largo de comentarios de este post. El hilo lo inicia un usuario que dice que a él le han tratado de la misma manera que al OP. Esto desencadena un largo debate sobre el interés de salir con mujeres y la mejor manera de hacerlo sin resultar malparado. Gran parte de este debate se enfoca en la propia importancia que la sociedad da al sexo, y uno de los usuarios que participa explica que «hoy en día nos venden el cuento del "único amor verdadero" y de que "el sexo te hará feliz"». Estos cuentos, según dice, son la causa del dolor colectivo que inunda la machosfera. El apego al amor es el auténtico problema, pues se trata de una fantasía inalcanzable que es intrínsecamente cruel. Sin embargo, este no es el sentimiento más generalizado en la comunidad, y la mayoría de los hombres de la machosfera siguen buscando el amor y el sexo a toda costa.

Al final, el OP no sugiere ninguna acción que los individuos o la machosfera como comunidad pudieran emprender para abordar los problemas que plantea. En un momento dado, sugiere algunos cambios que se podrían hacer cuando afirma: «¿No podríamos simplemente volver a practicar la monogamia, en la que todo el mundo folla con una sola persona toda la vida y en la que el sexo ha dejado de ser el jodido tema estrella de tu vida? En la que comprendemos la naturaleza destructiva del sexo como droga y lo mantenemos bajo control». Pero nadie invita a la acción: no hay peticiones que firmar, ni manifestaciones a las que acudir ni candidatos políticos a los que votar. Sin embargo, clama por unos cambios que probablemente es consciente de que nunca se van a producir. Los hombres de la machosfera, aunque se quejan de la situación del mundo, no tratan de movilizarse políticamente en torno a esas preocupaciones. La sensación de alienación es inevitable, y la queja es la única opción. Esto a su vez alimenta la futilidad. El OP concluye reconociendo de algún modo que la fantasía, y su optimismo inicial, eran simplemente eso. Nunca hubo oportunidad alguna de éxito y, de hecho, lo único que le queda es el nihilismo (profundizaremos en esto más adelante).

> Me volví atractivo para conseguir chicas, me convertí en Chad, y el mundo en el que me vi inmerso me horroriza. Quiero salir.

La decepcionante trama amorosa no es una mera historia que se repite una y otra vez. También es fundamental para la filosofía de la machosfera, que la denomina «la píldora roja»[8]. Probablemente ya hayas oído hablar de la «píldora roja» anteriormente: es uno de los símbolos clave de la comunidad. Cerraré este capítulo hablando de lo que significa, de dónde procede y por qué es tan importante. Como siempre, es mejor explorar el concepto de píldora roja analizando las palabras de los propios hombres de la machosfera. El siguiente post no utiliza en absoluto la expresión, pero es un excelente punto de partida para ayudarnos a comprenderla.

En un foro sobre la píldora roja, un hombre de la machosfera publica una historia titulada «Life of primitive Jane: the boys are hunting» [«La vida de la Jane primitiva: los muchachos van de caza»]. El post es una historia inventada con los personajes de Jane, Bobnick y Chadrock en una tribu de la prehistoria. Jane, que encabeza la jerarquía femenina, está preocupada porque la mayoría de los hombres han salido de caza hace días y no han vuelto. Por la noche se desvela pensando en Chadrock, el macho alfa que ha salido a cazar. Chadrock no solo está cañón, sino que la protege a ella y a la tribu, y Jane «cree» que está enamorada de él. A Jane le preocupa que Chadrock haya podido morir en la partida de caza, pero también le da vueltas a cómo mantener su propio estatus en la tribu. Y de este modo sus pensamientos empiezan a volar. Aunque Bobnick es el hombre más débil, o tal vez precisamente por-

---

[8] Los *incels* también comentan una filosofía llamada «la píldora negra» que está muy estrechamente relacionada con la idea de la píldora roja. Sin embargo, como la más importante de las dos es la de la píldora roja, me centraré únicamente en esta.

que es el más débil, lo han dejado al cuidado de las mujeres. Jane desprecia a Bobnick, al igual que el resto de las mujeres, pero tendrán que contar con él para sobrevivir si los otros hombres no regresan. Así pues, pensando estratégicamente en mantener su posición, Jane empieza a fijarse en Bobnick y al final decide tener sexo con él. Por supuesto, él accede, pero justo cuando van a empezar, ella grita. El OP escribe:

> Una enorme masa de madera golpea la sien de Bobnick, cuyo cerebro salpica las paredes de la cueva mientras Jane se zafa de debajo de su cuerpo. Es Chadrock. Con una mano, arroja el cuerpo muerto de Bobnick a un lado como si fuera un leño. Él y otros hombres a sus espaldas llevan un montón de carne y parecen exhaustos. Jane empieza a darle profusamente las gracias, y a decir que Bobnick la había obligado a acostarse con él, pero Chadrock la interrumpe propinándole un bofetón. Ella cae al suelo y siente el sabor de la sangre en su boca. Entonces Chadrock deja la carne en un rincón y empieza a follársela. Chadrock es mucho más grande que Bobnick, pero no le hace daño. Ella enseguida se excita. También se siente aliviada, y la angustia de los últimos días se ha desvanecido: sobrevivirán.

Y el post termina con las siguientes palabras:

> lecciones aprendidas: esto lleva pasando desde hace aproximadamente 200.000 años. La sociedad moderna solo existe desde hace unos siglos (menos del 1% de ese tiempo). Adivina cómo están programados nuestros genes...

Esta parte final, en la que el OP dice que estos comportamientos llevan miles de años produciéndose, es lo que hace tan interesante este post. Es también lo que subyace tras la filosofía de la píldora roja: la queja masculina no apunta solo a las mujeres como personas; también alude al aprendizaje de la verdadera realidad del mundo.

El concepto de píldora roja procede de la película *The Matrix* (Ging, 2017). En esta, a Neo, su protagonista, Morfeo, el jefe de la rebelión, le ofrece elegir entre una píldora roja y una píldora azul. La píldora roja libera a Neo del control de la *matrix,* lo que le permitiría escapar al «mundo real». Esto incluso le induce a cambiar su aburrido nombre de Thomas Anderson por el más audaz de Neo. Este mundo, sin embargo, es más inseguro, duro y difícil. Tomar la píldora azul significa quedarse en el mundo ficticio, lo que supone permanecer atrapado en la prisión que representa la *matrix,* y regresar a una vida de ignorancia pero en cierto modo más cómoda. La machosfera adopta esta terminología afirmando que tomar la píldora roja significa aprender la verdad sobre las mujeres, el feminismo y la sociedad. Estas verdades son incómodas y pueden hacer la vida más difícil, pero al mismo tiempo permiten a los hombres escapar de la cárcel que es la sociedad feminista. La píldora roja es una filosofía que ofrece una narrativa coherente a través de la cual los hombres pueden unirse en torno a sus quejas sobre el amor, el sexo y su vida en general. Es, como describe Ging (2017: 8), un «seductor motivo cultural [que] ha conseguido equilibrar emoción e ideología para generar consenso y sentido de pertenencia entre los elementos divergentes de la machosfera».

La expresión «píldora roja» ha sido adoptada por muchos integrantes de la extrema derecha (Bratich, 2024). Personajes como Elon Musk, Kanye West, Candace Owens y Nick Fuentes han afirmado todos ellos que han elegido la píldora roja o han animado a otros a que lo hicieran (Bratich, 2024). Por lo tanto, optar por la píldora roja significa cosas diferentes según las personas, aunque la elección siempre está vinculada a factores de la extrema derecha. En esta sección hablaré específicamente de lo que significa la píldora roja para la machosfera, aunque muchas de las ideas son muy parecidas.

La filosofía de la píldora roja se basa en la creencia de que hay una serie de «verdades oscuras» sobre la sexualidad femenina fundamentadas en la psicología de la evolución. Esta psicología es un tipo de ciencia mezclada con antropología que sostiene que muchos rasgos humanos son fruto de nuestras necesidades evolutivas. Ha experimentado un resurgimiento en las últimas décadas, especialmente entre el gran público, gracias a libros de gran difusión como *Los hombres son de Marte, las mujeres de Venus,* de John Gray (1992), y *Tú no me entiendes,* de Deborah Tannen (1990) (Cameron, 2010). Estos libros, y el movimiento subsiguiente, planteaban que las diferencias en las relaciones entre sexos opuestos se dan por naturaleza (Cameron, 2007; 2010; 2015), y que los hombres y las mujeres están «programados con diferentes rasgos de personalidad, competencias y habilidades» (Ging, 2019: 56-57). Ni los hombres ni las mujeres pueden cambiar, y «los esfuerzos feministas por hacer reingeniería con lo que la ciencia ahora ha asumido que son sus naturalezas biológicamente determinadas se han revelado (confusamente) a la vez inútiles y perjudiciales» (Cameron, 2010: 528).

Gran parte de lo que ahora comentaré se fundamentó, y sigue haciéndose, en una ciencia dudosa y casi enteramente desacreditada (Cameron, 2010; Ging, 2019). Sin embargo, las ideas han arraigado porque benefician al capitalismo al reforzar las categorías de hombres y mujeres en mercados de consumo fácilmente identificables y al rechazar cualquier cosa que socave la familia nuclear (Ging, 2019). Como explica Ging (2019: 57):

> Estas ideas arraigaron sin embargo en un sistema político y económico profundamente centrado en el individualismo, los intereses empresariales y la acumulación de propiedad privada y contrario al análisis estructural, la intervención estatal o cualquier cuestionamiento del patriarcado que pudiera poner en tela de juicio la dinámica básica de la unidad familiar nuclear.

La psicología evolucionista es ideal para la machosfera pues brinda a la comunidad una narrativa que es coherente (aunque sea errónea) sin por ello cuestionar muchas de las ideas que más firmemente defiende. Y por eso los hombres de la machosfera han adoptado y desarrollado estas ideas.

La machosfera integra diferentes ideas clave de la psicología de la evolución y recicla teorías que afirman que las mujeres son irracionales, dadas a la hipergamia y programadas para emparejarse solo con machos alfa, y que necesitan ser dominadas (Ging, 2017: 12). Analicemos estas afirmaciones estudiando una serie de posts del blog de Rolo Tomassi, que se describe a sí mismo como «macho racional» y que centra gran parte de sus comentarios en la «verdad más oscura» sobre las mujeres —la «hipergamia» (2011; 2012; 2013)—, el principal problema con las mujeres pero que da origen a todos los demás.

«Hipergamia» no es un término que se haya inventado la machosfera, y de hecho encierra una teoría común entre los psicólogos evolucionistas (Bokek-Cohen *et al.*, 2008). Dicha teoría es muy sencilla: las mujeres buscan principalmente parejas con un estatus social o económico más elevado (Buckley, 2016). Las mujeres están programadas para ser cazafortunas. Al parecer, la hipergamia es resultado de los impulsos genéticos tanto de los hombres como de las mujeres. La cuestión es que, desde el punto de vista evolutivo, los machos con más éxito son los que tratan de maximizar sus oportunidades de emparejarse, difundiendo sus genes a una población lo más amplia posible. Por otra parte, como los bebés requieren mucho tiempo, dedicación, energía y dinero, las mujeres de éxito prefieren elegir sus parejas con más cuidado y son más exigentes con sus relaciones sexuales. A su vez, las mujeres buscan deliberadamente parejas de mayor estatus, que puedan proporcionar buenos genes, así como dinero, recursos y posición social tanto a las criaturas como a la madre (Tomassi, 2011). Tomassi (2013: 16) lo explica del siguiente modo:

> Es de una lógica deductiva sencilla concluir que, para que una especie sobreviva, debe procurar a su prole las mejores condiciones posibles para garantizar su superviven-

cia: eso, o reproducirse tan prolíficamente que se asegure la supervivencia. La aplicación obvia de ello para las mujeres es compartir la inversión parental con la mejor pareja que su propia genética le permita atraer y que pueda proporcionar seguridad a largo plazo para ella y su potencial prole. Por ello las mujeres son, biológica, psicológica y sociológicamente, los filtros de su propia reproducción, mientras que la metodología reproductiva de los hombres es distribuir la mayor cantidad humanamente posible de su material genético a la mayor cantidad posible de hembras sexualmente disponibles.

Los hombres de la machosfera creen también que la hipergamia permite a las mujeres controlar sus relaciones sexuales. Debido a que las mujeres son más selectivas, se les provee de todas las llaves para la intimidad, con lo que son ellas las que gestionan el acceso de los varones al sexo y al amor. Este no es un concepto nuevo: volvemos una vez más a la historia romántica estereotipada en la que un hombre ruega a la mujer que tengan una relación sexual pero ella se niega constantemente porque le «duele la cabeza» o esa noche «se tiene que arreglar el pelo». Como explica Berlant (2012: 88), «las instituciones e ideologías del amor romántico/familiar declaran que la/s mujer/es son los árbitros, las fuentes, las gestoras, los agentes y las víctimas de la intimidad».

Aquí es donde se originan realmente todas las quejas. En virtud de la hipergamia de las mujeres, los integrantes de la machosfera afirman que ellas son demasiado frígidas para los hombres, lo que conduce a una frustración constante (Hollway, 1984; O'Neill, 2018a). Como afirma Tomassi (2013: 16), «los hombres poseen entre doce y diecisiete veces más testosterona (la hormona fundamental para la excitación sexual) que las mujeres y las mujeres producen fundamentalmente más estrógeno (fundamental en la cautela sexual) y oxitocina (que promueve sensaciones de seguridad y cuidado) que los hombres». A su vez, la psicología evolucionista de la machosfera, como gran parte del propio ámbito (Gill, 2009; Cameron, 2010; O'Neill, 2018a), presenta una imagen del hombre cachondo, sexualmente promiscuo, y de la mujer frígida, sexualmente reticente, que solo quiere tener relaciones sexuales con alguien con mayor estatus.

Aparentemente, esto da lugar a estándares diferentes, pues las mujeres tienen más expectativas con respecto a los hombres con los que se acuestan. Tomassi se queja de que las mujeres siempre tienen la «prerrogativa de cambiar de idea», mientras que a los hombres se les exige un estándar más alto y se espera de ellos específicamente que hagan «lo correcto». Si él no lo hace, ¡ella solo tiene que ir a buscarse otro! Tomassi afirma luego que a los hombres que son «picaflores» y se acuestan aquí y allá se les trata como a villanos, mientras que a «los padres que de modo altruista se sacrifican financiera y emocionalmente en lo referente a sus decisiones vitales, a menudo para bien de unos hijos que no engendraron, se les considera héroes sociales por responder a los imperativos de la genética femenina» (Tomassi, 2013: 17). Ignoremos la patente realidad de que los hombres que se acuestan con cualquiera son aclamados como sementales mientras que a las mujeres que hacen lo mismo se las denigra por zorras. A los hombres de la machosfera no les gustan esas verdades incómodas.

El último efecto de la hipergamia es que induce a las mujeres a imponer a los hombres relaciones monógamas. Las mujeres no están dispuestas a permitir que los hombres tengan criaturas con múltiples parejas porque eso reduciría el nivel de protección y sustento que ellos podrían proporcionar a su prole. Como afirma Tomassi: «Para que una mujer pueda garantizar del mejor modo la supervivencia de su criatura, un hombre debe necesariamente abandonar su método de reproducción para adaptarse al de ella». Por su parte, las mujeres controlan el «mercado» sexual reproductivo al no aceptar relaciones sexuales y románticas a menos que los hombres estén dispuestos a «sacrificar su plan de reproducción para satisfacer el de la mujer con la que se emparejan» (Tomassi, 2013: 16).

Vale la pena señalar que los hombres de la machosfera al menos afirman que creen que ninguno de estos comportamientos «opresivos» por parte de las mujeres es deliberado. Como explica Tomassi (2013: 18):

> Quiero volver a subrayar que (la mayoría de) las mujeres no tienen un plan maestro conscientemente elaborado e identificado para poner en marcha este ciclo y atrapar a los hombres deliberadamente en esta trampa. Más bien las motivaciones de este comportamiento y las razones sociales concomitantes inventadas para justificarlo son un proceso no deliberado. La mayoría de las mujeres no son conscientes de esta dinámica, aunque están sujetas a su influencia. Para una hembra de cualquier especie aplicar una metodología de crianza con la mejor pareja genética que es capaz de atraer *y además* asegurar su propia supervivencia y la de su cría con la pareja que mejores garantías le ofrece equivale a ganar el premio gordo en la lotería de la evolución (en cursiva en el original).

A pesar de ello, también se quejan amargamente de la hipergamia de las mujeres. Los hombres de la machosfera se quejan de que son ellos, y no las mujeres, las víctimas de las normas sexuales modernas: son ellos los perdedores en materia de deseo, sexo y amor. En un post en una comunidad píldora roja, por ejemplo, un usuario cuenta la historia de un amigo que había estado saliendo durante cuatro años con una mujer. El comportamiento de ella empezó a cambiar cuando él comenzó a ganar más dinero, y el OP insinuaba que, debido a sus impulsos biológicos innatos, a ella le preocupaba más la riqueza de él que su persona. A continuación recojo un par de ejemplos:

> Empezó a volverse injustificablemente desconfiada. Quería saber dónde estaba él a todas las horas del día, con quién estaba hablando, a quién le escribía mensajes de móvil.

Básicamente arruinó sus Navidades mostrándose distante todo el día porque le había comprado un reloj de «tan solo» 550 dólares. Él dijo que en aquella época ya ni follaban (¡!): ella se mostraba resentida y hostil hacia él prácticamente 24/7 y nada más.

Estas quejas suelen ser muy racistas. La hipergamia no es más que un sinónimo de «cazafortunas», un insulto que viene siendo popular en la cultura estadounidense desde la década de 1920 y que a menudo se ha aplicado a mujeres afroamericanas (Boris, 2021). El tópico de la «cazafortunas» está presente a lo largo y ancho de la cultura pop occidental, como puede apreciarse en canciones como «Diamonds Are A Girl's Best Friend» [«Los diamantes son el mejor amigo de una chica»] de Carol Channing (con una versión a cargo de Marilyn Monroe), «Material Girl» [«Chica material»] de Madonna y «Gold Digger» [«Cazafortunas»] de Kayne West. Las cazafortunas se representan a menudo como mujeres afroamericanas pobres a las que vemos gorroneando a quienes realizan «el trabajo» en la sociedad (Sandlin *et al.,* 2011).

El discurso racista es más acentuado en la comunidad MGTOW, cuyos integrantes, por ejemplo, suelen publicar pantallazos de hombres afroamericanos quejándose del carácter «cazafortunas» de sus parejas afroamericanas. Un post famoso presenta a una mujer afroamericana abriendo regalos de Navidad de su novio afroamericano. El primer regalo es un trozo de papel en el que pone «factura de la luz», en el siguiente se lee «recibo del coche», en otro «alquiler», y así sucesivamente. El vídeo termina con el plano del novio diciendo: «Llevo todo el año pagando esto. Feliz Navidad». Los hombres de la machosfera comentan a continuación que es ridículo que él pague todos esos gastos y que ella todavía espere recibir regalos de Navidad. A ella se la describe como una mujer obsesionada con los bienes de consumo, una exponente de la «mujer afroamericana perversa, confabuladora, manipuladora, materialista, sexualmente agresiva y cuyas ansias apenas puede refrenarlas su poquísimo autocontrol» (Neuback y Cazenave, 2001: 127).

En las comunidades *incel,* el foco en la hipergamia es levemente distinto, pues sus miembros creen que a las mujeres solo les interesa el físico de los hombres. La incapacidad de los *incels* de tener relaciones, argumentan, se debe a que son feos. Los *incels* se quejan constantemente de su corta estatura, la forma de su mandíbula, las entradas de su cabellera y otros defectos físicos. A partir de ellos crean una jerarquía de personas en el mercado sexual y distinguen entre Chads, Stacys, Beckys y Cucks/Betas. Los Chads son los tipos apuestos, los que resultan atractivos y tienen un elevado estatus social, así como facilidad para mantener relaciones sexuales con mujeres. Las Stacys son mujeres hiperfemeninas, atractivas e inalcanzables. Solo salen con Chads. Las Beckys son «mujeres corrientes» que, a pesar de serlo, no dejan de aspirar a salir con Chads. Luego los *incels* se refieren a sí mismos como «betas», «cornudos» o «cabrones». Los betas son los «buenos tíos», que no consiguen salir con ninguna mujer o que acaban haciéndolo pero solo cuando esta ha renunciado a ir detrás de un Chad.

Resulta interesante que, a pesar de afirmar que las mujeres se empeñan en la monogamia, aquí la machosfera también sostiene que estas suelen engañar a sus parejas. Las mujeres, al parecer, adoptan lo que los hombres de la machosfera denominan «comportamientos folla alfa / folla beta». Las mujeres «follan» con alfas para tener descendencia, pero luego los abandonan para irse a vivir con los «betas», que acaban proveyendo de sustento económico a criaturas que no son suyas (Tomassi, 2013). Las mujeres se comportan así porque los alfas y los betas les proporcionan cosas distintas: los alfas les aportan los genes, y los betas, la estabilidad. Esta dinámica entre los «buenos genes» y los «buenos tíos» está, al parecer, «escrita a fuego en una escala evolutiva» (Tomassi, 2013). Las mujeres combinan estos dos tipos de hombres «para conservar la ventaja que les procura su biología». Los hombres de la machosfera llevan este argumento todavía más lejos al afirmar que las mujeres urden toda suerte de engaños, ya sea de manera reactiva o proactiva. En el engaño reactivo, las mujeres que ya están emparejadas con un «buen tío» mantienen relaciones sexuales con alguien con «buenos genes», de modo que el «buen tío» luego carga con la responsabilidad de cuidar de una criatura que no es suya. El engaño proactivo es el «dilema de la mami», según el cual las mujeres procrean con hombres con «buenos genes», alumbran a los hijos de estos y luego abandonan a su pareja para buscarse a un buen tío que pueda proveer para ella y para su prole.

Por supuesto, aun cuando las mujeres acaban emparejándose con los betas y los cornudos, los desprecian porque les disgusta verse abocadas a vivir con ellos. Muchos hombres de la machosfera se identifican a sí mismos como estos «buenos tíos», de los que unas mujeres a las que ellos solo les interesan por su dinero se han aprovechado históricamente o se están aprovechando en la actualidad. Esta idea se ha difundido a través del meme «Virgin vs. Chad» (véase la imagen 1). A la iz-

Imagen 1. El meme «Virgin vs. Chad».

quierda del meme se ve al *incel,* un hombre flaco con la mirada clavada en el suelo, que carece de confianza en sí mismo, va encorvado y lleva gafas y ropa básica. Aparece al lado del «chad», un tío cachas que tiene una mandíbula pronunciada, un prominente paquete y lleva un peinado chulo y una ropa interesante y colorida.

Al hombre de la izquierda se le representa como un fracasado sin remedio; no hay nada que pueda hacer para cambiar su patética vida. La hipergamia y los demás factores de la psicología de la evolución ponen un límite intrínseco al potencial de felicidad de los hombres, condenados a ser irremediablemente vírgenes y a caminar cabizbajos, mirando al suelo.

Hombres que se transforman tomando la píldora roja

La píldora roja es la convicción de que las mujeres tienden por naturaleza a la hipergamia y de que existen hechos que los varones no pueden eludir en sus relaciones con ellas. Se trata de un elemento importante de la queja masculina. La queja es lo que Berlant describe como el «"testimonio" de un agravio» (Berlant, 1988: 243). En cuanto testimonio, la queja no sugiere posibles soluciones. Como explica Berlant (1988: 244), «la queja femenina traduce la frustración, la ira, la abyección y el heroico autosacrificio de quienes la expresan, en una declaración de oposición que revela sus límites en sus propias palabras». Los hombres no buscan respuestas a los problemas de la hipergamia porque creen que esta es un elemento fundamental de la sexualidad femenina. Basta con la queja. De hecho, lo único que pueden hacer es quejarse.

La ausencia de una posible acción está estrechamente relacionada con la psicología de la evolución. Dicha psicología se utiliza para grabar a fuego la creencia en la «existencia de una "verdad" universal sobre la sexualidad» (O'Neill, 2018a: 114), que tiene por efecto principal «que las supuestas diferencias entre mujeres y hombres —y las desigualdades que estas acarrean— se naturalicen como una cuestión de "herencia genética"» (O'Neill, 2018a: 114). La psicología de la evolución considera que las relaciones entre hombres y mujeres están «sujetas a las leyes de la naturaleza más que a las de los hombres» (Edley y Wetherell, 2001: 452). Como describe David Graeber (2014), la vida no es más que «un mero instrumento para la propagación de secuencias de ADN», un escenario en el que los seres humanos actúan empujados exclusivamente por sus necesidades biológicas de reproducción. Esto significa que «cualquier intento de rediseñar estas relaciones está abocado a ser considerado sumamente ignorante y potencialmente ilusorio, el equivalente de una negación de la propia evolución» (O'Neill, 2018a: 130).

Por consiguiente, la píldora roja es una filosofía basada en la convicción de que «no hay alternativa». Aunque el neoliberalismo ensalza la adaptabilidad y la versatilidad, no ha conseguido ampliar la imaginería sexual colectiva sino que, por el contrario, la ha limitado (Jackson y Scott, 1997; O'Neill, 2018a). Podemos comprobarlo en el modo en que los hombres de la machosfera se ven a sí mismos y a las mujeres como individuos racionales que se involucran en actos sexuales exclusivamente para maximizar su beneficio individual (O'Neill, 2018a). El sexo solo consiste en la difusión de los genes, ¡y nada más! McKinnon (2005) lo denomina «individualismo genético» y afirma que la psicología de la evolución naturaliza «una concepción de la vida humana que reduce las relaciones sociales y el comportamiento humano al producto de una competición egoísta entre individuos» (2005: 43).

Un ejemplo de esta racionalización del sexo es la expresión comúnmente utilizada en la machosfera: «el mercado sexual». Los hombres de la machosfera sostienen que el sexo se desarrolla en un mercado en el que cada cual tiene su propio «valor», y que la competición sexual es natural e inevitable (O'Neill, 2018a). Este mercado sexual se rige por una serie de normas. Por ejemplo, Colttaine, un *youtuber* de la machosfera, revisa las «estadísticas» de lo que los participantes en la machosfera denominan la regla del 80/20 de la atracción entre hombres y mujeres: la idea de que el 80% de las mujeres quieren tener relaciones sexuales o se implican en relaciones estables solo con el 20% de los hombres que copan lo más alto de la escala (Tomassi, 2016). Se trata de la estadística de la hipergamia. Colttaine atribuye esta atracción diferencial al mercado sexual y afirma que «la provisión de recursos es probablemente el factor determinante de la selección reproductiva femenina». El atractivo sexual, y a su vez la actividad sexual, se basan en una toma de decisiones racional. Todo el mundo tiene lo que los miembros de la machosfera denominan «valor sexual de mercado», o VSM*, que, como lo define un glosario de la píldora roja, es una «abreviación de "lo que pones encima de la mesa", ya sea para una aventura de una noche o para una relación sexual/sentimental a más largo plazo». Para Colttaine, este diferencial de atractivo explica muchas de las cuestiones a las que han de hacer frente los hombres en este «mercado sexual». Mientras que la mayoría de las mujeres solo quieren juntarse con el top 20% de los hombres, esto sencillamente no es posible. Las mujeres con frecuencia «se resignan» a hombres con un valor sexual de mercado más bajo. Como Colttaine afirma en el vídeo:

> Mentalmente se está resignando a emparejarse con alguien al que considera muy por debajo de su valor sexual y social de mercado. Creo que este es el origen de todas esas ideas sobre la escasez de hombres y eso de «dónde han ido a parar todos los buenos tíos». Siguen ahí, y, francamente, son tíos perfectamente buenos, pero es que esto no va de datos sin procesar de hombres solteros, sino de su elegibilidad tal como la perciben las mujeres. El atractivo y las es-

---

* SMV, *sexual market value,* en inglés *[N. de la T.].*

tadísticas poblacionales en bruto sencillamente no parecen estar correlacionados en la mente femenina, lo que da lugar a un enorme déficit entre la mediana y la media del atractivo que perciben en los hombres. Aun cuando dos personas puedan tener exactamente el mismo percentil en este gráfico poblacional que representa el atractivo relativo por orden de magnitud, en su mente ella se ve como un ocho que sale con un tres. Para ella es una mala inversión reproductiva pero, debido a las presiones del mercado —es decir, que no quiere estar sola o quiere formar una familia—, estos son los únicos hombres disponibles en su percentil de población relativo, por lo que sigue adelante y, a pesar de todo, realiza la inversión relacional.

La psicología de la evolución proporciona un relato ostensiblemente apolítico del «porqué» de las diferencias sexo/género, donde las «opciones» individualizadas se «interpretan como el resultado de diferencias psicológicas sexo/género "naturales" que son el fruto acumulado de muchos milenios de presiones adaptativas específicas a las que han tenido que hacer frente las mujeres y los hombres y que han actuado para conformar la arquitectura biológica de los cerebros masculino y femenino» (Donaghue, 2015: 363). El sexo es medible y puede conseguirse utilizando una estrategia. Como afirma un usuario que comenta un post de una comunidad píldora roja, «la estrategia sexual es amoral»: es un simple conjunto de reglas que deben seguirse para gestionar las realidades del mercado sexual. Los hombres pueden por lo tanto aprender las reglas (como en la comunidad de seducción), optar por no participar en los rituales (como en MGTOW) o quejarse de que no tienen las herramientas necesarias para jugar a ese juego (como en las comunidades *incel*).

Hay algo bastante triste en este planteamiento, pues limita cualquier posibilidad real de sexo y de relaciones. Esto dificulta, cuando no impide, plantearse el sexo como algo que no es transaccional, lo que elimina gran parte de la intimidad que pueda subyacer tras tan hermoso acto (Tyler, 2004). La reciprocidad, la diversión y la experimentación en materia de sexo se vuelven inviables. Además, la píldora roja también es un gran ejemplo de optimismo cruel. A pesar de que los hombres de la machosfera están muy comprometidos con ella, la píldora roja rechaza el optimismo que va asociado al amor heteronormativo. A veces, durante mi investigación, he pensado que este pesimismo acerca del amor heteronormativo podía contener un extraño potencial de cambio de manera que la comunidad se podía convertir en un lugar en el que se cuestionaran unas normas marcadas por el género que resultan dañinas. Algunos miembros de los grupos por los derechos de los hombres, por ejemplo, debaten a menudo los supuestos culturales negativos acerca de que el hombre siempre debe ser el proveedor de alimentos y no participar en la crianza de los hijos, y manifiestan un deseo de pasar más tiempo con su prole. Esto, en teoría, brinda una interesante oportunidad de aunar fuerzas con algunas feministas que piensan de un modo parecido.

Pero en lugar de orientarse en esta dirección, la machosfera se pone de parte de las estructuras de la heteronormatividad. Recurriendo a la psicología de la evolución, la píldora roja refuerza las interpretaciones estereotipadas de una hombría/masculinidad innata y de una feminidad que son reminiscencias de una versión todavía más restrictiva del amor heteronormativo. Esto limita el potencial de una experiencia masculina. Como expone O'Neill (2018a: 156):

> Porque a pesar de que adoptar los roles de género convencionales en las relaciones heterosexuales puede proporcionar cierto grado de seguridad —dichos roles pueden resultar reconfortantes por su familiaridad, su carácter manido, que los hace fáciles de adoptar—, la heteronormatividad es por definición restrictiva. Establece límites a lo que se puede hacer y cómo manejarse en las relaciones íntimas,

un espacio al que muchos acudimos para gozar del tipo de libertad que no está a nuestro alcance en ningún otro lugar. Para los hombres heterosexuales, la heteronormatividad significa a menudo negar la vulnerabilidad inherente a todos nosotros.

A pesar de estos problemas, este tema de la píldora roja proporciona una gran fuerza emocional para atraer a los hombres a la comunidad. La píldora roja ofrece un marco coherente que permite a los hombres comprender sus problemas y, lo que es más importante, plantearse la machosfera como el espacio en el que abordarlos. Esto es particularmente relevante dada la incapacidad y la falta de disposición de dichos hombres para cuestionar los sistemas económicos capitalistas que son realmente la causa de sus quejas. En cambio, la machosfera les brinda un modo de comprender lo que significa ser hombre en el mundo moderno. La píldora roja ofrece a los hombres una «salida»: nunca se considera que los problemas a los que se enfrentan en sus relaciones románticas y sexuales sean culpa suya, sino que están causados por la naturaleza inherentemente problemática de las mujeres. Esto al parecer provee a algunos hombres de algo tangible. Como defiende un usuario en r/TheRedPill:

The Red pill cambió mi vida. Curiosamente, llegué a la comunidad cuando ya llevaba un tiempo tomando la píldora roja por mi cuenta. Frustrado con la vida, acababa de empezar a ejercitarme con pesas, a cultivarme con la lectura y a esforzarme por mejorar mi situación laboral. Y como nos ocurre a todos, supongo que la píldora roja siempre estuvo presente en mi sistema, pero había sido trastocada y anulada por las influencias sociales. No sabría decir si al final fui yo quien encontré el subreddit o si finalmente maduré y me encontró a mí.

En cualquier caso, estaba enganchado. Aquellas primeras semanas, pasé horas cada noche devorando contenido de la píldora roja: libros sobre el tema, el manual, los posts clásicos y otros nuevos. Resultó extremadamente enriquecedor: al menos, tras veintiocho años de frustración y confusión, se me ofrecía una estructura vital que siempre tenía sentido en la realidad y que acabaría por convertirme en una persona mejor y más feliz.

La fuerza de todo esto puede apreciarse en la idea común en la machosfera de que, al igual que en *The Matrix,* los hombres «toman la píldora roja». La píldora roja no es solo una filosofía, sino una transición que experimentan las personas. Tomar la píldora roja induce un proceso de «revelación [que] conduce a una autometamorfosis, un tránsito a otro modo de existencia que está listo para manifestarse en el mundo» (Bratich, 2024: 94). Experimentar esa transformación no consiste solo en aprender sobre el mundo, sino también en cambiar tu vida (Bratich, 2025: 95).

En otro post en r/TheRedPill, un usuario escribe un largo comentario acerca de que las mujeres suelen tener varios hombres «a la vez», y que si una mujer no es especialmente dependiente de un tipo en concreto, eso demuestra que él no es su primera opción. Explica que los tipos en esa situación deben renunciar y «ligar» con otras mujeres. Al post le siguen comentarios como: «Este es el tipo de posts difíciles de digerir que realmente me han atraído a este sub. La verdad duele, pero resulta tremendamente beneficiosa». Y «los posts de este tipo escuecen especialmente, van directos a las entrañas. Pero también son los que te obligan a ser más consciente».

Tomar la píldora roja da a los hombres acceso a un conjunto específico de conocimientos, con lo que la machosfera se convierte en una especie de «club exclusivo», capaz de explicarles de un modo coherente la naturaleza del mundo y cómo esta determina los problemas individuales que les afectan en él. La transición es dura, y la píldora roja resulta difícil de tragar, pero es preciso hacerlo. Confiere a los hombres un conocimiento especializado que los eleva por encima de otros que no han tenido la valentía de tomarla cuando era necesario. Como dice morlockabove (cit. en Bratich, 2024) en un post, «sumarse a la píldora roja es [...] una especie de iluminación, una perturbadora revelación sobre la naturaleza del mundo. Cuando te tomas la píldora roja, estás rechazando mentiras reconfortantes y haciendo frente a la maléfica/oculta verdad». Una vez que oyes esta verdad maléfica u oculta, tomar la píldora roja se convierte en una revelación que se «experimenta de un modo vitalmente transformador» (Bratich, 2024: 95). Tomar la píldora roja equivale a experimentar una epifanía religiosa.

CAPÍTULO 3

¡Nos están oprimiendo! Los hombres de la machosfera como sujetos agraviados

La gente se queja constantemente de sus relaciones. Basta pensar en las revistas sensacionalistas, los *reality shows* televisivos, tu propia vida y algunos foros en redes sociales como r/relationships o r/relationship advice en Reddit. Están todos plagados de quejas. Sin embargo, los debates en estos espacios se centran fundamentalmente en temas individuales, y los editores u otros usuarios de las redes sociales ofrecen consejos a la gente sobre el modo de abordar el problema que plantean. Los hombres de la machosfera van más allá y han convertido sus problemas en una queja más amplia sobre la posición que ocupan en la sociedad. Crean una identidad colectiva de seres «agraviados» por la sociedad, hasta el punto de que sienten que están oprimidos. Esta identidad «agraviada» es la segunda pieza del puzle de lo que aglutina a los hombres en torno a la machosfera. Analicemos ahora con detenimiento las cuestiones siguientes: ¿en qué mundo pueden considerarse a sí mismos oprimidos los hombres de la machosfera? ¿Cómo utilizan esta sensación colectiva de opresión para crear una identidad común y qué importancia tiene esa identidad a la hora de atraer a más hombres a la machosfera y conseguir que sigan en ella?

Existen ya numerosos estudios dedicados a analizar por qué los hombres principalmente blancos creen que son el nuevo grupo oprimido en Occidente (Gest, 2016; Hochschild, 2016; Kimmel, 2017; Brown, 2019; Kiper, 2021). Esta percepción ha resultado fundamental, por ejemplo, para el auge de nuevos líderes como Donald Trump, Jair Bolsonaro y los partidos de extrema derecha por toda Europa, donde los movimientos han sostenido que sobre todo los hombres blancos están siendo cada vez más agraviados por la sociedad debido a su raza, su estatus socioeconómico, su género, sus ideas políticas, etc. (Gest, 2016; Hochschild, 2016). Esto les está generando la sensación de que han sido «destronados»: los individuos creen que han perdido su posición en sus respectivos países a raíz de los cambios sociales y económicos (Brown, 2019). Voy a desarrollar este planteamiento para examinar cómo el fenómeno de la política identitaria ha proporcionado a los hombres un espacio para quejarse de esa condición de «agraviados» y por qué esto en sí mismo crea un importante vínculo entre los miembros de la machosfera.

Antes de adentrarme en este capítulo, creo que conviene decir que yo no comparto la idea de que estos hombres sean el nuevo grupo oprimido de la sociedad. Muchos de los «agravios» de los que se quejan son además sencillamente absurdos. Otros se basan en una profunda misoginia. Sin embargo, no me centraré en los aspectos específicos de esa misoginia porque se pueden encontrar ejemplos estupendos de autores que ya han abordado brillantemente el tema (por ejemplo, Jane, 2014; Marwick y Caplan, 2018; Baele *et al.*, 2019; Farrell *et al.*, 2019; Jones *et al.*, 2019; Lumsden, 2019; Cottee, 2021). En cambio, manteniendo mi interés en el motivo por el que los hombres acuden a la machosfera y permanecen en ella, voy a analizar ahora de dónde procede esta sensación de «agravio» y por qué es importante para los hombres. Como observa Michael Kimmel (2018), aun cuando no estemos de acuerdo con los sentimientos de estos hombres, eso no los hace menos reales. Los hombres de la machosfera sin duda son sinceros al expresar esos sentimientos, que es importante comprender y describir para aprehender a fondo la naturaleza de la comunidad.

Comenzaré resumiendo cómo acogieron los hombres de la machosfera la política identitaria y analizando específicamente lo que quiero decir cuando afirmo que han adoptado un estatus de «agraviados». Luego, utilizando ejemplos de la machosfera, analizaré cómo se posicionan a sí mismos en cuanto agraviados por la sociedad. Por último, examinaré qué ganan con ello los hombres de la machosfera y cómo les afecta. Esta percepción es un aspecto fundamental para comprender por qué la queja masculina es tan potente.

POLÍTICA IDENTITARIA Y AGRAVIO

La imagen 2, que procede de una comunidad MGTOW, ilustra perfectamente estos sentimientos. En ella, un hombre de la machosfera publica un pantallazo de Facebook de una señal situada en un aparcamiento público que indica un área reservada para mujeres. El usuario de Facebook comenta: «Los hombres son los nuevos *nigas**, os lo juro. Estoy muy harto de esta mierda de movimiento feminista». Un participante en el post en Reddit añade el encabezado: «Encontré esto en Facebook; lo siguiente, aviso, es que habrá fuentes de agua solo para mujeres».

---

* *nigas* oculta la palabra «negros» (también en inglés), un término considerado obsoleto y ofensivo, especialmente en Estados Unidos, y que en general solo se utiliza de forma despectiva o como insulto *[N. de la T.]*.

Imagen 2

Antes de seguir, he de señalar los elementos raciales de este post. El post reconoce claramente que los afroamericanos tuvieron que hacer frente en otra época a una importante discriminación. Sin embargo, al mismo tiempo, los excluye activamente de la machosfera. El OP y los usuarios que hacen comentarios no tienen en cuenta el contexto de supremacía blanca en Estados Unidos y la posibilidad de que algunos miembros hayan sido víctimas de las situaciones de racismo que estos hombres supuestamente están sufriendo ahora, incluido un trato degradante (ellos mismos o sus familiares) por asignárseles la utilización de fuentes de agua específicas. Con ello, subraya el autocentrismo y la suposición por defecto de que todos los integrantes del movimiento son blancos, y percibe esta subordinación de los hombres como una posición «nueva». En particular, muy pocos usuarios cuestionan en sus comentarios el enfoque del post, especialmente la utilización de la palabra *nigas*. Así, por ejemplo, un usuario comenta: «El feminismo es el nuevo KKK del siglo XXI», y otro añade: «Al menos a las personas negras se les pusieron fuentes para beber y escuelas y toda esa mierda. ¿Dónde están las putas "Plazas de aparcamiento reservadas para hombres"?». Estos comentarios refuerzan el racismo explícito del post, en el que ningún individuo cuestiona el uso del lenguaje ni la comparación con la segregación racista, pues estas ideas forman parte del ADN de la comunidad (Ging, 2017).

Con la queja de que son los «nuevos *nigas*», los miembros de la machosfera están expresando la convicción de que los hombres son el nuevo grupo oprimido de la sociedad. Van incluso más lejos al decir que no tardará en haber fuentes de agua solo para mujeres, una idea claramente absurda. La queja de que los hombres blancos son los nuevos *nigas* no es casual, y alude manifiestamente a la historia de opresión de los afroamericanos, pues sitúa ahora a todos los hombres en esa posición.

Este modo de verse a sí mismos de los hombres de la machosfera no surge de la nada, sino que se inscribe en una tendencia más amplia en la política neoliberal en la que los grupos minoritarios utilizan su «agravio» colectivo (Brown, 1995) y su «dolor» (Berlant, 2002) como fundamento de su identidad política. Los grupos están cada vez más apegados a su condición de «marginados», y esta condición se está convirtiendo en algo esencial a la hora de conformar su sentido de identidad y de acometer, a su vez, los grandes temas sociales. Analicemos por partes esta cuestión. Desde aproximadamente la década de 1960, los movimientos sociales mayoritariamente de izquierdas empezaron a centrarse en la «identidad» como el núcleo que sustentaba sus planteamientos políticos. Alejándose de la política de clases, asistimos al crecimiento de movimientos de masas que luchaban contra la homofobia, el racismo, el sexismo, etc. Por supuesto, los movimientos de lucha contra estos males sociales no eran nada nuevo. Lo que era diferente era el planteamiento de algunos grupos, y ciertos movimientos no tardaron en encuadrarse en las «políticas identitarias» y en posicionarse como «agraviados» por la sociedad.

Hay dos cosas que tenemos que distinguir: por un lado, las políticas identitarias, y por otro, el papel que el agravio desempeña aquí. «Política identitaria» es una expresión de la que se abusa mucho, por lo que me veo obligado a aclarar muy bien a lo que me refiero cuando la utilizo. La política identitaria no es cualquier política centrada en la opresión de la gente debido a características tales como el género, la orientación sexual, la raza, etc. Los movimientos por la justicia en estos ámbitos llevan siglos existiendo, desde mucho antes de que surgiera este concepto. El término «política identitaria» no apareció hasta 1977 y fue utilizado por primera vez por un grupo llamado Combahee River Collective [«Colectivo del río Combahee»]. Como grupo socialista, este colectivo explicaba que «los principales sistemas de opresión están conectados» y que los movimientos políticos no pueden ignorar otros marcadores identitarios cuando luchan contra sistemas sociales injustos (Haider, 2018: 7). La utilización inicial de la expresión aspiraba a reflejar los vínculos entre el racismo, la homofobia, el sexismo, etc., y los sistemas económicos capitalistas. Combahee River Collective sostenía que no podías contemplar uno de ellos (el capitalismo) sin tener en cuenta el otro (la opresión en función de la identidad).

Respaldada por la economía neoliberal y una cultura ornamental, la política identitaria ha sido desviada de este planteamiento inicial (Haider, 2018). En lugar de considerar estos sistemas de opresión parte de un escenario más amplio, la política identitaria ha convertido la identidad en el núcleo y a menudo en el único prisma a través del cual los movimientos analizan su existencia y articulan su política. La política identitaria trata la identidad como algo intrínseco y claramente definido, es decir, los hombres gais son gais por naturaleza, y esa es una categoría clara que nos permite definir y clasificar a la gente. Esto deriva en una situación en la que los diferentes grupos identitarios luchan unos contra otros por los recursos y queda un escaso o nulo margen para la solidaridad entre ellos. Como plantea Haider (2018: 24):

> Esta [política identitaria] da la identidad por supuesta y omite el hecho de que todas las identidades son construidas socialmente. Y como todas las personas tenemos necesariamente una identidad que es diferente de la de todas las demás personas, esto limita la posibilidad de una autoorganización colectiva. El marco identitario reduce la política a quién eres como individuo y a lograr el reconocimiento como individuo en vez de contemplar tu pertenencia a una colectividad y la lucha colectiva contra una estructura social opresiva.

¿No te recuerda esto a la machosfera? En el último capítulo examinamos la utilización que hacen sus miembros de la psicología de la evolución para crear claras barreras entre los hombres y las mujeres de las que deriva su autopercibida oposición a estas y su enfrentamiento con ellas por un pequeño conjunto de recursos y una limitada cuota de poder.

Al reducir la política a esto, la política identitaria convierte la identidad en el único modo que tienen las personas de verse a sí mismas y de sentir que pueden poner remedio a sus agravios. Los grupos tratan así de hallar vías para reclamar su condición de oprimidos de un modo exclusivo, pues es la única manera que tienen de luchar por sus derechos. Utilizando una retórica como la del post de la machosfera recogido más arriba, por ejemplo, los activistas a favor de los derechos de los gais ya habían afirmado previamente que «el gay se ha convertido en el nuevo negro» (The Advocate, 2008). Como en el caso de la machosfera, esto sugiere que las personas gais han tenido que hacer frente a niveles de discriminación parecidos a los soportados por las personas afroamericanas, lo que señala cierta convergencia de ambos movimientos. Sin embargo, también da por supuesto que los hombres gais son blancos. La idea de que el gay sea el nuevo «negro» pasa por alto que siempre ha habido hombres negros gais que han tenido que enfrentarse a múltiples discriminaciones.

Aquí es donde aparece el elemento del agravio. Las políticas identitarias requieren la existencia de grupos que reivindiquen una identidad particular y se movilicen en torno a ella. Esta identidad suele radicar en el hecho de que se trata de un grupo que ha sido «agraviado» por la sociedad moderna.

De nuevo, este planteamiento partió original y fundamentalmente de la izquierda. En su texto clásico sobre este tema, *Estados del agravio,* Wendy Brown (1995) plantea que, desde la década de 1980, la izquierda institucionalizada pasó de implicarse en debates políticos más amplios sobre la libertad a dedicar su tiempo a identificar y rectificar los «agravios» infligidos a algunos grupos minoritarios. Los grupos lo hacen posicionándose contra una versión «normativa» de su condición de personas en la sociedad occidental. Esta sociedad se basa en un estándar particular de lo que significa ser una persona: la imagen de alguien que normalmente es un hombre blanco, sin discapacidades y pudiente (Berlant, 2002: 107-108). Los hombres blancos se ven como el paradigma de la sociedad occidental: los presidentes, los líderes empresariales, los exploradores, los científicos, etc., todos suelen encajar en este molde. Los grupos minoritarios han denunciado con razón que, al no encajar en este molde «normativo», no tienen acceso a muchos de los derechos y privilegios de la sociedad moderna. Los hombres blancos sin discapacidades han aglutinado históricamente todo el poder en la sociedad, y tiene sentido que otros grupos se hayan alzado contra eso y hayan denunciado que no es justo. Pero la política identitaria va más allá. En lugar de criticar esta versión normativa de lo que significa ser una persona, estos movimientos tienden a adoptar sus características. Esto probablemente sucediera en gran medida durante los debates sobre el matrimonio de personas del mismo sexo. En lugar de cuestionar las problemáticas normas del matrimonio, los movimientos identitarios aspiraron a replicarlas. Olvidadas quedaron las reivindicaciones de liberación sexual, sustituidas por fotografías de parejas gais avanzando por la nave central de alguna iglesia, ataviadas con trajes de boda tradicionales y copiando muchos de los estereotipos marcadamente sexistas de la ceremonia de bodas.

Lo que es más relevante para nuestro análisis actual es que los grupos minoritarios han adoptado una identidad como sujetos agraviados apropiándose de los marcadores que previamente se habían utilizado como factores de su subordinación (Brown, 1995). En algunos espacios, estos conducen a movimientos interesantes y motivadores que tratan de cuestionar lo que significa ser una persona «normal» en nuestro mundo. Este fue el fundamento de los primeros movimientos por la liberación gay, que luchaban contra las normas sexuales imperantes en la sociedad. Lo mismo sucede en la machosfera, donde algunos hombres, por ejemplo, se quejan de que no debería esperarse del varón que siempre fuera el «proveedor de alimentos», una actitud con la que intentan (a menudo sin darse cuenta) transformar abiertamente las normas tradicionales de género.

Esto, no obstante, es bastante excepcional. En cambio, Brown plantea que muchos grupos han desarrollado un apego a su marginación, un apego a la «herida» que se les ha infligido. Esto puede manifestarse de múltiples formas. Algunos grupos, por ejemplo, lo internalizan y se perciben a sí mismos como inherentemente atrasados, pervertidos o simplemente malvados. Este constituye el fundamento de los sentimientos de vergüenza y homofobia interiorizada en los movimientos LGTBIQ. También se aprecia fácilmente en el odio muy real que la mayoría de los *incels* sienten por sí mismos, una tendencia que a menudo conduce a intentos radicales de cambiar su apariencia o su personalidad. Una respuesta más común es verse a uno mismo como impotente (Brown, 1995). Los grupos agraviados reconocen su estatus agraviado, pero acaban asumiendo la creencia de que es algo que no se puede cambiar: siempre estarán marginados.

Los grupos minoritarios desarrollan a su vez lo que Nietzsche define (el resentimiento o *ressentiment* —la «venganza moral de los esclavos»—) como el «triunfo de los débiles en cuanto débiles» (Brown, 1995: 66-67). El resentimiento describe los sentimientos reprimidos de odio y envidia, que no pueden satisfacerse simultáneamente y se transforman en hostilidad hacia el «otro» (Salmela y Von Scheve, 2017). En la machosfera, esta hostilidad hacia el «otro» se centra directamente en el feminismo, un asunto que abordaremos un poco más adelante. El resentimiento es a su vez un estado de ánimo que hace a la gente sentirse débil en la sociedad, pero también impotente para cambiarla. De este modo, se convierte en algo fundamental de su identidad: son como son.

El resentimiento por la pérdida de la hombría

¡Siento haberme enfrascado en tanta teoría! Pero confío en que hayas podido digerirla sin problemas. Veamos ahora lo que significa. ¿Cuál es la esencia del sentimiento de agravio de los hombres de la machosfera? ¿Por qué han adoptado la política identitaria para posicionarse como los débiles y oprimidos de la sociedad moderna?

Post tras post, los hombres de la machosfera lo dejan muy claro: creen que han perdido lo que significa ser un hombre y eso les ha hecho desarrollar un profundo resentimiento. Como he dicho antes, gran parte de la política de identidad se basa en los intentos de determinados grupos por alcanzar el estatus de persona «idealizada» en la sociedad occidental. Los hombres de la machosfera también lo intentan. Sin embargo, la persona idealizada no es alguien que exista realmente. Aunque piensan que las mujeres controlan la sociedad, no pretenden seguir el ejemplo de esas mujeres poderosas. Por el contrario, los hombres de la machosfera suspiran por una antigua versión de la hombría y la masculinidad en la que los hombres se consideran por naturaleza fuertes, racionales, lógicos, individuales y tendentes al conflicto mientras que a las mujeres se las asocia por naturaleza con las emociones, la debilidad, la colaboración y lo colectivo (Nicholas y Agius, 2017). Los hombres ven la vieja misión de la hombría con lentes de color rosa y consideran que ese es el modelo de masculinidad que desean adoptar. Y no es precisamente porque les encante la misión de la hombría. Como he dicho anteriormente, suelen criticar algunos de sus elementos. Pero la misión les da algo a lo que agarrarse. Además, los hombres de la machosfera sostienen que el feminismo ha criticado injustamente y puesto en tela de juicio este concepto de masculinidad hasta conseguir acabar con lo que para los hombres significa ser hombres. Para los integrantes de la machosfera, este ataque contra la hombría constituye el fundamento de la «crisis» de la masculinidad, y los hombres sienten que han perdido el «nosotros» (Ahmed, 2004: 39), están convencidos de que el feminismo les ha robado su sentido coherente de la hombría.

Un ejemplo muy revelador de su profunda convicción puede encontrarse en un post de un foro píldora roja llamado «Vagina Envy» [«Envidia de la vagina»]. El post critica a los hombres y a las mujeres por tratar de cambiar sus roles naturales y su feminidad/masculinidad inherentes. Comienza criticando a las mujeres y, por ende, el feminismo por pretender que las mujeres sean como los hombres: lo que los hombres de la machosfera llaman «envidia del pene».

> Tenemos un montón de posts que, con toda razón, se burlan de las pavas y de su envidia del pene.
> Las mujeres están tan cambiadas que creen que el camino a la felicidad es actuar como un hombre.
> **The Modern Woman**: *Voy a tener estudios superiores. Voy a forjarme una carrera de éxito y a ganar un montón de dinero. Me acostaré con tantas parejas como pueda*.
> Las mujeres que adoptan este esquema masculino y se comportan como hombres acaban deprimidas y solas. Todos lo sabemos y vemos que está ocurriendo en la sociedad.

Los miembros de la machosfera a menudo inician sus quejas fingiendo estar preocupados por las mujeres cuando alegan que, al cambiar el orden natural de las cosas, el feminismo les ha hecho daño tanto a ellas como a los hombres. Esta es una crítica habitual en algunos círculos de la derecha. Trad wives [«Esposas tradicionales»], por ejemplo, es un movimiento de mujeres conservadoras, mayoritariamente blancas, que creen que las mujeres deberían seguir siendo las perfectas amas de casa (Kelly, 2018). La esposa tradicional Estee Williams tiene más de 120.000 seguidores en Instagram y comparte vídeos en los que explica cómo ser el ángel del hogar y la esposa perfecta y critica abiertamente los cambios en las normas sobre las relaciones que el feminismo ha promovido. Al dar por ejemplo consejos para tener éxito en el matrimonio, dice que las mujeres deberían someterse a sus maridos, no tener amistades del sexo opuesto y no salir de casa después de que haya oscurecido, pues todas las tareas del hogar se pueden hacer durante el día (Williams, 2023). Las esposas tradicionales critican que el feminismo haya arruinado la vida de las mujeres apartándolas del modo en que se supone deberían vivir su vida. Otra esposa tradicional, Alena Kate Pettitt, dijo que se unió al movimiento porque las «opciones supuestamente "modernas y empoderadoras" [promovidas por el feminismo] habían destruido mi autoestima» (en Nilsson-Julien, 2024). Al igual que el movimiento «trad wife», los hombres de la machosfera intentan mostrar preocupación por las mujeres, y suelen publicar historias en las que estas han sido atacadas por otras mujeres, feministas, o datos estadísticos que reflejan su profunda infelicidad debido a los constantes cambios en sus roles de género.

Mientras muestran su preocupación por las mujeres, el foco se centra en hablar de la masculinidad. Este post afirma que, si las mujeres tienen «envidia del pene», los hombres tienen «envidia de la vagina». Como afirma el OP:

> Pero existe un fenómeno mucho más nefasto y del que se habla mucho menos pero que en mi opinión es mucho más inquietante.
> La envidia de la vagina.
> Los hombres se están cortando sus propios huevos, su propia masculinidad, y están actuando como si quisieran tener una vagina.
> ** The Modern Man**: *Estoy deseando encontrar a una pava con la que sentar la cabeza. Me dedicaré a no dar chapa y a rogarle a la señora Justa me saque de mi aburrida vida. Quiero acurrucarme en el sofá con ella y susurrarle ñoñerías al oído. Mi mayor ambición en la vida es encontrar a la Chica Justa*.
> ¡Voy a potar!

Este post responde a lo que algunos han descrito como la «suavización» de la masculinidad en las últimas décadas (Forrest, 2010; McCormack y Anderson, 2010; McCormack, 2012; Roberts, 2013; De Boise, 2015). Los medios de comunicación suelen hablar del auge del «nuevo hombre» (Morgan, 1992) o del «metrosexual» (Simpson, 1994). Cabe señalar que los miembros de la machosfera dirigen en este caso su ira contra otros hombres a los que acusan de adoptar estas formas tan blandas de mostrar su hombría. En un caso muy mediático, miembros de la extrema derecha atacaron a dos varones jóvenes que habían acudido a una manifestación contra Donald Trump. A estos jóvenes los etiquetaron *online* como «cornudos» y «maricones» y los acosaron (Green, 2019). El argumento era que estos jóvenes habían traicionado la causa de la hombría. Los grupos de extrema derecha actúan así con frecuencia: atacan a otros hombres por perjudicar la masculinidad. Tachan a los hombres gais de demasiado masculinos, debido a su promiscuidad, y al mismo tiempo de insuficientemente masculinos, por ser débiles y afeminados. Tildan a los afroamericanos de demasiado masculinos por ser violentos y sexualmente voraces, pero al mismo tiempo de insuficientemente masculinos al depender de las ayudas sociales y no ser capaces de proveer de lo necesario a su propia familia. En cada caso, a estos hombres se les segrega marcadamente de los hombres buenos que respetan los valores de la sociedad blanca tradicional (Kimmel, 2018).

Sin embargo, vale la pena señalar que esta idea de que ha existido una «suavización» de la masculinidad no es necesariamente cierta. Como señala el sociólogo y especialista en género y teoría feminista De Boise (2015), existen escasas pruebas de que se hayan producido cambios reales en el comportamiento de los hombres, por ejemplo en lo referente a las tareas domésticas. La investigación también ha puesto en tela de juicio la idea de que los hombres antes no fueran «emotivos» o «sensibles», pues existen claras pruebas que sugieren que los hombres siempre han mostrado este tipo de comportamiento (De Boise, 2015). A pesar de quejarse de los hombres «débiles», los miembros de la machosfera también manifiestan esa actitud. Como ya se ha visto, estas comunidades rezuman emociones y debates sobre temas delicados y personales (véase, por ejemplo, Rafail y Freitas, 2019). A pesar de ello, los conceptos de «hombre nuevo» o de «suavización de la masculinidad» se han popularizado en la prensa de masas, en los textos académicos (De Boise, 2015) y en la machosfera. Los integrantes de la machosfera achacan a esta «suavización de la masculinidad» la crisis de la masculinidad y dicen que está convirtiendo a los hombres en mujeres y negándoles su hombría natural. Los líderes del movimiento a menudo sacan partido de esto para venderles cosas a los hombres. El guía Corey Wayne vende asesoramiento, libros, suplementos alimenticios y consejos de autoayuda para hombres y sostiene que necesitan esto porque se han vuelto blandengues, emotivos y nenazas (2021). Culpa al «marxismo cultural», un movimiento que según él sostiene que todo el mundo es igual y alienta a las mujeres a actuar como hombres, y a los hombres, como mujeres. Aunque declara que es un «bonito ideal», añade que hace a los hombres incapaces de sobrevivir en el mundo moderno, y apostilla:

> Recuerdo que desde hace un par de años hay gente enfadada porque algunos conferenciantes están yendo a los campus universitarios. O sea, que la universidad suministra libros de colorear y lápices y plastilina a estos adultos, estos universitarios y universitarias, para ayudarlos a consolar su ego porque la vida es muy dura. Eso no es preparar a los hombres y a las mujeres para el mundo. La vida es dura. La gente te joderá todo lo que pueda. La vida está llena de tiburones ahí fuera. Y si lanzas a un puñado de personas demasiado sensibles y emotivas al mundo, las van a machacar. Las van a pisotear y las van a tratar como felpudos. No es la forma correcta de hacer las cosas (Wayne, 2021).

Vemos esta misma creencia expuesta en el post «Vagina Envy» que he comentado. El OP afirma que tener envidia de la vagina es inherentemente problemático para los hombres y algo que deberían evitar a toda costa. Y no deberían hacerlo solo por ellos, sino también porque a las mujeres les atraen más los rasgos «masculinos». El post termina con un consejo dirigido a los hombres en consonancia con los que suele dar el guía Wayne. El OP dice:

> Cuando nuestros chicos dejen de comportarse como nenas, tal vez nuestras mujeres dejen de comportarse como tíos.
> Pensamiento final:
> No llegas a Rey yendo a la caza de la Reina. La Reina llega de forma natural, como una consecuencia de que tú *seas el puto Rey*.
> Así que ve a cazar la corona, nunca a una zorra.

La corona aquí es la masculinidad, la solución a los problemas de todos los hombres. Pero antes de que sigamos adelante, tal vez hayas observado que este concepto de masculinidad en realidad nunca llega a definirse. Nadie sabe realmente lo que significa. Considerando en retrospectiva la misión de la hombría, por ejemplo, algunos líderes de la machosfera, como Andrew Tate, Jordan Peterson, Milo Yiannopoulos e incluso el guía Corey Wayne, podrían parecer los típicos metrosexuales de los que se quejan los integrantes de esa comunidad. No parece que ninguno de ellos haya dado un palo al agua en su vida. Defienden una versión de la masculinidad que ellos no adoptan y no han adoptado jamás.

Por consiguiente, los hombres de la machosfera están expresando una sensación de pérdida. Como he mostrado hasta ahora en este libro, esta sensación de pérdida es amplia, porque perciben que han perdido un montón de cosas. Pero siempre señalan la masculinidad como solución. Y aunque no todo va de masculinidad, acaba yendo de ella, y la masculinidad se convierte en lo que ellos quieren, sea lo que sea, en la solución universal a todos los problemas de la vida.

Para que te quiten algo, tiene que haber alguien que lo haga. Como probablemente habrás adivinado, el principal culpable de este ataque es el «feminismo». Es el feminismo el que les ha arrebatado todo a los hombres y el que les ha agraviado tan terriblemente. Un «manual de píldora roja para chicos», que ya cité anteriormente, lo expone con claridad al afirmar que existe un enemigo real de los hombres cuyo objetivo fundamental es controlar la sexualidad masculina. Dice así:

> Primero deberías saber a lo que te vas a enfrentar. Algunos elementos de nuestra sociedad han estado perpetrando un asalto contra los temas tradicionalmente masculinos, en particular nuestra vida sexual. *Desde aproximadamente la década de 1960, la sexualidad masculina ha sido atacada por parte de una serie de círculos y la calidad de vida para los hombres en nuestra sociedad ha empeorado.*
>
> Se suele demonizar a la sexualidad masculina calificándola de «cultura de la violación», «misógina» y «patriarcal» porque algunas personas pretenden controlar la gran capacidad de control de nuestros hombres jóvenes respecto a su sexualidad (subrayado en el original).

Irónicamente, como he señalado con respecto al post sobre la «envidia de la vagina», esta queja contra el feminismo a menudo empieza con una falsa preocupación por las mujeres y por cómo el feminismo les ha afectado. Los hombres de la machosfera y, en términos más generales, la extrema derecha sostienen que el feminismo castiga a las mujeres que adoptan roles estereotipadamente «femeninos» y, por otra parte, ataca su inherente feminidad. En su artículo original de 1988 sobre la «Queja femenina», por ejemplo, Berlant comienza comentando un artículo de Erica Jong publicado en 1986 en la revista *Vanity Fair*. Jong describe una escena en la que una «audiencia feminista de tendencia lesboseparatista» la abucheó hasta que tuvo que abandonar el escenario «por leer una serie de poemas que celebraran el embarazo y el nacimiento al tiempo que reivindicaba la fuerza y el poder de una mujer» (Berlant, 1988: 240). Jong afirma que «las tropas de asalto del feminismo han perdido el contacto con las bases: todas esas mujeres que querían vivir con hombres y tener bebés» (cit. en Berlant, 1988: 240). El feminismo, según defiende, se ha convertido en una ideología «fervientemente antimasculina y contraria a la familia nuclear». Berlant (1988: 240) sostiene que «la escena de horror, vergüenza y bochorno feminista que narra Jong es un síntoma del dilema que se plantea en el feminismo sobre lo que significa ser mujer».

Este dilema sobre lo que significa ser «mujer» es un postulado fundamental del posfeminismo, una corriente que «tiene en cuenta» y al mismo tiempo «desconstruye» el feminismo presentando un nuevo contrato sexual tácito a las mujeres (McRobbie, 2009). En dicho contrato, la sociedad afirma que, en las décadas pasadas, a las mujeres se las ha invitado a asumir una serie de derechos y oportunidades, como el acceso a la educación y a titulaciones, la participación en el mercado de trabajo, nuevas libertadas sexuales, etc. Las posfeministas afirman que las mujeres, una vez que se han acogido a estos «derechos», deberían abandonar el feminismo. Con ello, el posfeminismo llama a las mujeres a alinearse con una versión idealizada de la persona neoliberal que les permite acceder al mercado a cambio de renunciar a otras reivindicaciones del movimiento.

A través de sus críticas al feminismo, del que hablan largo y tendido, los hombres de la machosfera afirman que las mujeres, especialmente las que se autodenominan feministas, no han cumplido este contrato. Según ellos, el feminismo sigue operando para mejorar la posición de las mujeres en el mercado sexual y económico, dándoles ventajas injustas. El culpable —o el causante— del agravio infligido a los hombres es por lo tanto un feminismo que ha ido «demasiado lejos». Esta imagen del feminismo se refleja en un post de presentación del subreddit r/TheRedPill, que afirma rotundamente que *«El feminismo es una estrategia sexual»* (subrayado en el original). El post sostiene que esto es lo que ha conducido al auge de la machosfera:

> ¿Por qué hemos crecido tan rápido?
> Porque la píldora roja encierra mucha verdad. Porque los hombres se están dando cuenta de que el mercado sexual ha pasado a ser algo distinto de lo que nos habían enseñado. Los hombres que crecieron hace más de treinta años están descubriendo que el mundo ha cambiado. Los hombres que todavía están madurando, los de las décadas de 1980, 1990 e incluso la última década, están empezando a darse cuenta de que lo que sus padres les enseñaron, lo que la televisión o las películas para chicas les enseñaron, lo que la iglesia y la escuela dominical les enseñaron [...] *todo está mal.*

Algo ha ido «mal» en la sociedad y todo lo que a los hombres les enseñaron era incorrecto. Los hombres de la machosfera entienden el feminismo no como un movimiento para la igualdad económica o social, sino exclusivamente como una «estrategia sexual». Este post, y los hombres de la machosfera en general, identifican las diferencias sociales entre hombres y mujeres como el núcleo de su sufrimiento, lo que les permite dividir el mundo entre el bien y el mal (Nietzsche, 1989; Lyman, 2004). Esto alimenta fundamentalmente la sensación de resentimiento, que debe encontrar una vía para vengar el daño y redistribuir el dolor de quienes lo están sintiendo (Nietzsche, 1989: 127). Esta venganza se materializa identificando a «un agente; de un modo todavía más específico, un agente *culpable»* (Nietzsche, 1989: 127) al que responsabilizar de tu sufrimiento y reprochárselo. Como sostiene Wendy Brown (1995: 68):

El resentimiento en este contexto es un triple logro: proporciona un sentimiento (ira, sed de justicia) que supera el daño, proporciona un culpable responsable de ese daño y proporciona un lugar de venganza para desplazar el daño (un lugar para causar daño del mismo modo que se ha dañado a quien sufre).

En este caso, el bien lo encarnan los hombres, y el mal, las mujeres y las feministas, responsables de la crisis, el agravio y el sufrimiento infligido a los hombres por haber ido «demasiado lejos». El lugar de la venganza que desplaza este daño son los hombres que están librando lo que la teoría describe como una guerra cultural.

Las guerras culturales son batallas culturales entre diferentes grupos en las que cada uno trata de imponer los valores, las creencias y las prácticas de la sociedad. Las batallas se libran en los medios de comunicación, las redes sociales y la política (George y Huynh, 2009). La era posfeminista ha presenciado la nueva emergencia de una guerra de los sexos, especialmente instigada por los conservadores y la derecha cristiana, aunque algunos grupos feministas también se han implicado en este tipo de campañas. Las guerras culturales marcadas por el género han adquirido importancia debido en parte al auge de la antipolítica, que induce a un menor compromiso en materia política, lo que se salda con un giro hacia los debates culturales (hablaremos más de esto posteriormente). Como sostiene Ging (2019), en el caso de la machosfera el feminismo pasa a ser la cabeza de turco a la que se culpa de todos los problemas de los hombres en la sociedad moderna. La utilización de la psicología de la evolución, de la que ya hablé en el capítulo 2, en particular,

> puede considerarse una forma de abordar las angustias de la poscrisis económica, en la que el acceso a la propiedad y una carrera para toda la vida han dejado de ser opciones para muchos hombres jóvenes: más que enfrentarse a las

causas económicas complejas de la pérdida de privilegios de los hombres, se agarran a explicaciones esencialistas para despotricar contra unas caricaturas femeninas imaginarias (Ging, 2019: 57).

Existen múltiples ámbitos en los que la machosfera libra estas batallas, pero probablemente el más habitual sea el debate sobre el maltrato por parte de la pareja o expareja y las agresiones sexuales, y en particular la violación, especialmente cuando deriva en una discusión sobre la «masculinidad tóxica» y la «feminidad tóxica». El primer movimiento por los derechos de los hombres se creó en respuesta a las quejas que las feministas dirigieron injustamente a los hombres cuando los describieron como violadores y maltratadores en potencia (Coston y Kimmel, 2013). Los hombres todavía conservan gran parte de la ira que esto les generó, y la machosfera está obsesionada con la idea de que las mujeres suelen hacer acusaciones falsas sobre las agresiones sexuales, y en especial sobre la violación. Esta convicción es popular sobre todo en las comunidades MGTOW, donde las falsas acusaciones de violación se aducen como una de las principales razones por las que los hombres no deberían relacionarse con mujeres. Un post muy popular en una comunidad MGTOW presenta un vídeo de un luchador surcoreano de artes marciales mixtas que se negó a acercarse a las mujeres después de haber sido «falsamente acusado» de acoso sexual. El post muestra una fotografía del luchador con un texto que dice:

De nombre Park Dae Sung. En otra pelea la noche anterior, lo acusaron falsamente de acoso sexual porque agarró a una chica del ring por las costillas (con los guantes puestos) para las fotos. Como le causaron problemas sin motivo, se negó a posar junto a ninguna otra chica del ring para la tradicional foto del ganador.

En este post, el OP sostiene que el feminismo ha ido demasiado lejos en su definición de la agresión sexual y que exis-

119

ten comportamientos cotidianos que están empezando a considerarse erróneamente agresiones. Esta idea ha sido la respuesta habitual al movimiento #MeToo, una respuesta que va mucho más allá del ámbito de la machosfera (Bates, 2020). Este post reconoce que Dae Sung tocó a la mujer que lo acusó de agresión sexual, y posiblemente de un modo no deseado por ella. Sin embargo, afirma que este comportamiento es normal. La mujer sencillamente reaccionó de manera exagerada tratando de «apartar» la mano del hombre con una falsa acusación. El feminismo ha ido demasiado lejos considerando «agresiones» actos físicos normales.

Por otra parte, la machosfera recurre a incidentes como este para sostener que las mujeres son unas manipuladoras, unas zorras y unas resentidas, y que se aprovechan de las circunstancias políticas cambiantes, como el movimiento #MeToo, para atacar injustamente a los varones. Los hombres de la machosfera vinculan estos comportamientos a la idea de la «feminidad tóxica» —expresión acuñada como opuesta a «masculinidad tóxica»—, que sugiere que las mujeres recurren a sus cualidades femeninas tradicionales para sabotear y perjudicar a otros. La feminidad tóxica se ha convertido en el grito de guerra de algunos sectores de la extrema derecha y de la machosfera para atacar el feminismo. Jordan Peterson, por ejemplo, ha comentado que es más probable que las mujeres se sirvan como forma de agresión de lo que él denomina la «destrucción de la reputación», algo que, según afirma, resulta especialmente fácil en la era de las redes sociales (Peterson, en Triggernometry, 2021). Esto es la «feminidad tóxica».

Aunque utilizan la expresión «feminidad tóxica», los hombres de la machosfera despotrican del concepto de masculinidad tóxica. Ya he comentado mis reticencias con respecto a la expresión «masculinidad tóxica» en la introducción, donde he explicado por qué no la utilizo en mi análisis de la comunidad. Los miembros de la machosfera tienen otra razón para odiar esta expresión, pues sostienen que se utiliza para atacar a los hombres en general, perpetuando la crisis de la masculinidad. Consideran que la utilización de la expresión «masculinidad tóxica» es un ejemplo de «misandria», el odio sistemático hacia los varones (Marwick y Caplan, 2018; Budgeon, 2021). Esto queda perfectamente sintetizado a través de las respuestas de los hombres de la machosfera a un anuncio de la empresa de maquinillas de afeitar Gillette de 2019. El anuncio pedía a los hombres que modificaran una serie de «comportamientos masculinos tóxicos» (que incluían el *bullying,* el acoso sexual, las actitudes sexistas y el machismo agresivo). En el anuncio se sustituía el lema clásico de la empresa, «lo mejor para el hombre», por «lo mejor del hombre» (Baggs, 2019). En el seno de la machosfera se interpretó como un ataque contra los hombres, y sus integrantes creyeron que Gillette estaba afirmando que todos los hombres eran tóxicos por naturaleza y que todas las versiones de la masculinidad eran tóxicas. La campaña causó un notable revuelo y algunos organizaron un boicot a la compañía (Baggs, 2019).

Sin embargo, no deja de ser algo hipócrita, como señalé anteriormente, que los hombres de la machosfera critiquen el concepto de masculinidad tóxica pero utilicen reiteradamente el de «feminidad tóxica» para atacar el feminismo y a las mujeres. Aunque hipócrita, este doble rasero funciona muy bien en la guerra de los sexos. Esta consiste en tratar de imponer uno de los dos sistemas de valores, y en este caso los hombres están resistiendo y luchando para conseguir que gane la masculinidad. La feminidad tóxica se señala por lo tanto como responsable de agraviar a los hombres hasta tal punto que ahora ellos son los oprimidos en la sociedad, lo que la hace merecedora de las burlas, la ira y las críticas de estos.

Las mujeres y el feminismo son una cabeza de turco fácil, la cultura que los hombres pueden atacar para defenderse a sí mismos. Como observa Brown (1995; 2019), el capitalismo neoliberal ha naturalizado gran parte de la estratificación económica y otros agravios infligidos al sujeto capitalista.

Esto a su vez significa que los individuos buscan otras respuestas a sus agravios, con el argumento siguiente:

> Cuando no solo la estratificación económica sino también otros agravios contra el cuerpo y la psique humanos causados por el capitalismo —la alienación, la mercantilización, la explotación, los desplazamientos, la desintegración de estructuras sociales que, a pesar de ser contradictorias, sostienen a la sociedad, como las familias o las vecindades— se normalizan discursivamente y por lo tanto se despolitizan, puede suceder que recaiga sobre otros factores de diferencia social un peso desorbitado; de hecho, pueden acabar soportando todo el peso de los sufrimientos producidos por el capitalismo (Brown, 1995: 60).

Este escenario, en el que otros factores de diferencia social (por ejemplo el género) pasan a soportar un peso desorbitado, forma parte de un largo y lento desgaste en el que, como el razonamiento posfeminista (Ging, 2019), todos los temas sociales y económicos acaban viéndose a través de un prisma cultural. Los hombres de la machosfera, incapaces de criticar a su país o al capitalismo por las cuestiones a las que han de enfrentarse en su vida, y sin voluntad para hacerlo, no tienen más remedio que dirigirse al ámbito cultural, donde el feminismo es el blanco fácil.

ATACADOS POR EL GOBIERNO

Además de criticar el feminismo, los hombres de la machosfera también se quejan de los gobiernos al sostener que estos se han alineado en gran medida con los intereses feministas para oprimir y subyugar activamente a los hombres y que el Estado se ha convertido en parte agraviante, que les perjudica por el hecho de ser hombres.

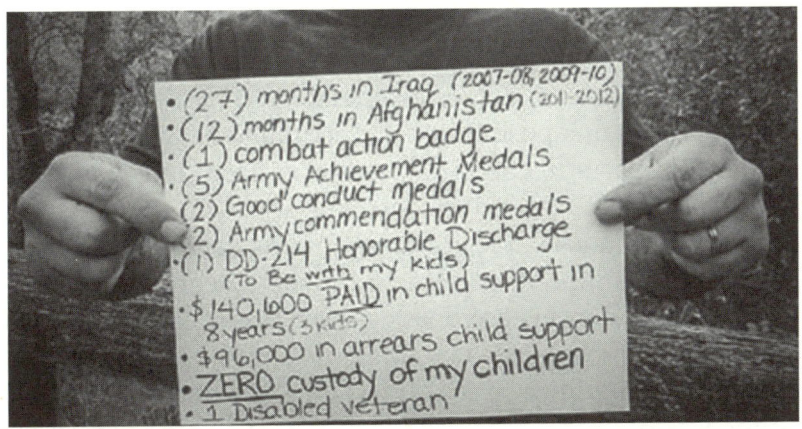

Imagen 3. Post MGTOW: «Así es como el feminismo y el gobierno que lo apoya recompensan a nuestros soldados por su servicio».

La imagen 3 es compartida en un post de una comunidad MGTOW en Reddit. Esta imagen representa a un veterano que sostiene un cartelito en el que se lee que combatió en Irak y Afganistán, fue condecorado por su valentía y sufrió una discapacidad. Afirma que después de que le dieran de baja con honores para poder estar con sus hijos, ahora tiene que pagar decenas de miles de dólares para la pensión alimenticia de estos, cuya custodia no tiene. Posts como este se centran en el servicio que han prestado los hombres y ponen de manifiesto que ellos han hecho todo el trabajo que era necesario para construir la sociedad occidental y protegerla. A pesar de este servicio, el post afirma que al veterano lo ha abandonado un gobierno dominado por el feminismo. El Estado actúa contra toda decencia y lógica básicas, así como contra los intereses de los hombres.

Las posturas antagónicas a la política son habituales entre los públicos íntimos, que surgen como círculos de personas que sienten que han sido tratadas con dureza por la sociedad y el Estado y que buscan una «vía de escape de la política» (Berlant, 2008: 10). La política se rechaza porque es una amenaza para su comunidad. Dicha política «requiere un antagonismo activo» que provoca que «a menudo se perciba como un ámbito de amenaza, caos, degradación o retraumatización más que como una posible opción» (Berlant, 2008: 10). Este desencanto con la política no es exclusivo de los públicos íntimos. Es un sentimiento que va en aumento en los países occidentales y que algunos teóricos denominan «antipolítica». La antipolítica es una creciente desconfianza y una ira dirigida contra los políticos, los partidos políticos, las instituciones políticas y hasta la democracia misma (Mete, 2010). La crítica antipolítica se centra en la idea de que los partidos políticos y los políticos son «corruptos, ineficientes, parásitos, incapaces, arrogantes, ladrones en potencia y ajenos a las necesidades de la gente» (Mete, 2010: 39-40). La gente expresa sus convicciones antipolíticas de muchas formas, ya sea participando menos en los procesos políticos (por ejemplo, dejando de votar en las elecciones o no afiliándose a partidos políticos o sindicatos) (Schedler, 1996; Hay, 2007; Mete, 2010; Mair, 2013; Clarke et al., 2016; Humphrys et al., 2020), ya negándose a aceptar los resultados de los procesos democráticos, como ocurre con la creencia ampliamente difundida y falsa de que Joe Biden robó las elecciones presidenciales de 2020.

Los hombres de la machosfera utilizan mucha retórica antipolítica. Jordan Peterson, psicólogo y supuesto líder de la machosfera, por ejemplo, ha sostenido de manera recurrente que los gobiernos están interviniendo activamente contra los intereses de la gente corriente (especialmente de los hombres). Al principio Peterson se hizo famoso, entre otras cosas, por negarse a utilizar los pronombres no binarios propios del lenguaje inclusivo (Murphy, 2016). Peterson la emprendió contra la legislación canadiense sobre derechos humanos, convencido de que no tardaría en calificar de discurso del odio su negativa a utilizar estos pronombres, una actitud que Peterson consideraba autoritaria. Aunque protestar contra una legislación específica no es en sí mismo un gesto antipolítico, su retórica se ha centrado cada vez más en los estados occidentales, a los que acusa de estar inherentemente en contra de la gente corriente. Así, por ejemplo, en 2024, intervino ante el Congreso de Estados Unidos y sostuvo que el Estado y las grandes empresas se habían puesto de acuerdo para «amenazar en la misma medida la libertad de todo el mundo» (Peterson, 2024). Quiero dejar muy claro aquí que considero que gran parte de la retórica antipolítica está justificada. Aunque tal vez no esté de acuerdo con el análisis de Peterson en este caso, sí creo que es cierto que los gobiernos con frecuencia amenazan la libertad de todo el mundo. No quiero decir con esto que la antipolítica sea una especie de idea absurda: solo estoy señalando que es un motor de la machosfera.

Podemos seguir profundizando en las creencias antipolíticas de la machosfera a través del análisis de los comentarios a la imagen 3. Uno de estos comentarios, por ejemplo, está escrito supuestamente por un cirujano del ejército que afirma que «esa población de esposas *thot** ha adquirido proporciones de epidemia en el ejército». Según él, «cuando se moviliza a los hombres, las mujeres desatienden a sus hijos en los aspectos médicos, personales y económicos. Las esposas y los hijos tienen acceso gratuito a la sanidad, y aun así ellas se niegan a llevarlos a que les hagan una revisión». Además, sostiene que las mujeres siempre duermen fuera de casa cuando los hombres están movilizados y se pasan el tiempo «follando con unos y con otros». Entre tanto, el gobierno se dedica a favorecer a las mujeres. Escribe lo siguiente:

> Si eres soldado y te pillan en una infidelidad, te reducen el rango. Si a tu esposa la pillan en una infidelidad, esta pone una demanda de divorcio y le dan la custodia de los hijos.

---

* *thot*: *That ho over there,* otras veces escrito *THOT* o *thot,* literalmente «esa puta de ahí», forma de decir «cabronas» o «putas» [véase la nota 7 del cap. 2; *N. de la T.*].

Si eres oficial y te pillan en una infidelidad, VAS A LA CÁRCEL. Si a tu esposa la pillan en una infidelidad, pone una demanda de divorcio y le dan la custodia de los hijos.

El Estado, según este usuario, se dedica a atacar constantemente a los hombres, incluso a los que han luchado por su país. Esto no es un comentario aislado: los hombres de la machosfera miran con recelo la política y al gobierno y creen que han sido tomados por intereses elitistas (el feminismo) para actuar contra el pueblo llano (los hombres). Sin embargo, esta crítica de la política no se hace necesariamente extensiva a la nación-Estado como concepto. Muchas de las respuestas al comentario anterior critican a los hombres por alistarse en el ejército, habida cuenta del modo en que supuestamente los tratan. Un participante en el debate, por ejemplo, dice que «los hombres deberían dejar de servir a ese ejército cornudo. Que esas "foides"[1] se alisten en el ejército y disfruten del desastre y de ese juego infantil». El autor del comentario original no está de acuerdo y afirma que no deberíamos criticar a los hombres que se alistan en el ejército, sino reconocer las diversas razones por las que lo hacen. En respuesta a la crítica, escribe:

> La gente se alista por una serie de razones, pero las principales que he encontrado en los seis años que llevo es que, en mi opinión, es el ÚLTIMO BASTIÓN de los hombres para acceder a posibles beneficios y a oportunidades de educación. Las otras dos es que son patriotas o que no tienen ningún otro sitio adonde ir y que si no lo hicieran serían unos sin techo. Yo me alisté por patriota cuando vi lo que estaba pasando con el sistema sanitario de los vete-

---

[1] («Foides», versión en castellano de *foids [N. de la T.]*). Abreviatura en inglés de *femoids,* término que se refiere a las mujeres y que utiliza fundamentalmente la comunidad *incel.*

ranos y lo horriblemente que se les trata, especialmente si son hombres. Estos hombres lo han dado todo, corazón, alma y vida, por sus familias y su país, porque eso es lo que hacen los hombres. Es lo que siempre hemos hecho.

El autor da a entender que la sociedad se ha vuelto tan difícil para los hombres que el ejército es el ÚLTIMO BASTIÓN para quienes tratan de hacer frente a la crisis de la masculinidad. El OP observa que los hombres a menudo tienen dificultades para acceder a oportunidades de educación o se enfrentan a la posibilidad de quedarse sin hogar, y el ejército es lo único que les queda. Sin embargo, no pierde la fe en la nación-Estado; es decir, que aquí no se cuestionan las causas, económicas y sociales, subyacentes tras estos problemas. Esto es habitual en la política del agravio, en la que no se planta cara a gran parte de los agravios que inflige el capitalismo (Brown, 1995). A consecuencia de ello, los hombres de la machosfera se centran en otros marcadores de las diferencias sociales para «soportar todo el peso de los sufrimientos que produce el capitalismo» (Brown, 1995: 60).

Los hombres de la machosfera se sitúan a sí mismos en una posición contradictoria. Reconocen los agravios que el capitalismo les ha infligido pero, al mismo tiempo que critican la política, siguen alineados con las ideas de nación y de capitalismo. Aceptan las limitaciones de estas estructuras y buscan otras explicaciones a su decepción, y entonces identifican a las mujeres, al feminismo y a los políticos, corruptos y poco fiables, como culpables de todo el sufrimiento que causa el capitalismo. Como dice el autor de este post: «Ama a tu país, odia a tu gobierno». Este sentimiento es habitual en la retórica antipolítica y en los movimientos populistas de derechas del siglo XXI, que suelen criticar a los gobiernos vigentes al tiempo que, románticamente, vuelven la mirada atrás a un pasado imaginario en el que la nación-Estado era más noble (Brown, 2019).

LOS HOMBRES NO PUEDEN GANAR
(E INCLUSO PUEDE QUE NO QUIERAN)

He puesto de manifiesto, espero que con claridad, que los hombres de la machosfera se consideran a sí mismos «agraviados» y que esto es un elemento fundamental de su identidad. Lo suficientemente fundamental como para que estén todo el rato hablando de ello. Una pregunta más: ¿qué papel desempeña esta identidad a la hora de aglutinar a los hombres en esta comunidad? Aunque la identidad agraviada se traduce en que los hombres de la machosfera acaban sintiéndose impotentes para hacer nada que les permita cambiar sus circunstancias, si lo analizamos más detalladamente, veremos que también les hace sentirse a gusto, sobre todo cuando lo comentan entre ellos.

Los hombres de la machosfera, aunque se quejan muchísimo del feminismo y del gobierno y los critican, raras veces participan en campañas, debates o discusiones que planteen un cambio en la situación. Berlant (2008: 11) sostiene que los públicos íntimos no hallan valor en la política, a la que consideran una amenaza para la fortaleza del grupo y de quienes lo habitan. Esto es particularmente cierto si tenemos en cuenta que la machosfera desconfía por naturaleza de la política tal como se entiende en la actualidad. Incluso cuando la cultura de las mujeres muestra interés por la política, «no suele ser porque consideren que la política es un recurso para la vida, sino porque la ven como un espacio degradado y una amenaza para la felicidad y la justicia que requiere ser reformado para conseguir una vida mejor» (Berlant, 2008: 3).

Aunque hay excepciones, los hombres de la machosfera en general rechazan la política. Veamos un ejemplo procedente de un post de una comunidad MGTOW. El post, que se representa en la imagen 4, muestra una fotografía de viviendas de protección oficial en la parte superior y otra de una cárcel en la inferior. El texto al pie de la foto superior dice: «viviendas de protección oficial para mujeres que no pueden mantener económicamente a sus hijos», y el que aparece al pie de la foto inferior dice: «viviendas de protección oficial para los hombres que no pueden mantener económicamente a sus hijos».

El post expresa la creencia generalizada entre los círculos de los derechos de los hombres y de la machosfera (Madison, 1999; Coston y Kimmel, 2013) de que a los hombres se les trata injustamente en los procesos de divorcio, sobre todo en lo referente a la custodia de los hijos. Creen que las mujeres siempre la obtendrán, mientras que a los hombres les corresponde solo la carga económica de los hijos pero ninguno de los «beneficios» de su custodia. Los hombres de la machosfera afirman que, cuando las mujeres son incapaces de mantener a sus hijos, se les proporciona una vivienda de protección oficial y otras ayudas. En cambio a los hombres que no pueden mantener a los hijos se les castiga con la cárcel.

Hay parte de verdad en esto: en Estados Unidos los padres que no tienen la custodia de sus hijos pueden ir a la cárcel si no pagan la pensión alimenticia (National Conference of State Legislatures, 2022), y se debate constantemente si a los padres que no tienen la custodia y que están en prisión debería seguir exigiéndoseles este pago si son encarcelados por otras razones (Hager, 2015). Los hombres pobres suelen acabar en la cárcel por no tener recursos para pagar dicha pensión.

Cabe detenerse sin embargo en el título del post: «Si quieres ganar, no juegues, sal corriendo». Esta situación está tan arraigada que no hay nada que los hombres puedan hacer al respecto. La única opción es jugar y arriesgarse a ir a la cárcel o, como recomiendan los miembros MGTOW, salir corriendo.

Opiniones como esta ponen de manifiesto la impotencia de la política del agravio, una situación en la que «la identidad estructurada por el resentimiento [...] se construye a partir de

Imagen 4. Post MGTOW: «Si quieres ganar, no juegues, sal corriendo».

su propia subordinación» (Brown, 1995: 70). Lo que Brown sostiene aquí es que, cuando construyes tu identidad sobre el hecho de estar siendo «agraviado», resulta imposible hacer nada al respecto, ¡pues de lo contrario dejarías de estar agraviado! Tu «herida» se convierte en la clave de lo que eres, lo que impide que tú y tu grupo hagáis nada para restañar esa herida de vuestro cuerpo o vuestra alma.

Aunque esta postura dificulta que los hombres de la machosfera trabajen activamente para superar la sensación de subordinación, al mismo tiempo les procura bienestar, y los miembros suelen expresar alivio al compartir sus sentimientos. De ello se hacen eco los comentarios a la imagen 4, en los que los hombres dicen cosas tales como: «En el clavo. Mientras no haya una verdadera igualdad, no hay razón para participar del modo en que la sociedad espera que lo hagas como hombre». Y también: «Salir corriendo no es ni perder ni ganar. Me encanta». La respuesta es un desapego de la política, y de la sociedad, que lleva a los participantes a optar por unos rituales de «mediación cultural traumática» (Berlant, 2008: 150) en lugar de aspirar a unos cambios políticos concretos. Los hombres de la machosfera tienen la sensación, con respecto a las relaciones, el sexo y el amor, de que «no hay alternativa», y además no ven una salida desde el punto de vista político: la queja a través de la machosfera pasa a ser la única opción.

Esto permite a los hombres elevarse, actuar como si fueran seres iluminados que están por encima de la política, considerada algo sucio e inútil. Tras tomar la píldora roja, los hombres de la machosfera afirman que han entrado en un estado emocional y de conocimiento diferente, que está más allá de la política. La gente que conforma los públicos íntimos cree que ya ha alcanzado una iluminación emocional y que lo que hace falta es que más gente se amolde a estos sentimientos (Berlant, 2008: 145). El objetivo no es la acción política, sino iluminarse a uno mismo e iluminar a la población en general, especialmente a los hombres. La guerra de los sexos es perfecta para esto, pues se centra casi por completo en conseguir que la cultura y los valores de unos se impongan en la sociedad a los de los otros.

El apego al agravio es por consiguiente la respuesta a una crisis sistémica en la que «el ser (es decir, la existencia) se mantiene a flote; por lo general no se hunde» (Berlant, 2011: 10). Los individuos y las comunidades, aun atrapados en sí mismos por su condición de agraviados, necesitan hallar una manera de seguir viviendo, «ideando cómo seguir aferrados a la

131

vida desde dentro y cómo conservar al menos el optimismo que les quede para ello» (Berlant, 2011: 10). Un compromiso con el agravio y el dolor se convierte en una manera de mantener el sentido de ciudadanía individual y de conexión con el país. Los públicos íntimos fomentan que la gente se conforme con sobrevivir, algo que solo puede conseguirse integrándose en esa comunidad e intentando, como se pueda pero juntos, construir una vida que gestione el mundo tal como es (Berlant, 2002: 106). Ser una persona agraviada significa ser impotente y, en cierto modo, aceptarlo. Como sujetos agraviados, algunos hombres de la machosfera se centran en la queja y no salen de ahí, no reivindican nada a la sociedad y se limitan solo a manifestar su agravio.

La creación de una identidad es por consiguiente una pieza esencial del puzle que explica la adscripción de los hombres a la machosfera. Esta se convierte en un espacio en el que los hombres pueden airear sus quejas y tratar de seguir viviendo sus vidas, pero también pueden asumir su responsabilidad al respecto. Pueden apegarse a su sensación de estar «heridos» y unirse en torno a este hecho, lo que les proporciona un alivio emocional esencial además de una sensación de conexión y de comunidad con los demás. Esta sensación de conexión y de comunidad es lo que voy a explorar con más profundidad en el siguiente capítulo.

CAPÍTULO 4

Una comunidad de hombres masculinos

Los hombres se sienten solos. Todos nos sentimos así. Los índices de amistad están descendiendo en todo el mundo (Armstrong, 2022), un hecho que afecta más a los hombres que a las mujeres, sobre todo porque tienen menos habilidades que estas para hacer amistades (Guerrero, 2024). En Estados Unidos, un estudio de 2023 concluyó que dos terceras partes de los hombres que participaron con edades comprendidas entre los 18 y los 23 años afirmaban: «Nadie me conoce realmente» (Equimundo, 2023). Otro estudio halló que, desde 1990, la tasa de hombres que carece de un amigo íntimo se ha cuadruplicado hasta alcanzar el 15% (Cox, 2021a). Esta tendencia es particularmente grave en el caso de los hombres solteros, una quinta parte de los cuales afirma no tener amigos íntimos. Uno de cada cuatro hombres de menos de treinta años dice que no tiene amigos íntimos (Cox, 2021b).

Los hombres de la machosfera hablan todo el rato de su soledad. En un post de un foro píldora roja titulado «How not to be so fucking lonely» [«Cómo no estar tan jodidamen-

133

te solo»], un participante relata una historia que se suele repetir entre los miembros de la comunidad.

El mes pasado (mayo de 2023), las búsquedas de Google con las preguntas «cómo hacer amigos», «dónde encontrar amigos» y «dónde conocer a gente» han alcanzado un máximo inédito. Y cabe añadir que el 79%, y en ascenso, de los jóvenes dicen que se sienten solos.

Todo esto, querido lector, significa que tú, estadísticamente, tienes una gran probabilidad de sentirte solo. Tal vez ni siquiera seas consciente de que sientes esa soledad. Tal vez hayas estado haciendo ejercicio, ahorrando pasta, algunos de vosotros puede incluso que seáis princesitas de Tinder y estéis dándole a varios palos a la vez, hasta puede que tengáis novia, *y aun así* [subrayado en el original] os sentís deprimidos. Hace unos años yo me sentía igual. Todo me iba bien, estaba progresando en todos los aspectos de mi vida, y aun así me acostaba todas las noches hecho una mierda.

Sigue diciendo que cree que estaba hecho una mierda porque no tenía amigos, situación provocada, al menos en parte, por su empeño en ser estoico y hacer las cosas por su cuenta. Luego continúa:

Resulta que el problema era sencillo: no tenía verdaderas conexiones con la gente. Me acababa de mudar a una nueva ciudad donde no conocía a nadie, no tenía raíces y estaba básicamente empezando desde cero. No pensé que pudiera necesitar a nadie; incluso me dije: me pondré en «modo ermitaño» y me concentraré en desarrollarme yo, que les den a los demás. Craso error. *Tener vida social es una necesidad humana. Solo respirar, comer y beber agua son más importantes que esta necesidad. Me la pela si te has autodiagnosticado como «introvertido». Tu subconsciente te castigará por desatender esta necesidad haciéndote sentir deprimido, irritado e inseguro* (subrayado en el original).

134

La amistad y la comunidad son fundamentales para nuestra sociedad: como dice el OP, «tener vida social es una necesidad humana». La amistad es importante porque es «donde somos algo más que personas y familias en el ámbito privado, más que productores, consumidores o inversores en la economía y más que meros ciudadanos del país» (Brown, 2019: 28). Para muchos hombres, este anhelo de una comunidad es un gran aliciente para unirse a la machosfera. Es habitual entre grupos de extrema derecha y de la derecha en general. Michael Kimmel (2018) ha descubierto, por ejemplo, que, contrariamente a sus suposiciones iniciales, muchos hombres jóvenes no se unen a las organizaciones de extrema derecha por su compromiso con la ideología racista. Por el contrario, los participantes [en el estudio de Kimmel] citaban la importancia de formar parte de algo o de un grupo. Los grupos extremistas son el primer espacio que los hombres jóvenes encuentran donde se manifiesta un interés por comprender la vida de sus miembros, y esta disposición suele ser suficiente para atraerlos. Algunos incluso se unen porque estos grupos son los primeros que los invitan a una fiesta o los primeros que los escuchan cuando expresan sus quejas acerca de su vida. Este afán de pertenencia también es un componente esencial de lo que convierte a la machosfera en un «público íntimo». En *The Female Complaint,* Berlant dice que la cultura de las mujeres no solo proporciona a estas un espacio en el que expresar su alienación, sino que les da la tranquilidad de no estar solas. Los públicos íntimos son espacios en los que los individuos pueden forjar una identificación social (Williams, 2006) al adscribirse a categorías sociales que difieren claramente de otras categorías disponibles (Hewitt, 2003). Son un espacio en el que las personas pueden crear una identidad colectiva e individual.

Este capítulo trata de la amistad y la comunidad en la machosfera. Hasta ahora he planteado que la machosfera sigue creciendo porque ofrece un espacio en el que los individuos pueden expresar sus quejas sobre el estado del mundo y su vida. Ofrece algo todavía más básico: una comunidad en un mundo en el que este concepto se ve socavado constantemente. En este capítulo analizaré por qué la comunidad es tan importante para los hombres de la machosfera y por qué sienten la necesidad de buscarla *online;* estudiaré además los tipos de comunidades que los hombres fomentan en la machosfera. Por desgracia estas comunidades, formadas en torno a la idea de promover la autoayuda, suelen dejar a los hombres tan aislados como lo estaban antes de sumarse a la machosfera.

Hombres en busca de amigos y de pertenencia

La soledad masculina es en parte consecuencia de las normas de la masculinidad hegemónica, que fomentan la idea de que los hombres deberían ser independientes y autosuficientes y reprimir sus emociones. Ninguno de estos rasgos contribuye especialmente a conseguir amistades (Willis y Vickery, 2022). Sin embargo, la cuestión también se enmarca dentro de una tendencia global mayor. En el siglo xxi, los índices de amistad están disminuyendo para todo el mundo debido en gran parte a los cambios culturales y económicos asociados al neoliberalismo. Todas las personas sufrimos una creciente presión sobre nuestro tiempo libre porque se nos exige dedicar más horas a nuestro trabajo remunerado y, sobre todo en el caso de las mujeres, estas además tienen que realizar el trabajo doméstico no remunerado debido a los recortes en sanidad y otros servicios sociales (Sears, 2006). Incluso los estudiantes, que suelen ser los que más tiempo tienen para hacer amistades, se enfrentan a esta falta de tiempo porque cada vez se ven más abocados a trabajar para pagarse sus estudios. Como escribe Alan Sears (2006), «la reestructuración capitalista está aislándonos a unos de otros y creando una situación en la que todos tenemos menos tiempo para llamar a nuestras amistades en la montaña rusa en que se ha convertido nuestra vida».

La cultura ornamental, que promueve la idea de que somos todos individuos que compiten unos con otros en un mercado global, también está impulsando este cambio. Los ataques contra la propia idea de sociedad han sido fundamentales para el neoliberalismo, que la emprende contra el «ámbito social [...] en nombre de unos individuos libres que han asumido sus responsabilidades» (Brown, 2019: 29). Como sostiene Brown (2019: 52), esto tiene consecuencias no solo económicas sino también sobre el valor que los individuos asignan a la comunidad de su entorno, pues, «al tiempo que lo social se desvanece de nuestras ideas, nuestro discurso y nuestra experiencia, se desvanece también de nuestra visión del futuro, ya sea utópica o distópica» (Brown, 2019: 52).

Los líderes neoliberales han tratado de debilitar los conceptos mismos de comunidad y de sociedad con el pretexto de que «no tienen sentido» (Brown, 2019). Los líderes de extrema derecha defienden que la sociedad es una amenaza para la libertad individual y que hay que combatirla. Lo han hecho desmantelando los sindicatos, recortando los servicios sociales y privatizando los espacios públicos. Los conservadores también han atacado a los *social justice warriors* (SJWs [activistas por la justicia social]), que tratan de fomentar el poder colectivamente, y lo han hecho argumentando que socavan la libertad «con una agenda tiránica de igualdad social, derechos civiles, acciones positivas y hasta educación pública» (Brown, 2019: 28). Estos líderes hablan de la sociedad, la comunidad y la amistad como si fueran enemigas de la libertad y además limitaran la capacidad de todas las personas de alcanzar el éxito y la felicidad.

Por supuesto, estos cambios no han anulado completamente el deseo de la gente de pertenecer a una comunidad, ni sus intentos por acceder a ella. Sin embargo, las personas la están buscando en lugares nuevos, especialmente en las redes sociales. Yo mismo lo hice cuando era un chaval. Cuando llegaba a casa del colegio, siempre me abalanzaba sobre el MSN Messenger para chatear con mis amigos, y, puesto que era un joven gay, buscaba viejos foros de mensajes para localizar a otras personas gais con las que hablar. El antropólogo David Miller (2011: 181), por ejemplo, confirma que en las últimas décadas se ha producido una «decadencia de la comunidad con la consiguiente deriva hacia el aislamiento y el anonimato de las masas urbanas». Continúa asegurando que, «sea lo que sea lo que queramos decir exactamente con la palabra "comunidad", al parecer Facebook le ha dado nueva vida y la ha ampliado» (Miller, 2011: 182). Miller afirma que el modelo de amistad de Facebook permite a los individuos volver a conectar y crear comunidad con unas redes sociales que antes se habían perdido. Todas las plataformas de las redes sociales lo afirman. Ya la primera frase de la página «About» [«Acerca de»] de Reddit, por ejemplo, dice que la comunidad es «el hogar de miles de comunidades, interminables conversaciones y una conexión humana auténtica» (Redditinc.com, 2020). Adam Mosseri, director del Feed de Noticias de Facebook en aquella época, dijo: «Facebook se ha creado para acercar más a la gente y forjar relaciones» (Mosseri, 2018), y en su página «About» [«Más información»], YouTube (2024) centra en la comunidad la declaración de su objetivo al afirmar que «nuestra misión es dar voz a todas las personas y mostrarles el mundo. Creemos que cada persona merece tener una voz y que el mundo es un lugar mejor cuando escuchamos, compartimos y fomentamos una comunidad a través de nuestras historias». Sin embargo, como pondré de manifiesto, a las redes sociales esto no se les da muy bien. Por ejemplo, solo conseguí encontrar una comunidad integrada por otros gais como yo cuando me apunté a un grupo local de jóvenes LGTBIQ: a veces, el cara a cara es lo mejor.

En toda la machosfera, los hombres sienten el aguijón de esta epidemia de soledad y, como pondré de manifiesto a lo largo del presente capítulo, están acudiendo a las plataformas de redes sociales para ponerle remedio. Por supuesto, empiezan quejándose de que la sociedad está impidiendo que los hombres puedan forjar amistades u otras conexiones genuinas. Un post en un foro *incel,* por ejemplo, se queja de las diferentes «preferencias [...] dentro de su propio grupo» (por ejemplo a la hora de entablar una amistad) entre hombres y mujeres. Sostiene que las mujeres tienen mayor probabilidad de establecer vínculos entre ellas, mientras que los hombres tienden a ser más competitivos (nunca se plantea que hombres y mujeres puedan ser amigos). Esto, además de dejar solos a los hombres, también contribuye a que las mujeres tengan más poder. El OP dice:

> 1. Las mujeres son el único grupo en la sociedad que tiene una preferencia innata por su propio género dentro de su comunidad.
> 2. Esto significa que las mujeres, de forma natural, forman una «manada» o «colmena».
> 3. Las mujeres confían en las mujeres; los hombres confían en las mujeres; los hombres luchan contra los hombres; ® la sociedad.
> Esto significa que la sociedad está compuesta solo por las mujeres. Los hombres que luchan para conseguir la aprobación de las mujeres están intentando VOLVER a la sociedad.
> TODOS los hombres son percibidos como un grupo marginal, por parte tanto de los hombres como de las mujeres. Todo hombre es de hecho un extraño.

Otros hombres están de acuerdo con esta percepción. Un usuario, por ejemplo, comenta que es más probable que las mujeres se hagan amigas mientras que los hombres, particularmente los Chads, solo se harán amigos de otros hombres que tengan el mismo estatus social. Dicen: «En el colegio también he observado que las chicas gordas y feas y las más populares compartían pupitre y eran amigas. Me quedé a cuadros. Esto sería impensable entre los tíos. Los Chads trataban de apartarse lo más posible de cualquiera al que se pudiera considerar raro o feo». Algunos acusan a las mujeres de esta situación esgrimiendo la teoría de que la sociedad y el feminismo actúan para impedir que los hombres entablen relaciones sociales. Otro participante dice: «aquí también se observa este patrón de odiar a otros hombres, y estoy empezando a pensar que todo esto se ha urdido para dividirnos», mientras que otro añade: «cada vez que los hombres incluso REMOTAMENTE empiezan a formar un grupo coherente dentro de la comunidad, son atacados y separados, y vuelta a empezar. Cualquiera que haya estado *online* el tiempo suficiente ha podido comprobar que esto les ha ocurrido a decenas de comunidades. Por lo general intervienen mujeres infiltradas».

En otro post, un miembro de MGTOW llega todavía más lejos y achaca su soledad a una degradación general de la moral. En un post titulado «The world has become an inmoral shithole» [«El mundo se ha convertido en una pocilga inmoral»], afirma que el hecho de que haya perdido a sus amistades y su conexión con quienes lo rodean se debe a cambios más generales en la sociedad que están degradando todo lo que solía ser bueno. Se expresa así:

> Realmente tengo la impresión de que todo el mundo es corrupto o casi.
> Tu mejor amigo, si se queda a solas con tu mujer, intentará follársela.
> Nada tiene límite ni es sagrado. Se ha perdido el honor.
> Me perturba muchísimo el estado de la moralidad.

Este OP dice que tiene un grupo de amistades pero no conecta con ellas. Se siente socialmente alienado, una sensación que experimenta en distintos ámbitos morales y políticos. Este sentimiento se ha identificado como un rasgo habitual en otros ámbitos de la derecha contemporánea (véanse, por ejemplo, Gest, 2016; Hochschild, 2016). Arlie Hochschild (2016), por ejemplo, titula su libro *Extraños en su propia tierra,* una referencia a la convicción, difundida entre los miembros de la derecha, de que hasta el lugar en el que viven y al que llaman su hogar ya no les inspira un sentimiento de pertenencia.

La machosfera se presenta como la comunidad que puede contrarrestar esta situación, un colectivo que comprende la vida de los hombres que lo integran. Los posts suelen recoger impresiones como la siguiente, publicada en un foro *incel,* en la que alguien simplemente declara: «Tíos, sois como los hermanos que nunca tuve. Dios, lo que amo a la comunidad *incel online».* Otro post en una comunidad MGTOW se titula «Another "I love you guys so much" post!» [«Otro post de "¡Tíos, cuánto os quiero!"»]. El título indica la prevalencia de la conversación sobre la comunidad dentro de la machosfera, y este post es simplemente uno más de una serie en la que se habla con entusiasmo de ella. En el post anterior, el hombre MGTOW habla de su sensación de alienación, especialmente de las mujeres y de las relaciones románticas. Luego elogia a la comunidad MGTOW. Afirma lo siguiente:

> Tíos, os debo mis esfuerzos presentes y todos los futuros. No tengo palabras para dar las gracias a esta comunidad.
> Os quiero.
> Gracias.
> De parte de otro tipo cualquiera que va a su bola, sumamente agradecido por estar vivo y ser libre.

La machosfera es el antídoto contra la pérdida de la comunidad en la sociedad moderna. Es en ella donde los hombres pueden hacer amigos y conectar con otros. Esto se repite en todas las plataformas y grupos diferentes de la machosfera, y la comunidad se considera esencial para ayudar a los hombres a superar los agravios que les ha infligido la sociedad.

LA AUTOAYUDA EN LA RED DE LA MACHOSFERA

Por consiguiente, la comunidad es importante para los hombres de la machosfera. Sin embargo, no podemos terminar este capítulo aquí. Porque la machosfera no es solo un grupo social ni un club en el que los hombres se reúnen para quejarse en un círculo más amplio. La comunidad de la machosfera sobrevive y medra porque hace creer a los hombres que tiene la llave para que alcancen una vida mejor. Los públicos íntimos son un aliciente para los participantes porque *se sienten* como lugares «que aparentemente surgen por su continuo potencial de desahogo ante un mundo duro y frío» (Berlant, 2008: 6). En el estudio de Berlant (2008), las mujeres canalizan sus quejas manteniéndose centradas en la trama amorosa porque piensan que, si siguen trabajándose lo suficiente, accederán al amor y por consiguiente a una vida mejor. La machosfera rechaza rotundamente esta actitud. Aunque los hombres de la machosfera conservan un deseo de intimidad y de amor, fomentan al mismo tiempo la creencia de que la trama amorosa es inalcanzable porque «las mujeres son todas así» (AWALT). En cambio, los hombres de la machosfera creen que solo pueden sobrevivir y prosperar tratando de mejorar personalmente, cosa que les facilita la comunidad.

Esta creencia es alentada, no sin ironía, por los valores que subyacen tras la cultura ornamental. El neoliberalismo y la cultura ornamental han transformado la manera en que nos planteamos la comunidad, en la que ahora encontramos grupos sociales cada vez más organizados en torno a «redes» (Castells, 1996; Fisher, 2010; Van Dijck, 2012; 2013). Existen dos elementos importantes de las redes que nos ayudan a comprender cómo la machosfera genera comunidad. En primer lugar, las redes, por definición, pueden expandirse ilimitadamente: ¡son enormes! Es decir, que, en lugar de apoyarse en comunidades más cercanas, la gente trata de tener redes tan grandes como sea posible. Esto se fomenta en las empresas, por ejemplo, a través del concepto de la «fuerza de los vínculos débiles»: la idea de que lo mejor es tener un montón de vínculos débiles porque eso te permite apoyarte en más personas para alcanzar tus objetivos. Esto nos lleva al segundo elemento: a pesar de tratarse de un grupo de personas, la red es, por su propia naturaleza, individualista. Las redes se conforman y se diseñan para que los individuos avancen en la consecución de sus objetivos particulares. Pensemos en cuántos de nosotros hemos vivido la horrible experiencia del *networking* como parte de nuestro trabajo: una práctica de interacción social superficial que consiste exclusivamente en utilizar tus contactos para prosperar en tu propia carrera y nada más. En la red, estás en la comunidad por tu propio interés.

No pretendo afirmar que esta es la única manera de hacer amistades o de formar una comunidad en nuestra sociedad moderna. Muchos de nosotros, incluidos los miembros de la machosfera, seguimos haciendo amistades íntimas, tenemos vínculos muy cercanos y tratamos de establecer relación con otras personas para compartir nuestros pensamientos y sentimientos más profundos. Sin embargo, como revelan los datos, nuestra capacidad para hacerlo es cada vez menor. Eran Fisher sostiene que esto se está sustituyendo por lo que él denomina el «espíritu de red» del capitalismo. Este «espíritu de red» es una narrativa global sobre la forma de salir adelante en la sociedad neoliberal que se apoya especialmente en la promesa de que los individuos pueden alcanzar sus objetivos personales y su empoderamiento a través de la red.

¿Cómo alcanzamos dichos objetivos personales y empoderamiento? ¡Por supuesto, a través de la autoayuda! Nuestra sociedad no deja de repetir que solo podemos alcanzar nuestros objetivos esforzándonos constantemente por mejorarnos a nosotros mismos, ya se trate del cuerpo, el aspecto, la personalidad, la inteligencia, las habilidades de *networking,* etc. Y la red está ahí para ayudarnos a hacerlo.

La autoayuda no es obviamente un concepto nuevo, pero históricamente se ha considerado una actividad de mujeres porque la industria se afana por convertirlas en consumidoras (Hochschild, 1994; Murphy, 2001; Zimmerman *et al.,* 2001; Hazleden, 2003; 2004; Krafchick *et al.,* 2005; McLean y Vermeylen, 2019). Esto ha sido un componente del posfeminismo que ha animado a las mujeres a dejar de criticar a la sociedad y a empezar a verse en cambio a sí mismas como chicas de revista entregadas a un consumismo sin remordimientos (Tasker y Negra, 2007: 3). Sin embargo, desde finales del siglo xx y principios del xxi, la industria se ha dirigido cada vez más a los hombres (por ejemplo, Bloch, 2000; Courtney, 2009; Travis, 2009; Almog y Kaplan, 2017; McLean y Vermeylen, 2019).

La machosfera ha pasado a adscribirse a esta tendencia y sus líderes promueven la creencia de que los hombres pueden tener una vida mejor si se vuelven más individualistas, masculinos y disciplinados. Esto está grabado a fuego en el concepto de píldora roja. Cuando los hombres toman la píldora roja, no solo aprenden la «verdad» sobre el mundo sino que también se transforman. Como plantea Bratich (2024: 95), «elegir la píldora roja forma parte de un complejo estratégico de mejora personal, firmemente asentado en los principios neoliberales».

La autoayuda ha sido el comportamiento promovido por muchos de los líderes de la machosfera, a los que ha hecho ganar mucho dinero. Jordan Peterson (2018), por ejemplo, escribió un *best seller* internacional, titulado *12 reglas para vivir,* que ofrece instrucciones —tales como «ponte erguido y echa los hombros hacia atrás», «trátate a ti mismo como a alguien a quien tienes la responsabilidad de ayudar» y «persigue lo importante (no lo apropiado)»— que los individuos, sobre todo los hombres, pueden seguir para tener una vida buena. Algunos artistas del ligue enseñan una serie de técnicas llamadas *game* («juego»), diseñadas para ayudar a los hombres a ligar con mujeres. Los líderes de este movimiento venden libros, organizan foros *online* e imparten cursos presenciales que suelen requerir que los hombres salgan a la calle a practicar las nuevas técnicas para ligar con mujeres (O'Neill, 2018a). Andrew Tate también hace caja con todo esto. Se ha hecho inmensamente rico con su Hustlers University, una universidad *online* que enseña a los hombres los trucos del oficio para hacer dinero. Su página web afirma: «En un mundo en rápida transformación como el de hoy, ofrecemos tutoriales prácticos, mentores millonarios comprometidos, una comunidad de apoyo y potenciales socios para ayudarte a lanzar tu negocio inmediatamente».

Vale la pena analizar los valores que subyacen tras todo esto. Uno de los mejores ejemplos de ello data de noviembre de 2018, cuando el subreddit r/TheRedPill lanzó una campaña denominada «No Nothing November» (NNN [«Noviembre de No Nada»]). NNN es una variante de una campaña que se difundió en otras partes de internet titulada «No Fap November»: *fap* en la jerga significa «masturbación». «No Fap November» tiene una larga trayectoria como desafío contra la masturbación en Occidente (Hunt, 1998) y ahora el movimiento está volviendo a surgir (Burnett, 2022). Reddit, por ejemplo, tiene un subreddit dedicado al movimiento, r/NoFap, que en julio de 2023 contaba con 1.100.000 suscriptores. Las ideas contra la masturbación también se han vuelto fundamentales para una parte de la extrema derecha, y algunos grupos como los Proud Boys [«Muchachos orgullosos»] defienden la creencia de que «hacerse pajas» merma la masculinidad (Daggett, 2018). El grupo tiene un manual que los participantes deben cumplir si quieren seguir siendo hombres de verdad y permanecer en él. Muchas de las normas se centran en la abstinencia sexual, y una de ellas afirma que «un Proud Boy no eyaculará solo más de una vez cada treinta días. Esto significa que debe abstenerse de utilizar pornografía durante ese tiempo y que, si necesita eyacular, deberá hacerlo a una distancia máxima de una yarda [0,9 metros] de una mujer con el consentimiento de esta. La mujer no podrá ser una prostituta» (Strozewski, 2023).

El NNN reinventa esta idea animando a los miembros a que durante un mes abandonen tres vicios y adopten una actividad diaria que sea sana. Los moderadores publicaron el «reto» un día 1 de noviembre en un post que quedó fijado[1] durante todo el mes. El post empezaba así:

> Hemos vuelto a ese momento del año en el que nos centramos en la disciplina con #NoNothingNov 2018.

Los moderadores definen a continuación el NNN como un acto de disciplina, y la autoayuda sería una manera de capacitar a los hombres para reforzar su sentido de masculinidad y de hombría (Hinojosa, 2010; Peterson, 2018). Esta disciplina de la masculinidad se opone frontalmente al «caos» de la feminidad. Jordan Peterson (2018) sostiene que los individuos necesitan adoptar unos valores de orden y disciplina frente a la caótica energía femenina que domina la sociedad moderna. Suele basarse en textos religiosos, que vinculan la feminidad a la creación y a la naturaleza, equiparados con elementos del caos. Según Peterson, la masculinidad se enmarca en los ámbitos racional y público; son ideologías y espacios de orden. Peterson no considera que el caos sea malo en sí mismo, sino que no es un rasgo adecuado si quieres gestionar o proteger nuestra sociedad. Y claro, según Peterson,

---

[1] Fijar, en inglés *pinning,* es una función que permite a los moderadores mantener un determinado post en la parte superior del subreddit, por lo que es lo primero que se ve mientras permanece ahí.

ahora tenemos una sobredosis de feminidad y de caos en nuestra sociedad, por lo que «hemos de redescubrir los valores eternos y luego aplicarlos» como antídoto para contrarrestarla (Peterson, cit. en Bowles, 2018). En el NNN, a los participantes se les anima a «centrarse» en la «disciplina», una invitación que implica que los hombres solo pueden alcanzar una vida buena si están centrados. Los moderadores insisten en este aspecto aportando pruebas escasamente rigurosas del éxito de la campaña:

> Todos los años, en el mes de noviembre, retamos a los hombres a que abandonen tres vicios durante un mes. Ellos dicen que solo hacen falta 21 días para adquirir (o abandonar) un hábito, y quienes participaron en años anteriores recordarán que alcanzar los objetivos que uno se plantea produce una gran satisfacción, así que empecemos con nuestro #NoNothingNov 2018.

El post insinúa que es bien sabido que solo hacen falta veintiún días para adquirir (o abandonar) un hábito y luego comenta el éxito histórico de la campaña para animar a otros a sumarse a ella. La creación de sistemas de conocimiento es fundamental en la autoayuda, y el discurso de la autoayuda es al mismo tiempo un sistema de conocimiento *formal,* que consiste en textos desarrollados por personas expertas, y un importante sistema *no formal* de «autocomprensiones y prácticas culturales corrientes» (Illouz, 2008: 10). Dentro de los públicos íntimos, las personas y las comunidades desarrollan prácticas de conocimiento y participan en continuos debates sobre lo que es «verdad» (Rose, 1998). Esto ocurre a través del desarrollo mismo de la píldora roja como ideología, pero también queda claramente de manifiesto aquí, al convertirse el material anecdótico en el fundamento a partir del cual se anima a los individuos a participar en el NNN. El conocimiento confiere autoridad y confianza a la campaña, y la elección de la píldora roja que subyace tras ella consiste en «forjar la confianza, hacer extensiva la actitud de perseverancia y del "sí se puede" propia del neoliberalismo al ámbito erótico» (Bratich, 2024: 96). A continuación, los moderadores de r/TheRedPill describen el reto para 2018:

El reto

El reto de este año es:
Abandonar tres vicios durante un mes.
Iniciar una actividad diaria durante un mes.

Como hicimos el año pasado, queremos que elijas tres vicios a los que quieras renunciar este mes (¡y tal vez durante más tiempo!). Algunos eligen el porno, otros el alcohol, otros r/theredpill (cabrones). Elige tres vicios o distracciones que quieras eliminar de tu vida y tíralos a la basura. Si eliges el alcohol o el tabaco, sácalos de tu casa. Si eliges el porno, instala un *software* de control parental. Si elegiste r/theredpill, cierra esta ventana ahora. Si eliges el azúcar, cómete hoy todas las gominolas porque a las 23:59 tendrás que tirar todas tus golosinas de Halloween.

En cuanto a la parte proactiva de N3, y para asegurarnos de que no desperdiciamos un solo día, no decimos no a nada. Elige una actividad o tarea que puedas asegurar que la harás cada día. Puede ser algo grande o pequeño. Limpiar tu apartamento, hacer la cama, ir al gimnasio (la mejor opción), abordar al menos a tres mujeres al día, afeitarte o dedicarle al menos una hora diaria al proyecto que tengas como afición. Sea lo que sea, es hora de que lo elijas y hagas una verdadera planificación para incluirlo en tu día a día. Siéntate delante de tu agenda y piensa en qué momento del día tendrás que dedicarte a tu NoNadaAlgo. Y ojo con el Día de Acción de Gracias. Si estás dejando el alcohol o proponiéndote ir al gimnasio, no hay excusa que valga para ese día. Tienes que comprometerte.

Aunque técnicamente la campaña ofrece a los individuos la libertad de elegir sus vicios y sus actividades diarias, lo hace desde la perspectiva de lo que es o no es aceptable. A los hombres se les incita a realizar actividades en consonancia con las versiones hegemónicas de la masculinidad (Connell, 1995), tales como limpiar su piso, hacerse la cama, afeitarse, ir al gimnasio, etc.: el tipo de cosas que figuran en las *12 reglas para vivir* de Peterson. A través de la participación en estas actividades, los hombres creen que pueden convertirse en una versión idealizada del hombre «hecho a sí mismo» (Kimmel, 2011). La campaña promueve así una versión de la masculinidad cuyo fundamento son las normas blancas y occidentales de clase media (Berlant, 2012).

El refuerzo del sujeto masculino en general se consigue compartiendo en público los objetivos y los progresos. A los miembros se les anima a revelar sus actividades y a hacer un seguimiento de sus progresos en una página web hermana de r/TheRedPill, TRP.red. Según dicen los moderadores:

> *Haz seguimiento de tus progresos*
>
> Haz seguimiento en tu blog personal o con nuestra opción #NoNothingNov en TRP.red. Empieza haciendo seguimiento de tus progresos publicando tus objetivos. Comenta cómo has pensado alcanzarlos y qué pasos vas a dar para garantizar que esto ocurra. Haz un seguimiento diario de tus avances con el hashtag #NoNothingNov.
>
> Asegúrate de que haces seguimiento de tus progresos para que otros puedan ayudarte a mantener tu compromiso. Y asegúrate de que contribuyes a animar a otros miembros. Para algunas personas, esta tal vez sea su primera incursión en la toma de control de sus propias vidas.

Es aquí donde NNN crea una especie de comunidad, un ejemplo de lo que los expertos denominan «homosocialidad». La homosocialidad describe prácticas de creación de vínculos y amistad entre personas del mismo sexo; en este caso, básicamente se refiere a la amistad entre hombres. Algunos investigadores plantean que los hombres utilizan sus amistades y sus grupos sociales para mantener y defender la masculinidad hegemónica y las jerarquías de género. Lo hacen básicamente compitiendo unos con otros, a menudo por las mujeres (Bird, 1996; Lipman-Bluman, 1976; Flood, 2008; Underwood, 2018). La homosocialidad implica que los hombres compitan unos con otros para mejorar su posición en las jerarquías masculinas utilizando «marcadores de masculinidad» como la riqueza, el poder, el estatus, la destreza física y los logros sexuales con el fin de hacer valer sus derechos en estas jerarquías (Kimmel, 1994: 129).

Esta amistad competitiva se denomina «homosocialidad jerárquica» (Hammarén y Johannson, 2014). Esta homosocialidad jerárquica se da en NNN, y la campaña promueve la asunción de comportamientos estereotipadamente masculinos, a menudo para acabar hablando de la mejor manera de tener éxito sexual con las mujeres. Esta homosocialidad conforma las relaciones de los hombres heterosexuales con las mujeres y con el sexo en general (Bird, 1996; Flood, 2008; Chen, 2012) proporcionando los medios a través de los cuales los hombres pueden mantener unos órdenes de género dominantes (por ejemplo, Mac an Ghaill, 1994; Bird, 1996; Messner, 2001; Flood, 2008).

A pesar de que a los hombres se les anima a compartir sus progresos, NNN no es competitivo. Los hombres de la machosfera comparten sus objetivos, pero no tratan de superarse unos a otros sino más bien de apoyarse a lo largo del proceso. Esto se constata en los comentarios al post original que describe la campaña. El comentario con más votos, por ejemplo, es de un individuo que dice: «Tíos, llevo ya 100 días sin beber. Soy otro hombre». Otros hombres de la machosfera contestan con desbordantes manifestaciones de apoyo, y dicen cosas del tipo: «¡Joder, síí, vamos, tííííío! Abrazos de un tipo que solo bebe en ocasiones especiales cuando antes lo hacía a diario. ¡Cambios a la vista!», «¡la leche, hermano! ¡A por ello, vamos!» y «Sigue así, colega, yo estoy en mi decimosexto mes y estoy mejor que nunca. Los meses segundo-cuarto fueron los más duros para mí». Con estos mensajes de apoyo, la machosfera también opera como un espacio de «homosocialidad horizontal», es decir, de prácticas homosociales de «proximidad e intimidad emocional, y como una forma de amistad desinteresada» (Hammarén y Johannson, 2014: 5). El NNN es una comunidad de apoyo en la que no se compite.

Aunque, por su naturaleza, el NNN es en general una comunidad de apoyo, aquí hay trampa, porque este apoyo solo se le brinda a un tipo particular de hombre: el que está dispuesto a adoptar la retórica y las acciones de la autodisciplina masculinizada. El apoyo solo se les proporciona a los hombres a través de la participación en la campaña, y existen escasos comentarios, por no decir ninguno, sobre las dificultades, los fracasos o el rechazo a la propia premisa de la campaña. De un modo semejante, solo se fomentan algunas prácticas. Sería, por ejemplo, poco probable que alguien declarara que ha abandonado el gimnasio o que va a empezar a practicar la masturbación como nueva actividad diaria. Existe escaso «margen» en la expresión de la masculinidad (Berlant, 2012: 59): para participar, es preciso al menos adoptar el lenguaje de un disciplinado adepto al espíritu de red del capitalismo.

El NNN muestra de un modo muy particular que los hombres de la machosfera crean comunidad. Lo hacen centrándose en la autoayuda: unos hombres unidos en torno a la manera de mejorar su vida. Esta vinculación tiene lugar de varias formas, muy complejas, y los hombres trabajan de manera colectiva y solícita, pero lo hacen para promover los ideales de la masculinidad hegemónica. La comunidad queda limitada a tipos específicos de hombres que quieren adoptar tipos específicos de comportamiento.

En su campaña presidencial de 2016, Donald Trump ganó las elecciones con el eslogan «Make America Great Again» [«Haz que América vuelva a ser grande»]. El eslogan era una síntesis perfecta de las creencias de la derecha en ese momento: que Estados Unidos, y Occidente de un modo más amplio, han empezado a fallar, y se necesita una acción real, masculina, para salvarlos. Los hombres de la machosfera también lo creen, y centran su autoayuda en tratar de acometer esta acción. Afirman que si se trabajan a sí mismos, además de volver a fortalecer a un Occidente debilitado, recuperarán su sentido de ciudadanía y volverán a acceder a la comunidad nacional.

¿Cómo creen estos hombres que pueden conseguirlo? La respuesta es haciéndose cada vez más fuertes, lo suficientemente fuertes como para luchar por su país. Un post en una comunidad píldora roja, por ejemplo, se titula: «Do your civic duty: LIFT, RUN, and PLAY» [«Cumple con tu deber cívico: LEVANTA PESAS, CORRE y JUEGA»]. El post comienza con una referencia a una charla TEDx y el posterior comentario del OP:

> Probablemente la mejor Charla TEDx que jamás haya visto. El teniente general Mark Phillip Hertling sobre la obesidad en Estados Unidos. Vale la pena verlo entero. Permite comprender mejor el Sistema Nacional de Salud y subraya por qué la comunidad TRP insiste tanto en la forma física. También aborda unos cuantos temas más.

La charla TEDx en cuestión se titula «La obesidad es un tema de seguridad nacional». En ella, el teniente general Mark Phillip Hertling, comandante general del Ejército de Estados

Unidos en Europa y del Séptimo Ejército, comenta que los crecientes índices de obesidad están derivando en una disminución del número de personas susceptibles de alistarse en el ejército, al margen del dineral que cuestan los tratamientos de las patologías y otros temas médicos. Afirma que eso constituye una amenaza para la seguridad nacional particularmente perjudicial para Estados Unidos, dado que otros países no tienen que enfrentarse a problemas de este tipo. Hertling comenta luego un programa que introdujeron, llamado «Soldier Athlete Initiative» [«Iniciativa del Soldado Atleta»], diseñado para abordar estos problemas. Su charla describe con gran habilidad la autoayuda como una herramienta importante para la supervivencia de la nación occidental, un mensaje con el que se identifican mucho los hombres de la machosfera. Tras presentar el vídeo, el OP del post de la machosfera explica que la charla subraya lo importante que es que los hombres se centren en estar fuertes:

A menudo decimos «levanta pesas» para que aumente tu VSM [valor sexual de mercado], pero eso solo es un efecto secundario. Ver esto para mí ha equivalido a recibir una patada todavía mayor en el trasero para animarme a estar en forma, así que lo he publicado aquí por si otros necesitan una motivación para ponerse en forma.

Literalmente, nos estamos poniendo demasiado gordos para defendernos a nosotros mismos y las cosas que valoramos.

Aunque levantar pesas, o ir al gimnasio, es importante para mejorar individualmente, según el OP esto no es más que un efecto «secundario». En realidad, el verdadero beneficio se le aporta al país. El OP refuerza la idea de que los países occidentales se asientan sobre el poder de la masculinidad (Nagel, 1998), esto es, de hombres blancos y fuertes que velan por la seguridad de la nación y pueden mantenerse fuertes para hacer frente a las amenazas externas. Esta idea se ha convertido en algo habitual en los círculos conservadores, en los que muchas personas sostienen que la desmasculinización de Occidente ha conducido a muchas de las crisis internacionales recientes. Tras la invasión de Ucrania por parte de Rusia, por ejemplo, muchos pensadores conservadores dijeron que era consecuencia de una «debilidad» de Occidente y afirmaron que la obsesión con los «pronombres» y la «justicia social» ha permitido a países como Rusia mostrar su fuerza, conscientes de que pueden hacerlo impunemente (Burns, 2022). Algunos han señalado ejemplos directos de cómo la ideología de izquierdas ha debilitado a Occidente. Thomas Spoehr (2022), por ejemplo, sostiene que lo *woke* ha restado fuerza al ejército de Estados Unidos. Lo explica así:

> La ideología *woke* socava la capacidad de respuesta militar de varias maneras. Socava la cohesión al resaltar las diferencias por motivo de raza, etnia y sexo. Socava la autoridad de los líderes al plantear preguntas sobre si los ascensos se basan en requisitos de mérito o de cuota. Obliga a destinar a personal militar a especialidades y áreas para las que no está cualificado o preparado. Y consume tiempo y recursos que se sustraen de las actividades de formación y del desarrollo de armas que contribuyen a la capacidad de respuesta.

Por supuesto, los conservadores se quejan aquí tan solo de los intentos históricos por abordar el racismo, el sexismo, la homofobia, etc., que durante tanto tiempo se han emprendido en los países occidentales. Lo que los hombres de la machosfera y los conservadores en un sentido más amplio están diciendo es que creen que las naciones-Estado occidentales son más fuertes cuando cuentan con el respaldo de hombres blancos masculinos (Berlant, 2008: 110-111). No asumir esta realidad nos llevará a la ruina, aun cuando signifique aceptar la intolerancia en todas nuestras instituciones.

Según la machosfera y la extrema derecha, por lo tanto, para que llegues a ser un buen ciudadano de un país occidental, se espera de ti que te comportes conforme a las normas de género y otras normas sociales. Esto vale tanto para los hombres como para las mujeres. Berlant (2008: 156), por ejemplo, dice que a las mujeres se las insta a abrazar la verdadera ciudadanía participando en el ámbito político «como madres de la raza, como economistas del hogar y como gestoras del dinero, las crisis, el deseo y el liderazgo moral». Esto recuerda de forma escalofriante al movimiento de las «trad wives» del que ya he hablado anteriormente: un grupo de mujeres, fuertemente alineado con la extrema derecha, que plantea que las mujeres deberían volver a asumir unos roles más tradicionales en el matrimonio (Kelly, 2018). Este movimiento refleja no solo la creciente insatisfacción de algunas mujeres con su vida y con el estado del mundo, sino también la convicción de que el retorno a unos modos de vida más «tradicionales» les permitirá recuperar un mundo que sienten que han perdido (Kelly, 2018).

Por otra parte, de los hombres se espera que sean fuertes y estén en forma, puesto que es el cuerpo masculino blanco el responsable de proteger a la nación (MacKinnon, 1989; Berlant, 2008). Es el cuerpo masculino el que, según sostiene el OP, está siendo atacado, y la feminización de la sociedad significa que «literalmente nos estamos poniendo demasiado gordos para defendernos a nosotros mismos y las cosas que valoramos». El OP sugiere en cambio una serie de ideas acerca de cómo pueden y deberían cambiar los hombres. Dice lo siguiente:

> Cuando observas los datos extrapolados a 2030, si simplemente tienes cuidado con lo que comes, sales a correr 3 veces a la semana y haces 20 planchas antes de acostarte, estarás más fuerte físicamente [léase tu VSM será más alto] que la mayoría de los hombres de Estados Unidos.
> Si no haces nada más, ponte como objetivo ser capaz de:
>
> — Hacer más de 35 planchas en 2 minutos.
> — Hacer más de 50 sentadillas en 2 minutos.

— Correr dos millas [unos 3,2 km] y ser capaz de hacerlo en menos de 18 minutos.

Si eres capaz de hacer esto, apruebas por la mínima el test de aptitud física del Ejército.

Estos consejos están estrechamente alineados con muchas de las medidas que presentaba la iniciativa del soldado atleta de Hertling en la charla TEDx original. En dicha charla, Hertling explica que presentaron esta iniciativa diciéndoles a los soldados: «Si quieres conseguir resultados en el campo de batalla, tienes que entrenarte como un campeón». La iniciativa se centraba en modificar la manera en que se preparaba físicamente a los soldados, a los que se les asignaron fisioterapeutas y entrenadores físicos y se les cambió la alimentación que les daban en la cantina, que promocionaban diciendo que estaban «suministrando energía al soldado». Hertling dice que hay lecciones que todo el mundo puede y debe aplicar. Tras señalar algunas buenas iniciativas contra la obesidad, sostiene que no es una cuestión que puedan resolver ni los gobiernos ni las organizaciones. Al contrario, son las personas individualmente las que, según él, deberían escribir a las escuelas y a los restaurantes para que les ofrezcan una alimentación nutritiva, llevar una vida equilibrada y salir a hacer ejercicio, así como ser referentes de un comportamiento adecuado para sus hijos.

Tanto en el vídeo de Hertling como en el post de la machosfera, el cuerpo se convierte en un bien de consumo que puede venderse para servir a la sociedad. Para los hombres de la machosfera, el cuerpo es el último recurso, la forma última de superar los agravios que la nación-Estado y el feminismo les han infligido. Habiéndose posicionado a sí mismos como agraviados e impotentes, y habiendo renunciado a la política, el cuerpo se convierte en el único espacio en el que los hombres de la machosfera pueden proceder a acometer posibles cambios: cambia por ti mismo y podrás sumarte al mundo y al mismo tiempo cambiarlo. El OP no sugiere, como tampoco lo hace Hertling, ningún otro cambio que el del cuerpo. Ni las políticas públicas ni la política de partidos ni otras soluciones sirven frente a las amenazas contra la seguridad nacional; solo sirve mejorar el cuerpo. Es importante señalar aquí lo estrechamente ligada que está esta idea al pensamiento supremacista blanco. El post concluye diciendo:

> Como hombres, hemos de aceptar que el estado físico forma parte del hecho de ser un hombre funcional. No basta con levantar pesas. Come bien. Corre y juega o de lo contrario estaremos enviando a los *fatsos* y a los *manginas** a liberar a Europa de los migrantes en 2030.

Los grupos e individuos supremacistas blancos a menudo sugieren que la suavización de la masculinidad ha llevado al debilitamiento de los países occidentales, permitiendo la «invasión» de migrantes y un «reemplazo» de la raza blanca. Esta idea del «gran reemplazo» sugiere que los cambios demográficos, en concreto la disminución de las «tasas de natalidad» de la población blanca, conducirán a un reemplazo etnonacional o incluso a un «genocidio blanco» (Kiper, 2021). En 2019, por ejemplo, un hombre acabó con la vida de cincuenta y una personas en un atentado perpetrado en dos mezquitas en Christchurch, Nueva Zelanda. En un mensaje que publicó *online,* achacaba a la «invasión» de musulmanes, su principal objetivo, el debilitamiento de los hombres occidentales, y afirmaba:

> A quien más hay que culpar es a nosotros mismos, los hombres europeos. Los hombres fuertes no se dejan reem-

---

* *Fatsos* y *manginas,* términos despectivos de la jerga que suelen utilizar los hombres de la machosfera. *Fatso* designa a una persona gorda; *mangina*, contracción en inglés de *man* (hombre) y *vagina* (vagina), se utiliza como sinónimo de hombre poco viril *[N. de la T.]*.

plazar étnicamente, los hombres fuertes no permiten que su cultura se degrade, los hombres fuertes no permiten que su gente muera. Unos hombres débiles han creado esta situación, y se necesitan hombres fuertes para arreglarla.

Este lenguaje recuerda el del comentario anteriormente citado sobre liberar a Europa de los migrantes, y figura también en el resumen que ofrece el OP, en el que sostiene:

> Resumen: Tu culo gordo es una amenaza para la seguridad nacional.

La implicación está clara: mientras que Occidente se ha suavizado y está más gordo y débil, en otras partes del mundo esto no ha sucedido. Por lo tanto, los hombres de la machosfera —y los hombres en general— tienen la obligación de hacer frente a este problema, y ello supone centrarse de manera específica en su propio cuerpo. El cuerpo se presenta no solo como el salvador de la nación occidental, sino también como la vía para que los hombres puedan volver a acceder a ella. Así es como reconstruyen el concepto y la comunidad de Occidente según su propia imagen.

Evadirse a través del consumismo

La autoayuda, además de procurar a los hombres una sensación de conexión con la nación-Estado, también produce ciudadanos conectados en red que consumen. Los hombres de la machosfera son la encarnación del consumo, que a su vez promueve una masculinidad idealizada a través de la cual pueden evadirse de su agravio y procurarse una vida mejor. Sin embargo, aunque fomentan la evasión, estos hombres lo hacen a través de la comunidad de la machosfera. Este es el mejor ejemplo del funcionamiento de la comunidad en cuanto red a la que los hombres recurren para encontrar diferentes claves sobre cómo vivir mejor esa idealizada existencia individualista. MGTOW es en muchos aspectos paradigmático de la retórica individualista. El propio fundamento de MGTOW es que los hombres sigan «su propio camino»: se evadan de los confines de la sociedad moderna y hallen la liberación a través de la superación personal. MGTOW incita a los hombres a pasar por cuatro etapas diferentes para evadirse del mundo moderno y vivir una vida mejor. Sean Galle (s.f.) describe estas etapas del siguiente modo:

> En el primer nivel (nivel de consciencia situacional), hallarás a hombres que piensan que las mujeres los utilizan y los manipulan pero que todavía creen en el matrimonio. De los hombres de este nivel se dice que han «tomado la píldora morada». El segundo nivel de implicación incluye a los hombres contrarios a la cohabitación, las relaciones a largo plazo y el matrimonio, pero que tienen relaciones a corto plazo para satisfacer sus necesidades sexuales. El tercer nivel incluye a hombres que rechazan incluso las relaciones a corto plazo y se preocupan por limitar la frecuencia con la que interactúan con mujeres. El cuarto nivel, o implicación MGTOW, incluye a hombres que se salen del camino trazado para minimizar su compromiso con el Estado y con la sociedad, incluso con las organizaciones en las que buscan empleo; esto se suele denominar «volverse fantasma».

MGTOW es un ejemplo de comunidad basada en lo que algunos teóricos y teóricas denominan «individualismo acentuado», es decir, la convicción de que puedes vivir toda tu vida fundamentalmente por tu cuenta (Illouz, 2008). Pero, contrariamente a este planteamiento, los hombres siguen recurriendo a la comunidad de la machosfera para hablar de estas ideas, compartirlas y difundirlas. MGTOW adopta y promueve este individualismo acentuado a través de la publicación constante de selfis en los que se muestran los cambios vitales. Estos selfis no incluyen fotos de los individuos, no porque se sometan a una regla establecida, sino más bien por un posicionamiento general en la comunidad, que desconfía de compartir información personal. En cambio, como puede apreciarse en la imagen 5, los hombres comparten imágenes de la nueva vida que afirman llevar, ilustrada a través de nuevas adquisiciones, pisos, viajes, etc. A pesar de ello, estas imágenes actúan de un modo similar a los selfis, al ser fotografías que, por un lado, «inician la transmisión de un sentimiento humano en forma de relación» y, por otro, operan como gestos que envían «diferentes mensajes a individuos, comunidades y audiencias» (Senft y Baym, 2015). Los hombres de la machosfera utilizan los selfis para hacer gala de sus cambios vitales y de sus logros, así como para mostrar a otros cómo pueden alcanzar un éxito similar.

En la imagen 5, un hombre publica una foto del *quad* que se va a comprar. En el texto del post, cuenta que hace un año dejó de beber y de fumar y dice que, con lo que ha ahorrado, se puede comprar el *quad*. Este vehículo es más que una simple adquisición. Es el símbolo de los progresos de este hombre, que ha pasado de depender del alcohol y del tabaco a ser una versión idealizada de un hombre masculino y disciplinado. A través de la autoayuda, este hombre se ha disciplinado y ha mejorado tanto que puede premiarse con nuevos bienes que antes no estaban a su alcance.

En este ejemplo, el *quad* es una representación de todo lo que el hombre ha conseguido. No solo se convierte en una inversión personal, sino que asume lo que Berlant (2008) describe como un «aura religiosa», por la que se le atribuye un alma y una pseudoagencia (Marx, 1990). El *quad* no solo representa la posibilidad de evasión, sino que le permite al hombre conseguir legitimidad e incluso la gloria en el mundo (Berlant, 2008: 242). Es su logro supremo.

Imagen 5. Post r/MGTOW: «Quad». [«El 7 N hará un año que no bebo.
He calculado que gastaba no menos de 20 $ diarios en tabaco y alcohol
(y otras cosas); solo eso ya suma 7.300 $ al año (el importe real
probablemente supere los 10K $, jajaja). El 7 N me voy a comprar esta
edición especial del raptor 700, un regalo que me hago por haberlo dejado
todo. MGTOW»].

La comunidad celebra el éxito de este hombre. Las con-
testaciones incluyen una serie de felicitaciones del tipo «Supe-
rimpresionante» o «¡BUAH, CÓMO MOLA!», o la de un
usuario que escribe en plan de broma: «¡Enhorabuena! ¡Cóm-
prate un casco también, pirao!». La mayor parte de los comentarios proceden de quienes intervienen para elogiar rápidamente al OP. Una tendencia destacable dentro de estos comentarios es la de los usuarios que hacen suya la publicación

del OP relacionándola con su propia adicción. Un hombre le contesta: «Buen trabajo, tío, yo me reté a no beber durante un año, eso empezó el 22 D. ¡Es una pasada lo distinto que te sientes!»; otro dice: «¡Enhorabuena! Yo también he dejado los pitis y la bebida. ¡Vale la pena ya solo para estar en paz! ¡Los demonios dejan de hundirte!». Otro va todavía más lejos y sugiere, con las siguientes palabras, que el post inspira nuevas acciones:

> Por culpa de una depresión grave y otras mierdas, llevo ya casi una década saliendo del alcoholismo y volviendo a entrar en él, pero me doy cuenta de que tengo que hacer algunos cambios si quiero conservar mi billetero y mis órganos. No quiero ni pensar en calcular cuánto he gastado en bebida en los últimos años, que son muchos. En fin, enhorabuena por haber conseguido semejante cambio.

El post inspira a la gente a compartir testimonios personales (Ahmed y Stacey, 2001) en torno a la adicción, y algunos usuarios siguen el hilo de la historia original para comunicar sus propias experiencias. Sin embargo, no permite que la gente empiece a divagar sobre el tema. Para participar hay que mostrar una intención de disciplina parecida, bien ahora o en el futuro. El post transmite una cultura de autoayuda en la que la disciplina se refuerza a través de la venta de los beneficios que se derivan del producto.

Los hombres de la machosfera no solo perciben los bienes de consumo como símbolo de su autosuperación, sino que los utilizan para establecer diferencias entre ellos y las mujeres. Aunque el OP no habla en absoluto de las mujeres ni de las relaciones en el post original, varios usuarios publican comentarios en este sentido. Así, uno de ellos vuelve a contar una larga historia de drogas, alcohol y su relación con su ex. Dice que fue su ex, y las mujeres en general, quienes le indujeron a la adicción:

Mi mujer me ha dejado hace tres días. No he tenido el impulso de beber ni de coger la pipa desde entonces [...], ni el menor deseo de hacerlo. Entre eso y el coste de sus putos caprichos, he ahorrado entre 100 y 200 dólares en tres días, dependiendo de si salíamos a comer o nos quedábamos en casa.

Otro dice algo parecido cuando cuenta: «Mantenía una relación verdaderamente tóxica con una madre soltera. Me veía abocado a beber cerveza todos los días para tratar de no pensar en ese error». Como las narrativas que promueve Jordan Peterson (2018), la feminidad se percibe como algo caótico, que induce a los hombres a vicios como el alcohol y el tabaco. Rechazar esta energía, sobre todo a través de la disciplina de la autoayuda y los bienes de consumo que se derivan de ella, es el antídoto contra este caos, no solo para los hombres individualmente, sino para la sociedad en general.

Este discurso marcado por el género está ampliamente presente en los selfis que reflejan la mercantilización. En la imagen 6, un hombre publica una foto de su apartamento, que define como una representación de su libertad recién reconquistada tras dejar a su «tóxica exnovia». En estas imágenes suelen reflejarse historias sobre las exparejas, y las parejas «tóxicas» pasan a convertirse en una representación de las mujeres en general. Al rechazar a estas mujeres, los hombres de la machosfera se presentan como hombres hechos a sí mismos y capaces de llegar a ser el sujeto masculino idealizado «general» (Kimmel, 2011).

Las imágenes de apartamentos masculinos suelen ser fotos de habitaciones con televisores, ordenadores, *gadgets* tecnológicos y sistemas audiovisuales. Es la encarnación del concepto cultural de «guarida masculina» (Browitt, 2017), aunque en esta las herramientas, los coches y otros productos comerciales han sido sustituidos por dispositivos tecnológicos *geek* mascu-

Imagen 6. Post MGTOW: «Apartmento». [«He dejado a mi tóxica exnovia. He echado a gente de mi vida y me he mudado a un apartamento donde puedo centrarme en mi educación y hacer lo que me da la gana. Muchas gracias a este sub, me ha dado alguna orientación y he vuelto a centrarme en lo que realmente importa»].

Imagen 7. Post MGTOW: «Los *tíos* vivís en apartamentos como este y os quedáis tan frescos...».

linos (Ging, 2017; Massanari, 2017; Salter, 2018) tales como ordenadores, pantallas, televisores, etc. Los ordenadores y la tecnología digital y de videojuegos se consideran inherentemente masculinos, y muchos miembros de la machosfera afirman que estos espacios son propios de los hombres (Salter, 2018; Maloney *et al.*, 2019). Los ordenadores y los videojuegos se consideran el espacio perfecto para evadirse de las mujeres. Un post con fotos de una habitación en la que se ven varios televisores y pantallas de ordenador junto con varias peceras se titula «When you don't have wife or kids» [«Cuando no tienes mujer ni niños»]. Las mujeres son los obstáculos que impiden que los hombres alcancen su ideal de vida mercantilizada.

Cabe señalar, sin embargo, que así como los hombres de la machosfera valoran mucho sus bienes de consumo, también dicen que a ellos les importan menos que a las mujeres. En general, como se ve en la imagen 7, los hombres de la machosfera republican imágenes en internet de mujeres que supuestamente se meten con los hombres por cómo tienen amueblada su casa. En esta imagen se ve una foto de una habitación con un televisor y una sola butaca y un comentario escrito al parecer por una mujer que dice: «Los *tíos* vivís en apartamentos como este y os quedáis tan frescos...». Este supuesto ataque sugiere que es ridículo que los hombres puedan vivir con semejante sencillez y que no precisen más cosas. Un hombre contesta: «A las mujeres les pone de los nervios que los hombres puedan simplemente estar sentados y ser felices».

Los hombres de la machosfera critican a las mujeres por esta aparente obsesión con los bienes de consumo, que relacionan con su «hipergamia». La imagen 8 muestra un post popular en una comunidad MGTOW. Se trata de una republicación de Twitter en la que una mujer comparte una imagen de sí misma bajo un árbol de Navidad con el pie de foto «Por qué gastar dinero en regalos cuando él tiene el mayor de todos los obsequios: YO». Un hombre le contesta: «Quería una consola switch[2], ¡no me lo puedo creer!»[3]. Los hombres critican a las mujeres por su afición a los bienes de consumo, pero este post también critica a las mujeres por no regalar cosas a los hombres, lo que refuerza la convicción de que ellos tienen que pensar en sí mismos.

Los miembros de la comunidad MGTOW buscan su emancipación evadiéndose a través de los bienes de consumo, a los que dotan de alma y de pseudoagencia, por lo que estos se convierten en una encarnación de la capacidad de tener una buena vida. La machosfera opera de un modo semejante a la cultura de las mujeres, con respecto a la cual

---

[2] El switch es una consola de videojuegos de la marca Nintendo.

[3] Abreviatura de «Shaking my head». (El autor recoge aquí del post original la sigla «Smh», *shaking my head,* «meneando la cabeza», señal de desaprobación o incredulidad del usuario *[N. de la T.])*.

Imagen 8. Post MGTOW: «Las perras no son switches».

Berlant (2008: 141) sostiene que la legitimidad de la ciudadanía se ha fusionado con los bienes de consumo: es decir, para ser buenos miembros del Estado capitalista, y para alcanzar la felicidad, es preciso tener montones de cosas. Esta relación es sin embargo contradictoria, pues los hombres de la machosfera critican la supuesta obsesión de las mujeres con los bienes mientras valoran su propio acceso a ellos.

LA PERTENENCIA A UNA COMUNIDAD *ONLINE* Y SUS LÍMITES

Esto es un hospital, un lugar donde sanarte y donde guiarte para seguir tu propio camino. Como tal, es un lugar donde verás cosas feas. Aquí encontrarás enfermedades salvajes. Verás cosas desagradables. Y verás cosas dolorosas.

Pero quienes llevamos ya un tiempo rondando por este hospital, e incluso algunos de los jóvenes y brillantes becarios que están estudiando duro, nos hemos convertido en *médicos* del alma masculina, y puedes ver el trabajo que hacemos en los hilos de conversación. Algunos de los métodos de sanación son, en sí mismos, asquerosos, repugnantes, crueles y a veces tristes; implican sustancias tóxicas y no son aptos para su aplicación en entornos fuera de este. Pero son *necesarios* si hemos de guiarte hacia tu camino, *tu propio camino,* para que, de ahora en adelante, puedas vivir tu vida de hombre gozando de buena salud.

Al explicar los valores de la comunidad, este post, titulado «MGTOW Hospital Advisory» [«Aviso del hospital MGTOW»], aparece como uno de los de mayor visibilidad en el subreddit MGTOW r/MGTOW. Al hablar de MGTOW en términos de un hospital, el post identifica la machosfera con un lugar tanto de queja como de curación de la queja.

Como ya he puesto de manifiesto, además de brindar a los hombres un espacio para airear sus quejas, la machosfera también crea una fantasía para ellos según la cual, simplemente siendo disciplinados y esforzándose lo suficiente, pueden acceder a una vida mejor. Los públicos íntimos generan interés entre los participantes porque se *perciben* como lugares que pueden proporcionar «alivio del mundo duro y frío» (Berlant, 2008: 6). Los hombres creen que esto lo pueden conseguir practicando técnicas de autoayuda y participando en la red de la machosfera. Mediante ambos, son capaces de desarrollar «trucos para sobrevivir, prosperar y superar las circunstancias tal como se presenten» (Berlant, 2008: 2). Esto lo podemos observar en el post anterior, en el que los moderadores hablan de la machosfera como de un espacio de sanación en el que se aplican métodos que «son, en sí mismos, asquerosos, repugnantes, crueles y a veces tristes», pero al mismo tiempo necesarios. La machosfera, mágicamente, hará que todo vaya mejor.

Sin embargo, el hecho de que la red sustituya a la comunidad en la sociedad moderna plantea problemas graves. Como he dicho al principio de este capítulo, la comunidad es importante porque allí los individuos pueden ser algo más que «personas y familias en el ámbito privado, más que productores, consumidores o inversores en la economía» (Brown, 2019: 28). Esto es tan evidente que casi no hace falta ni escribirlo: todas las personas necesitamos la amistad y la comunidad para que podamos compartir nuestra vida, divertirnos, llorar, tener intimidad y tantas cosas más con otras personas. Somos una especie social y lo necesitamos, al menos en cierta medida. Aunque pretenda conseguirlo, la red no proporciona nada de esto. Por el contrario, lo que ofrece es una fachada de comunidad, pero esta vuelve a situar en el foco todas las cosas de las que se supone que alivia. La red comercializa hasta nuestras relaciones más íntimas convirtiéndolas en nuevas opciones en las que producir, consumir e invertir. Aunque la machosfera sostiene que vuelve a crear una comunidad para los hombres, en realidad hace lo contrario: encamina a los hombres hacia las mismas cosas que generaron originalmente sus quejas.

La autoayuda no resuelve realmente las cosas

El primer gran problema es el hincapié en la autoayuda, que no genera verdaderas soluciones sino que sigue aislando a los hombres de la machosfera unos de otros, e incluso los aísla de sí mismos. Como sostiene Faludi (1999: 15), «las soluciones que se les ofrecen a los hombres suelen exigirles que se vean a sí mismos en términos de un aislamiento todavía mayor», y esto seguramente es así en el caso de la machosfera. Se trata de un ejemplo perfecto de optimismo cruel. Al dedicarse constantemente a hablar de autoayuda, los hombres de la machosfera invierten continuamente su tiempo, su energía y sus esperanzas en un sistema que empeora las cosas para ellos.

Esto es particularmente evidente si observamos que la autoayuda en la machosfera anima a los hombres a adoptar, o al menos a ofrecer, una versión idealizada de la masculinidad. Como habrás visto a lo largo de este capítulo, las técnicas de autoayuda de la machosfera se centran todas ellas en convertirse en el auténtico hombre masculino. Los hombres de la machosfera, al reclamar su masculinidad, sienten que pueden conseguir una vida mejor y unirse a la comunidad de la sociedad en general.

Este enfoque no es privativo de la machosfera, y, de hecho, es una copia de las culturas de las mujeres. El público íntimo de la cultura de las mujeres crea una feminidad «genérica aunque única» que «entrena a las mujeres para que puedan esperar ser reconocidas por otros miembros de este público íntimo, aun cuando rechazan o sienten cierta ambivalencia con respecto a sus términos dominantes» (Berlant, 2008: 6). Ahora el posfeminismo está llevando esto todavía más lejos animando a las mujeres a lograr su emancipación individual a través del cambio personal. A las mujeres se les anima a que «se apoyen» para tener éxito en el mundo laboral, a que inviertan en mejorar su físico para sentirse empoderadas y a que consuman manuales de autoayuda, aplicaciones para estar en forma o para hacer dietas, suscripciones a gimnasios y clases de *mindfulness* para velar por su matrimonio, su cuerpo y su salud mental (Ging, 2019: 51). Como sigue comentando Ging (2019: 51), «muchas de estas soluciones, además de aportar un beneficio obvio al capitalismo neoliberalista, sirven para liberar al Estado de su responsabilidad a la hora de promover la igualdad de género y de luchar contra las causas estructurales del sexismo».

Esto presenta unas limitaciones bien claras. El problema con esta versión «genérica aunque única» de la masculinidad es que la mayoría de los hombres son incapaces de estar a la altura de sus ideales o no están dispuestos a estarlo (Berlant, 2012: 57). La capacidad de cumplir adecuadamente el NNN, de trabajarse con esfuerzo el cuerpo o de conseguir bienes no requiere solo un alto grado de disciplina, sino también mucho dinero y tiempo. Los gimnasios y los equipos de gimnasia son caros, como lo es un *quad,* un apartamento o los dispositivos electrónicos. Estas actividades también requieren una notable inversión de tiempo, del que a menudo no disponen quienes tienen más de un empleo, tienen hijos u otras responsabilidades del cuidado. Por no hablar de los retos a los que se enfrentan las personas con discapacidad, pues estas actividades se plantean para los cuerpos normativos. El éxito masculino que promueve la machosfera solo está al alcance de un subconjunto determinado de hombres: aquellos cuyo cuerpo no presenta ninguna discapacidad, de clase media, relativamente acomodados y con tiempo para dedicarse a «trabajarse a sí mismos». La masculinidad es una estructura de optimismo cruel en la que «los hombres están abocados al fracaso, aunque se les dice que el fracaso claramente no es masculino porque la masculinidad está asociada al éxito» (Allan, 2018: 181).

Sin embargo, no se trata solo de recursos. Los ideales hegemónicos de masculinidad que se promueven en el seno de la machosfera presentan un único patrón de la condición de sujeto, inalcanzable para la mayoría de los hombres. La masculinidad hegemónica fomenta una versión idealizada del «macho racional» (Nicholas y Agius, 2017) que no permite que las emociones lo controlen. Como he ido comentando, la ideología y el discurso de la machosfera se centran en la emoción y el sentimiento. La machosfera promulga dos ideas contradictorias: el público íntimo promueve unas formas de vida tradicionalmente no masculinas pero luego les da la vuelta para afirmar que el retorno a la masculinidad es la única manera de abordar estas cuestiones. A su vez, el fomento de la autoayuda crea una imagen de hombría perfecta que la mayoría no puede alcanzar, sobre todo teniendo en cuenta que en el resto de la machosfera se promueven los sentimientos no masculinos. Como sostiene Berlant (2012: 61):

> Los machos adoptan la masculinidad citando las prácticas normativas que ven que tienen los hombres; lo mismo se aplica a las hembras; lo mismo se aplica a los heterosexuales que reinterpretan las clasificaciones de género convencionales. Pero inevitablemente el sujeto sexual nunca conseguirá ser el genérico.

Es inevitable que la autoayuda casi siempre fracase, y ello tanto porque los recursos son limitados como porque genera unas expectativas poco realistas e inalcanzables. Sin embargo, los miembros de la machosfera no comentan este fracaso. El fracaso en sí mismo también se percibe como no masculino. Es probablemente algo que se mantiene oculto, que los hombres no son capaces de expresar por temor a lo que significa con respecto a su participación en la comunidad. Como plantea Allan (2018: 182):

> Esforzarse por la masculinidad es de hombres, fracasar no lo es. Y así, al admitir el fracaso, reconocemos que somos todavía menos masculinos de lo que habíamos pensado antes de darnos cuenta del fracaso; y el ciclo continúa y nosotros seguimos perdiendo el control de la masculinidad en una espiral sin fin.

Esta espiral es cruel por definición, pues los hombres están apegados a la masculinidad, pero este apego es un obstáculo para que prosperen. La machosfera es un sistema que promete el acceso a la ciudadanía y a una versión idealizada de la condición de sujeto pero no puede ofrecer este objetivo porque esta versión idealizada de la condición de sujeto no es real.

No es una verdadera comunidad

Por si fuera poco, la machosfera tampoco les ofrece a los hombres una verdadera comunidad que los ayude a hacer frente a su aflicción. En un post en una comunidad MGTOW, un hombre pregunta: «¿Tenéis algún amigo MGTOW en la vida real?»[4]. Y sigue diciendo:

> Yo tengo uno, pero se trasladó a otra ciudad. No hemos conseguido conectar demasiadas veces, pero en los últimos años hemos compartido unas cuantas cervezas en sesiones en las que no hemos parado de quejarnos.
> Estoy agradecido a la comunidad MGTOW *online,* pero me pregunto cuántos de vosotros tenéis amigos en la vida real que compartan la misma visión del mundo.

---

[4] In real life. (El autor recoge del post original la sigla «irl», *in real life,* «en la vida real» *[N. de la T.]).*

A veces puede parecer que estás «tomando píldoras estrafalarias», por no decir otra cosa. El 99% de mis amigos son cornudos, los quiero a muerte, pero no me dejan que los ayude.

El OP colma de alabanzas a una «comunidad MGTOW». Pero al mismo tiempo anhela algo más. Desearía que esta comunidad pudiera, al menos de algún modo, ser replicada en la vida real. Se siente aislado, como si estuviera «tomando píldoras estrafalarias», un sentimiento que muchos de nosotros probablemente hayamos tenido en otros tiempos; y desea algo, cualquier cosa, que le libre de esa sensación. Pero, al igual que un montón de posts que abordan esa misma emoción, este no suscita demasiado interés y cae al final del algoritmo de la red social. Quienes lo leen y añaden comentarios expresan sentimientos parecidos. Muchos dicen que también quieren algo «más», pero no son capaces de conseguirlo.

La machosfera promete comunidad; es uno de los motivos fundamentales por los que los hombres siguen acudiendo a este espacio. Pero al mismo tiempo la comunidad con la que se sienten identificados es una comunidad débil e incapaz de aportar a los participantes un verdadero sentido de conexión que pueda apoyarlos.

Esto, irónicamente, resulta obvio si regresamos al post «Cómo dejar de estar tan jodidamente solo» con el que abría este capítulo. Tras hablar de su soledad, el OP ofrece algunos consejos realmente buenos sobre cómo hacer amigos. Dice que la única forma de hacer amigos es saliendo a la calle a buscarlos, ya sea en el colegio o en la universidad, en un bar, en una cafetería o en el trabajo. En concreto, dice que los hombres deberían estar «cansados de las relaciones de internet» y deberían apagar el ordenador y salir a buscar a gente en la vida real. En un pasaje interesante, habla de sus propios esfuerzos por salir de casa y dar pequeños pasos intencionados para conocer a gente:

Después del trabajo, en lugar de irme a casa a jugar a los videojuegos, me fui a un bar tranquilo en el centro y me llevé un libro. Pedí una cerveza y estuve allí leyendo en silencio, sin más. El simple hecho de estar allí, fuera de casa, ya me situaba en un nivel superior con respecto a lo que estaba haciendo antes. Durante un par de días me dediqué a ir cada noche a los bares a leer. Luego hice acopio de valor y me puse a hablar con el personal, así, solo por conversar. Y al cabo de un par de noches hablando con el personal me puse a charlar con una chica que estaba sentada cerca de mí, dibujando. Y eso es lo que hizo que lo del bar personalmente me impulsara a ponerme en marcha.

En lugar de pensar que la felicidad se logra esculpiendo tu cuerpo o comprando un nuevo ordenador o un *quad,* el OP sugiere que, por el contrario, lo que el hombre necesita es la valentía de ir a conversar con alguien. La conexión, incluso con una mujer y sin intenciones sexuales, es importante.

Lamentablemente, insinúa cosas que van a contracorriente de prácticamente todo lo que he visto en la machosfera. Es verdaderamente un caso aislado, pues casi todo el material de la machosfera sigue siendo marcadamente individualista o muy poco susceptible de generar conexiones fuera de las redes sociales. Aunque los hombres de la machosfera no compiten necesariamente unos con otros, los debates suelen centrarse fundamentalmente en cómo mejorar su vida individual, aislados unos de otros. Las amistades con las mujeres no se consideran una opción, pues la mayoría prefiere vivir en su guarida de macho rodeado de sus molones equipos. La comunidad es en sí misma y por sí misma un bien de consumo.

Todo esto forma parte de una tendencia creciente en la que la vida íntima, las emociones, el cuidado y las relaciones sociales se fusionan con las necesidades del capital privado (Illouz, 2013; Dobson *et al.,* 2018), un proceso que es especialmente obvio en las plataformas de medios digitales. Como explican Dobson *et al.* (2018: 19), «incluso las relaciones excesivamente *queer,* las expresiones de amor y cuidado excesivas, la "sobreexposición" excesivamente mundana, la violencia y los discursos de odio que pudieran provocar que otras personas usuarias de la red se enfadaran, se sintieran incómodas o se plantearan darse de baja, son productivas bajo el capitalismo digital, porque como mínimo ayudan a entrenar a los algoritmos, enseñándoles qué y quién se engancha y se desengancha y de qué *feeds»*.

Vale la pena, aunque sea por un minuto, abordar el papel de las empresas de redes sociales en este proceso. Como ya he comentado, las redes sociales, donde se produce la mayor parte de la actividad de la machosfera, se venden como lugares en los que es posible volver a crear comunidades y restablecer conexiones. Una de las estrategias que utilizan para vender esta idea consiste en ceder el poder a los individuos para que creen su contenido y ejerzan su influencia sobre él. Las empresas de redes sociales venden sus espacios diciendo que en ellos los individuos no son solo consumidores sino también productores, o lo que los y las expertas llaman ahora «prosumidores» (Tapscott y Williams, 2006; Van Dijck, 2009; Elkin-Koren, 2010; Fisher, 2010; Gillespie, 2010; Carah, 2014). Hay algo de verdad en esto, pues si acudimos a las plataformas de redes sociales podemos comprobar que todo su contenido ha sido producido por quienes las utilizan. Sin este contenido, la plataforma no existiría. Por consiguiente, a todos nos venden la moto de que en las redes sociales podemos controlar la creación de contenido (Van Dijck, 2009) y, en algunos casos, incluso la arquitectura (Helmond, 2015; Carah, 2020) y la cultura de una plataforma (Massanari, 2015).

Algunos expertos sostienen que esto significa que las plataformas de redes sociales reducen la alienación de las personas (véanse Fisher, 2012; Rey, 2012). Defienden además que las redes sociales brindan a la gente la posibilidad de compartir su propio contenido y de crear sus propias comunidades según les plazca. Si los hombres de la machosfera quieren crear una comunidad a través de las redes sociales, solo tienen que plantearse cómo hacerlo.

El problema es que, en realidad, la cosa no funciona así. Mientras que todo el contenido de las plataformas de redes sociales lo crean personas usuarias individuales, ninguna de ellas tiene el control sobre cómo se utiliza o se difunde ese contenido. Por el contrario, nuestro contenido se canaliza hacia la rentabilidad y la funcionalidad de la empresa (Chia, 2012). Las empresas de redes sociales lo hacen recuperando el control sobre nuestro contenido una vez que lo hemos publicado *online*. El contenido, y en particular quién lo puede ver y cómo se puede ver, pasa a ser conformado y modificado por algoritmos desarrollados por las empresas de redes sociales, no por quienes lo crean originalmente. Al final, lo que esto significa es que cierta parte del contenido se llega a ver, pero la mayor parte no.

Aquí radica el problema, no solo para los hombres de la machosfera, sino para quienes cada vez contamos más con las redes sociales para crear nuestras comunidades. Las empresas de redes sociales no tienen ningún interés real en crear comunidad, a pesar de lo que dicen. Los beneficios de las redes sociales se guían por la «atención»: cuanto más tiempo estás en una página web, más probable es que veas anuncios, que son la columna vertebral de su modelo de financiación. La atención, al menos para las mentes pensantes de las plataformas de redes sociales, se mantiene no en largas conversaciones, sino por la constante renovación del contenido. De este modo, aunque una persona acuda a plataformas como Facebook, Reddit, YouTube o Twitter en busca de una comunidad de la machosfera, los algoritmos la inducen a saltar de un post a otro. Te incitan a que des una respuesta rápida y sigas moviéndote, a que no te quedes en un lugar creando vínculos profundos, que son susceptibles de conducir a un compromiso en la vida real, lo que significa que los individuos pasan menos tiempo *online*.

Mark Andrejevic (2011), catedrático de Estudios de Medios, lo explica con un ejemplo de Facebook. Dice que, aunque algunas personas defienden que Facebook está frenando el declive de la comunidad en el capitalismo moderno (por ejemplo, Miller, 2011), este sentido de comunidad «es extremadamente maleable y está conformado tanto por los caprichos de los desarrolladores como por las "tradiciones" en rápida evolución del nosotros». Aunque la plataforma recupera cierto concepto de comunidad, le añade «algunos elementos de imprevisibilidad propios de una atracción de feria»:

> De un día para otro, la capacidad de comunicarse con los demás se transforma radicalmente según el capricho de unos ingenieros en la sombra. Un día, tus amigos quieren visitar tu página para ver lo que has publicado; al día siguiente, cualquier cosa que publiques «sale» en sus nuevos *feeds*. Es como si hubiera alguien moviendo los hilos de unas marionetas, cambiando las reglas de nuestras interacciones según están ocurriendo; un día nuestras voces funcionan de una manera y, al día siguiente, de otra bien diferente (Andrejevic, 2011: 280).

Esto pude comprobarlo claramente en el análisis de datos que realicé para mi tesis, que constituye la base de este libro (Copland, 2022). Sin entrar aquí en excesivo detalle, diré que examiné los hilos de conversaciones de la machosfera en la plataforma Reddit. Descubrí dos cosas evidentes. La primera es esta: si bien hay un montón de contenido profundamente íntimo en la machosfera, a menudo el algoritmo lo relega a posiciones inferiores. Mientras que a los memes divertidos se les presta mucha atención, a los posts muy emocionales y expresivos, que a menudo incluyen notas de suicidio, no tanta. Esto se debe a que no son el tipo de contenido que puede provocar una implicación rápida, que es lo que llama la atención en la plataforma. Y la segunda: realmente no se crean vínculos sociales sólidos en la comunidad. Por el contrario, si

178

participas todos los días, es muy probable que estés contestando a personas diferentes cada día. Y estas respuestas no suelen ser una auténtica conversación; de hecho, las conversaciones de ida y vuelta son muy excepcionales. La machosfera crea un «sentido» de comunidad, pero no el tipo de comunidad en la que los individuos pueden hacerse amigos íntimos. Aunque la comunidad es importante para los hombres de la machosfera, eso no es lo que ofrece. En cambio, se nos proporciona la red, un sucedáneo de comunidad que consiste más en ayudar al capitalismo que en hacer amigos de verdad. Esta red hace bien poco por la comunidad y, como veremos en el siguiente capítulo, es probable que suma todavía más profundamente a los hombres en su desesperación.

A esto me refiero cuando digo que la machosfera es un espacio de optimismo cruel. Promete a los hombres que puede mejorar sus vidas. Basta con seguir las reglas y las ideas de autoayuda y todo irá bien. Pero en realidad no es capaz de cumplir. Las promesas que hace no son reales, y en muchos casos empeoran las cosas. A pesar de ello, debido a las constantes promesas, los hombres siguen enganchados —esfuérzate un poco más, sé un poco más masculino, haz el siguiente contacto— porque tal vez, pronto, todo irá mejor. Así funciona el optimismo cruel: siempre promete pero nunca cumple.

Capítulo 5

Nihilismo y violencia

Primero vinieron la enfermedad mental, el autismo y la condena social al ostracismo, de joven. Luego vino la soledad. Luego vinieron los fracasos recurrentes buscando el éxito social. Luego los fracasos recurrentes con la intimidad y los rechazos reiterados. Luego vino la sensación de ser una persona indeseada e incompetente. Luego vino la depresión. Luego vino más enfermedad mental. Luego vino la desesperación. Ahora estoy tratando de aceptar que soy un perdedor, pero me parece imposible.

En este post de un foro *incel,* un usuario describe su descenso a la sima de la desesperación. El post es sumamente triste, e investigando la comunidad hallé muchas publicaciones similares a esta. Muchos hombres de la machosfera expresan un profundo sentido de alienación del mundo, pues piensan que sus problemas son totalmente irremediables. En este post el hombre trata de aceptar que es un perdedor, pero incluso en eso fracasa; ese fracaso se convierte en la confesión final de su incapacidad para estar a la altura de las expectativas que tiene para sí mismo. En la machosfera, estos sentimientos a menudo se reciben con compasión y con un asentimiento cómplice: un reconocimiento de que muchos hombres se sienten igual. Los posts de este tipo se vuelven representativos de un sentimiento colectivo de desesperación.

En el presente libro, he estado recomponiendo el puzle de la machosfera, en la que las quejas, la identidad y la comunidad son elementos nucleares que explican por qué los individuos acuden a ella y se mantienen fielmente. Ahora llegamos a la última pieza del puzle, y posiblemente la que mayor reto plantea. En este capítulo, me pregunto por qué algunos hombres de la machosfera cometen actos violentos, ya sea *online,* contra sí mismos o perpetrando masacres. Para contestar a esta pregunta, sostengo que es preciso que comprendamos una pieza final del puzle: la ira, la desesperación y, lo que es más importante, el nihilismo que subyacen tras esta comunidad. La machosfera existe en un mundo nihilista en el que los valores han perdido toda relevancia y en el que acciones como los ataques terroristas callejeros son, para algunos, la única solución a la queja. La machosfera es muy eficaz a la hora de atraer a hombres que tienen estos sentimientos nihilistas, al margen de que la comunidad también los fomenta, provocando que algunos de sus integrantes tengan la sensación de que la violencia es una salida razonable y realista para sus quejas.

Conviene señalar que este capítulo diverge en gran parte del debate actual sobre la violencia en la machosfera, o al menos lo analiza a fondo. El debate tal como se plantea en este momento achaca la violencia en gran medida a la masculinidad tóxica o hegemónica. Los hombres practican la violencia porque nuestra cultura les enseña que esa es la forma de expresar su verdadera esencia masculina. Por supuesto, hay parte de verdad en esto. Sin embargo, yo sostengo que va mucho más allá. Aunque la cultura masculina desempeña un papel, los actos de violencia también son una respuesta a los fracasos de la queja, que alienta un sentimiento de nihilismo en la machosfera. Al igual que David Harvey en su excelente texto «Universal alienation» (2018: 429], sostengo que la machosfera está copiando las respuestas típicas de muchas personas a su «alienación crónica». Harvey dice que estas respuestas pueden consistir bien en «permanecer pasivos, resentidos, taciturnos y deprimidos (cayendo en las drogas y el alcohol)», bien en «ocasionalmente tener brotes de rabia, frustración y furia». Esto es exactamente lo que vemos en la machosfera.

Como probablemente observarás, este capítulo trata principalmente del nihilismo: qué es, cómo se origina y cómo se expresa en la machosfera. Empezaremos por una breve historia del término y explicaremos por qué se ha convertido en una creencia destacada en el siglo XXI. A continuación pasaré a analizar la machosfera como comunidad nihilista. Los hombres de la machosfera expresan su nihilismo a través de la furia o la depresión. Como pondré de manifiesto, ambas tienen consecuencias potencialmente violentas, y la queja no les basta a algunos hombres para hacer frente a los agravios que según ellos les inflige la sociedad.

MASCULINIDAD Y NIHILISMO EN EL SIGLO XXI

Los hombres y las mujeres que se dedican a la investigación y a la política suelen buscar en la masculinidad hegemónica y tóxica la explicación de por qué los individuos se adhieren a grupos extremistas y participan en comportamientos violentos (Roose et al., 2022). Fíjate en cualquier forma de violencia cometida por cualquier hombre hoy en día y probablemente encontrarás un artículo que la achaca a la masculinidad tóxica. Y hay parte de verdad en ello. La investigación, en la que he estado muy implicado, revela, por ejemplo, que los grupos extremistas a ambos lados del espectro político y religioso adoptan conceptos extraordinariamente parecidos de «lo que significa ser hombre» (Roose et al., 2022). Estos grupos, ya sean de blancos supremacistas o de yihadistas, idealizan a los hombres como guerreros, protectores y proveedores (Roose *et al.*, 2022). Como grupos, fomentan la difusión de estas ideas sobre la masculinidad entre sus nuevos adeptos, que a menudo pueden sentirse perdidos. Unirse a un grupo extremista confiere a un varón un sentido de respeto y de reconocimiento y una razón de ser en su vida (Kimmel, 2017; Roose, 2016; Roose *et al.*, 2022). La masculinidad hegemónica puede constituir un valioso prisma a través del cual comprender los movimientos extremistas modernos, así como la epidemia de violencia masculina, especialmente dirigida contra las mujeres. Sin embargo, la masculinidad no es capaz de explicar la violencia en y por sí misma. Para conseguir este reconocimiento masculino, los hombres han de empezar por tener alguna sensación de pérdida o de desconexión del mundo, lo suficientemente intensa como para cometer los actos más violentos posibles. Como ahora pasaré a explorar, la violencia masculina, en concreto tal como se manifiesta en la machosfera, también está profundamente vinculada a una creciente sensación de nihilismo en el siglo XXI. Este nihilismo fomenta la idea de que, para quienes han perdido la fe, la violencia es la única solución.

El nihilismo es una crisis de fe (Silvestri, 2021: 361). El concepto, surgido a finales del siglo XIX y en el siglo XX como religión, empezó a verse sustituido por las explicaciones humanistas del mundo (Novak, 1995: 2). Nietzsche (1914: 113), uno de los teóricos clave del nihilismo, describe esta crisis de fe como algo que surge de «un momento de la más profunda autorreflexión del hombre». El nihilismo es un síntoma de malestar cultural, un malestar que inicialmente empezó debido a una disminución de la religiosidad. En aquellas primeras manifestaciones del nihilismo, la crisis de fe se expresaba como la incapacidad de aceptar el mundo tal como es, «molestos con el hecho de que el mundo carezca de objetivo, de unidad o de significado» (Diken, 2009: 15). Esto es lo que Diken denomina el «nihilismo negativo», que implica unos «intentos escapistas de llegar a soportar la ausencia de significado, el caos del mundo, y ello tratando de dotarlo de significado al imponerle una totalidad ilusoria». Como afirma humorísticamente Silvestri (2021: 361), «a la manera propia de un milenial hípster, una vieja idea ha vuelto a ponerse de moda». Mientras que el análisis del nihilismo por parte de Nietzsche se basaba en la muerte de Dios, el sentimiento nihilista del siglo XXI ha seguido otros derroteros (Brown, 2019; Silvestri, 2021). El nihilismo es hoy en día la pérdida de fe en los sistemas que sustituyeron a Dios, ya sea el fracaso del sueño americano (Berlant, 2011) o, como he expuesto a lo largo de este libro, los problemas con las normas vigentes que rigen las relaciones o el amor (también profundamente vinculadas al sueño americano; Halle, 1991). El nihilismo procede de una creciente convicción, a menudo cierta, de que los individuos y las comunidades no son capaces de estar a la altura de las promesas de estos sueños (Brown, 2019). El nihilismo del siglo XXI es el resultado de los crecientes fracasos del capitalismo a la hora de cumplir las promesas que ha hecho a millones, cuando no a miles de millones, de personas.

Este cuestionamiento de la fe se produce en toda la machosfera. Los hombres de la machosfera suelen poner en tela de juicio y trivializar los sistemas que supuestamente subyacen tras todos nuestros sueños modernos. Así por ejemplo, en un foro, un hombre dice: «El sueño americano es la pesadilla de todo hombre». El post enumera todos los problemas que sufren muchos hombres de la machosfera por culpa de la supuesta promesa que hace este sueño:

El sueño americano de hoy en día:

— Emparejarte con una chica que haya estado más veces por tu calle que la furgoneta de los helados.
— Casa, hipoteca, coches y niños que ni siquiera puedes pensar en permitirte.

— Semanas de 60 horas laborales con poco tiempo para dormir. Eternamente agotado.

— Con tanta presión económica y marital, acabas convirtiéndote en el tío más servil y sumiso de tu trabajo. Esto, por supuesto, genera problemas con tus compañeros.

— Totalmente sometido a tu empleador y a tu mujer. Tus opciones es como si no existieran.

— Problemas de corazón desde que pasas de los cuarenta porque siempre estás estresado y no tienes tiempo de dormir, de hacer ejercicio ni de comer correctamente.

— Tu mujer se divorcia y te deja por otro hombre, llevándose (como poco) la mitad de tus bienes.

— Te das cuenta de que te has convertido en una masa amorfa de hombre, que te has quedado solo, con una gran deuda y mala salud. Es como si los años, incluso las décadas, se hubieran ido por el váter.

¿Pero qué demonios ha ocurrido con nuestro género, joder? ¿Todo esto para uno o dos polvos por obligación a la semana, si *tienes suerte?* ¡Pero qué cojones, la verdad!

Así expresado, y aun reconociendo que mucho de esto es bastante sexista, es difícil culparles por no querer participar en este supuesto «sueño». El sueño americano ha perdido su atractivo y ha pasado a convertirse en una pesadilla. El cuestionamiento de las estructuras modernas se hace extensivo también precisamente a aquello que los hombres de la machosfera suelen decir que anhelan desesperadamente: el sexo y el amor. Un post titulado «Is sex overrated?» [«¿Está sobrevalorado el sexo?»] publicado en una comunidad MGTOW es un buen ejemplo de ello:

Estaba con esa chica en el asiento de atrás de mi coche. Me estaba haciendo una mamada y mientras ella estaba ahí dale que te pego yo no dejaba de preguntarme «¿pero por qué tanta historia con esto?» […] qué hace a esto tan importante como para que la mayoría de los hombres estén dispuestos a sacrificarlo todo por unos instantes de placer. Por qué hemos convertido esta cosa en el nuevo Dios de nuestra vida, y estamos dispuestos a regalarle cosas, dinero y tiempo y todo lo demás a una chica para que nos deje meternos en su interior durante unos minutos.

Como plantea Nietzsche (1968: 29), la base del nihilismo es una convicción fundamental: *no vale la pena*. Es precisamente lo que subraya este hombre, que cuestiona que el sexo sea algo tan estupendo como dicen. ¿Valen la pena la energía, la emoción, el dolor y el sufrimiento solo para estar «en su interior durante unos minutos»? El usuario equipara la importancia que se le da al sexo con una obsesión por Dios, y, del mismo modo que muchos han cuestionado la fe en Dios, él cuestiona la fe en el sexo y en el amor. Aunque no son solo los hombres los que se están haciendo esta pregunta. En una publicación en el subreddit r/AskWomen, por ejemplo (Cosmopolitan, 2020), alguien le pregunta a las mujeres solteras: «¿Cómo superaste tu insatisfacción por estar soltera?». Aunque algunas personas afirman sentirse insatisfechas por estar solteras, otras dicen lo contrario y sostienen que el sexo y las relaciones no son el principio y el fin de todo. Como dice una mujer: «Yo no estoy insatisfecha, me gusta estar soltera». Esto revela un amplio cuestionamiento de la fe que tenemos en las relaciones heteronormativas: tal vez no sean todo lo estupendas que se supone que deberían ser.

La gente expresa sus sensaciones nihilistas fundamentalmente de dos maneras, que la teoría describe como nihilismo pasivo y nihilismo radical (Diken, 2009). Estas dos maneras de expresar las ideas nihilistas pueden ser complementarias y a veces contradictorias. Nietzsche (1968: 318) describe estos dos enfoques en la definición bastante enrevesada que ofrece del nihilismo, en el sentido de que «nihilista es un hombre que cree que el mundo tal como es *no* debería existir y que el mundo como debería ser no existe». Desmenucemos esta frase. En la primera parte de la definición, Nietzsche está hablando de un «nihilista radical», una persona que tiene un conjunto muy sólido de valores pero que cree que el mundo nunca aceptaría los valores por los que siente apego. Por consiguiente, esta persona pasará a estar marginada. La segunda parte de la definición describe a un «nihilista pasivo», una persona que cree que tanto ella como el propio mundo carecen de valores (Diken, 2009). Estas personas contemplan el mundo y no ven nada digno de merecer su interés.

Ambas versiones del nihilismo están presentes en la machosfera. Algunos de sus integrantes expresan su nihilismo radical a través de la ira, la furia y la desorientación, mientras que otros expresan el nihilismo pasivo a través de la tristeza, la desesperación y la ideación suicida. A continuación exploraré ambas tendencias, considerando el «nihilismo radical» como directamente vinculado a la violencia que los hombres ejercen contra las mujeres, y el «nihilismo pasivo», como directamente vinculado a la violencia que se infligen a sí mismos.

IRA, NIHILISMO RADICAL Y VIOLENCIA CONTRA LAS MUJERES

En mayo de 2014, Eliot Rodger, que se tenía a sí mismo por un *incel,* mató a seis personas e hirió a otras catorce en un ataque misógino en Isla Vista, California.

Roger inició su matanza acuchillando a muerte en su apartamento a tres hombres, a los que asesinó uno tras otro conforme iban llegando. Unas tres horas más tarde, condujo hasta una residencia de chicas de la Universidad de California en Santa Bárbara y, como no consiguió entrar, disparó a tres mujeres, dos de las cuales murieron. Luego condujo brevemente hasta un establecimiento de comida preparada y disparó a un estudiante. Rodger terminó su carnicería conduciendo por Isla Vista mientras pegaba tiros y hería a varios transeúntes desde su coche. También embistió con el coche a varios más. Tras un fuego cruzado con la policía, estampó su vehículo contra otro que estaba aparcado, se pegó un tiro y se mató. Antes de cometer esta masacre, Rodger dejó *online* un detallado manifiesto en el que explicaba, con sus propias palabras, por qué iba a hacer lo que hizo. El manifiesto no es una declaración política, sino más bien la historia de su vida, en la que explica por qué creía que había llegado a sentir una furia tan violenta. Es el texto de un nihilista radical, y puede aportar valiosa información sobre el proceso mental de alguien que ha llevado el acto de la queja al siguiente nivel.

Más adelante examinaré el comunicado de Rodger en cuanto texto nihilista radical, pues creo que ayuda a explicar la mentalidad que conduce a semejante violencia. Pero haré un par de advertencias antes de empezar. En primer lugar, me tomo todas las declaraciones de Rodger con cierta reserva. El hecho de que algo haya sido escrito y publicado *online* no significa que sea cierto, aunque algunos detalles de su historia sí han sido verificados. En cualquier caso, sin embargo, las palabras permiten asomarnos a su mentalidad y a su propia explicación del arrebato de violencia y por tanto vale la pena analizarlas, aun con un sano escepticismo. En segundo lugar, es preciso reiterar que explicación no equivale a justificación. No hay justificación para los actos cometidos por Rodger, y no estoy pretendiendo disculparlo por lo que hizo. Pero, aun con mi primera advertencia en mente, analizando el manifiesto comprobamos las condiciones ideológicas, sociales y estructurales que inducen a algunos hombres de la machosfera a convertir su queja en violencia.

Analizo y comparto las palabras de Rodger con cautela. Tras arrebatos violentos parecidos, muchas personas han pedido, y con razón, que no se compartan los comunicados y las publicaciones de los autores en redes sociales por miedo a que puedan inspirar a otra gente. Comparto material del manifiesto exclusivamente en el contexto del análisis: lo utilizo para comprender, explicar y tratar de frenar hechos de este tipo en el futuro. Recomendaría a otras personas que se abstuvieran de leer el manifiesto por su cuenta y desde luego de compartir las palabras fuera de contexto.

El manifiesto de Rodger comienza —lo que no ha de sorprender— con una diatriba sobre su vida y el mundo en la que se queja sobre todo de las mujeres. Dice lo siguiente:

> Humanidad [...]. Todo mi sufrimiento en este mundo lo ha causado la humanidad, sobre todo las mujeres. Me ha hecho darme cuenta de lo brutal y retorcida que es la humanidad como especie. Lo único que siempre quise fue encajar y tener una vida feliz en el seno de la humanidad, pero fui expulsado y rechazado y me vi obligado a soportar una existencia de soledad e insignificancia, y todo porque las hembras de la especie humana fueron incapaces de darse cuenta de lo que yo valía.

Desde el principio advertimos unas quejas muy parecidas a las de otros hombres por toda la machosfera. Rodger expresa una profunda sensación de alienación y de desconexión de la humanidad, que achaca fundamentalmente a «las hembras de la especie humana». Pero, como hemos podido comprobar por sus actos, lleva su alienación y desesperación mucho más lejos.

El manifiesto de Rodger es ante todo una historia detallada de su vida, que califica de «oscura historia de tristeza, ira y odio [...] es la historia de una guerra contra la cruel injusticia». Rodger había nacido en el Reino Unido, hijo de Peter Rodger, cineasta de origen británico (famoso por haber sido ayudante de dirección de la película *Los juegos del hambre),* y de Lichin «Chin» Rodger, una mujer china de Malasia que ejercía de enfermera en producciones cinematográficas. Lichin Rodger era amiga de las eminencias del mundo del cine Steven Spielberg y George Lucas, e incluso salió durante un breve periodo con este último. Rodger creció en el seno de una familia acomodada. Describe una infancia feliz durante la cual cursó estudios en buenas escuelas privadas, viajaba regularmente y disfrutaba con los viajes y viendo películas con sus padres. Esta no es la historia de alguien que tiene dificultades económicas. Sin embargo, como comenta Jeff Yang (2014), «a medida que fue creciendo, se fue dando cuenta de que sentía resentimiento y rabia hacia las cosas que veía pero a las que no tenía acceso». Como comenta Yang:

La rabia asesina de Rodger estaba arraigada en un obsesivo odio hacia sí mismo, nacido de su convicción de que tenía derecho a un triplete de privilegios pero se le impedía acceder a ellos: raza, clase y género. Consideraba que no era lo bastante blanco, ni lo bastante rico ni lo bastante «masculino», en el sentido tóxico y testosterónico con que el término se define en nuestra sociedad.

Con lacerante detalle a lo largo de más de 140 páginas, Rodger detalla cada etapa de su vida, haciendo especial hincapié en los menosprecios a su persona de que había sido víctima. Todos ellos están teñidos de resentimiento, la creencia de que eran cosas que le habían prometido pero que él no podía conseguir porque no estaba a la altura. Las quejas suelen centrarse en sus rasgos físicos, marcados por su mestizaje. Empiezan de una forma por así decirlo suave, cuando Rodger dice que siente que no pertenecía al grupo de los chicos guais del colegio. Así, por ejemplo, escribe:

En el colegio, siempre había «chicos guais» que daban la sensación de ser más admirables que todos los demás, y me di cuenta, no sin horror, de que yo no era «guay» en absoluto. Llevaba un corte de pelo absurdo, una ropa normal y nada estilosa y además era tímido y no caía demasiado bien.

Según va haciéndose mayor, sin embargo, estas quejas suaves se vuelven más duras y comienzan a dirigirse contra quienes le rodean en forma de odio. Algunos nihilistas se adueñan de esos sentimientos y los vuelven con violencia contra sí mismos. Pero no es el caso de Rodger, que asegura que el problema no son sus valores, sino el resto del mundo (Reginster, 2006: 34; Diken, 2009). La culpa la tiene el resto del mundo. Rodger expresa su odio hacia dos grupos: las mujeres y los hombres racializados, que en su opinión tienen más «éxito» que él, especialmente en lo referente al sexo. A medida que Rodger se hace mayor, se obsesiona cada vez más con el sexo, que estima fundamental tanto para su felicidad como para su identidad. El sexo es la única manera que tiene de alcanzar una vida mejor, pero se le niega debido a los valores de la sociedad moderna, que rechaza su aspecto físico.

En la parte sexta del manifiesto, que titula «final de la partida», se produce un punto de inflexión. Rodger se traslada a Isla Vista para ir a la universidad, en parte porque sabe que es un lugar sexualmente activo. Lo cuenta así:

> El traslado a Santa Bárbara fue en realidad una oportunidad que yo le estaba dando al mundo, ¡y no al revés! Le estaba dando al mundo una última oportunidad de ofrecerme la vida a la que sé que tengo derecho, la vida que otros chicos son capaces de vivir fácilmente. Si sigo teniendo que vivir el mismo rechazo y las mismas injusticias aun después de haberme mudado a Santa Bárbara, eso será la gota que colme el vaso. Me tomaré mi venganza.

Inmediatamente se siente alienado y aislado debido a la actividad sexual de otros estudiantes. En apariencia, su rabia procede de su incapacidad para encontrar a una chica que quiera acostarse con él. Pero a un nivel más profundo, es una rabia contra la cultura imperante: rechaza precisamente aquello de lo que quiere ser partícipe. Rodger expresa esto justo al final de su manifiesto, cuando dice que «el sexo es con diferencia el concepto más perverso de la existencia. El hecho de que la vida misma exista a través del sexo pone simplemente de manifiesto que la vida es imperfecta». Por ende, considera que cualquier persona que tiene relaciones sexuales es también perversa. En un ejemplo particularmente repugnante que vale la pena citar completo (pero léelo con cautela), despotrica contra un estudiante afroamericano de su curso al que sus compañeros de piso invitan con frecuencia a unirse a ellos. Dice lo siguiente:

> Mis dos compañeros de piso eran majos, pero siempre invitaban a un amigo suyo llamado Chance. Era un chico negro que venía todo el tiempo, y yo odiaba su actitud engreída. Inevitablemente ocurrió un incidente asqueroso entre él y yo. Yo estaba comiendo en la cocina y él se presentó y se puso a alardear de su éxito con las chicas. No pude soportarlo y me puse a preguntarles a todos si eran vírgenes. Todos me miraron sorprendidos y me dijeron que hacía tiempo que habían perdido la virginidad. Me sentí tremendamente inferior, pues me hizo pensar en lo mucho que me había perdido en la vida. Y luego ese chico negro llamado Chance dijo que había perdido la virginidad cuando apenas contaba trece años de edad. Además, dijo que la chica con la que lo había hecho era blanca y rubia. Estaba tan furioso que casi le tiré el zumo de naranja a la cara. Le dije indignado que no le creía y me fui a mi habitación a llorar. Lloré y lloré y lloré, y luego llamé a mi madre y lloré por teléfono.
> ¿Cómo era posible que un chico negro, feo e inferior consiguiera ligar con una chica blanca y yo no? Yo soy guapo, soy medio blanco de hecho. Desciendo de la aristocracia británica. Él desciende de esclavos. Yo lo merezco más. Traté de no creer sus repugnantes palabras, pero ya las había pronunciado y era difícil borrarlas de mi mente. Si eso es cierto, si ese asqueroso y feo negro había sido capaz de tener relaciones sexuales con una chica blanca rubia a los trece años de edad, cuando yo he tenido que sufrir toda la

vida por culpa de mi virginidad, esto no hace más que demostrar lo ridículo que es el género femenino. ¿Se entregan a esa escoria mugrienta y me rechazan a MÍ? ¡Qué injusticia!

Esto es nihilismo radical intenso, misógino y racista. Rodger no se culpa a sí mismo ni a sus actos por ningún aspecto de este rechazo, sino a quienes tiene a su alrededor. A otros hombres, especialmente a los afroamericanos, los considera «escoria mugrienta», y le indigna que aun así las mujeres se sientan atraídas por ellos. Por consiguiente, las mujeres tienen que ser repugnantes por naturaleza; hay algo de ellas, y de sus valores, que él en esencia odia.

Seamos claros: esto, en líneas generales, no está a años luz de la ideología de la machosfera. Ya he ofrecido un montón de ejemplos que reflejan creencias igualmente violentas y sexistas expresadas por hombres de la machosfera. Estas actitudes misóginas se suelen fundamentar en la creencia de que los hombres de la machosfera tienen un conjunto superior de valores que el mundo jamás comprenderá. Este tipo de nihilismo radical viene fomentado por la filosofía de la píldora roja, que no representa una mera ideología política, sino un conjunto de valores que uno asume de manera activa. Los individuos comentan el hecho de «tomar la píldora roja», un proceso que supone superar una barrera hacia un mundo más iluminado, aunque más feo (Ging, 2017; Bratich, 2024). Luego expresan la convicción de que el mundo no está alineado con este sistema de valores y nunca lo estará. Al igual que los públicos íntimos de la queja femenina, en la machosfera los hombres expresan la creencia de que «emocionalmente ya han alcanzado ese estado» y de que solo cuando el mundo llegue a alinearse con ellos tendrán la posibilidad de ser «transformados en una versión más valiosa de lo que ya son» (Berlant, 2008: 143). Rodger no cuestiona sus propios valores, como tampoco lo hacen otros hombres de la machosfera. No se plantea que puedan ser su actitud o su enfoque los que provoquen su rechazo. Es el resto del mundo el que está equivocado.

Al crear su propio conjunto de valores, como la píldora roja, los nihilistas radicales acaban cuestionando ideas que son fundamentales para la sociedad. El nihilismo radical no representa el fin de los valores, sino que crea un mundo en el que se ponen en tela de juicio, se retan y se descartan los sistemas de valores que consideramos fundamentales para nuestra sociedad (Nietzsche, 1968: 9). Como sostiene Wendy Brown (2019: 161), «estos valores, que incluyen las virtudes cristianas y la democracia, la igualdad, la verdad, la razón y la responsabilidad, no se desvanecen al perder sus cimientos, pero se vuelven fungibles y triviales, superficiales y fáciles de instrumentalizar». El nihilismo representa dos procesos: el cuestionamiento de los valores modernos y su trivialización, y todo ello se produce a través de un intento de eludir la falta de sentido y el caos que perciben en el mundo. Esto, según Brown (2019: 162), queda de manifiesto cuando un discurso de Martin Luther King Jr. sobre el valor de servir a los demás se utiliza para anunciar vehículos Dodge o cuando sale a la luz que miembros de la Iglesia católica han abusado sexualmente de miles de personas y sus superiores se ponen de perfil. Estos hechos «producen no conmoción, sino una mueca cómplice, el sello del nihilismo» (Brown, 2019: 162).

Tal vez el mejor ejemplo de esta «devaluación» de los valores fuera la campaña presidencial de Donald Trump. Durante su campaña y su presidencia, Trump se burló abiertamente de lo que en otras épocas se han considerado los «valores» de un candidato presidencial, cosechando con ello un gran éxito. Trump incluso llegó a darse cuenta de ello y en un momento dado afirmó: «Yo podría […] pegarle un tiro a alguien y aun así no perdería a ningún votante» (cit. en Dwyer, 2016). Los hombres de la machosfera también cuestionan muchos de nuestros valores sociales imperantes, y a menudo la emprenden contra los derechos de las mujeres. Suelen sostener que a las mujeres no se les debería permitir votar. Así, por ejemplo, un post en un foro píldora roja afirma que «el sufragio femenino es lo peor que le ha pasado a la civilización occidental». En un ejemplo todavía más odioso, muchos hombres de la machosfera creen que habría que volver a legalizar la violación. En un artículo titulado «How to Stop Rape», RooshV, el famoso «artista del ligue», propone una solución sencilla para acabar con la violación: legalizarla. En palabras suyas: «He reflexionado sobre este problema y estoy seguro de que tengo la solución: legalizar la violación siempre que se practique en una propiedad privada. Propongo que hagamos que la posesión violenta de una mujer no sea punible por ley cuando se lleve a cabo fuera del espacio público». Los valores a los que se están oponiendo estos hombres son relativamente recientes en la sociedad occidental. Sin embargo, han sido ampliamente refrendados, y los hombres de la machosfera están desafiando los límites de lo que normalmente es aceptable en el debate político.

No estoy afirmando que cuestionar los valores dominantes sea en sí mismo nada malo. Considero que muchos de nuestros valores modernos deberían ser puestos en tela de juicio, pues han creado un mundo profundamente desigual y violento. Basta con pensar en la misión de la hombría, que ha generado una cultura violenta, y en la actual cultura ornamental, que está fomentando el individualismo y un profundo malestar social. Ambos deberían cuestionarse y desafiarse. Sin embargo, el nihilista radical no sustituye estos valores por algo mejor; más bien lo rechaza todo. Cuando nada importa, nada tiene consecuencias, ni siquiera la violencia. El nihilismo radical libera un poder de resentimiento en el que, al no ver valor en la política y escaso potencial para lograr la adhesión de otros, los hombres de la machosfera no tratan de convencer a otros, sino que buscan más bien su destrucción. La destrucción es la salida que encuentran a la gestión de su queja. Esto lo expresa Rodger, que explica que su constante sensación de alienación desembocó en resentimiento, rabia y rencor. Cuestionar todos los valores es lo único que le queda. Dice lo siguiente:

> No tenía otro motivo para vivir más que la venganza. Las mujeres deben ser castigadas por sus crímenes al rechazar a caballeros tan magníficos como yo. Todos estos chicos tan populares deben ser castigados por gozar de vidas de ensueño y por tener sexo con todas las chicas mientras yo tuve que sufrir en solitaria virginidad.

Luego sigue explicando que en aquel momento llevaba dos años viviendo en Santa Bárbara y seguía siendo virgen. «Ninguna de las hermosas chicas rubias mostró ningún interés por acostarse conmigo. Ni una sola». Y prosigue:

> Estos crímenes no pueden quedar impunes. Cuanto más pienso en todas estas injusticias que se han cometido conmigo, más me anima el espíritu de venganza. Es lo único que me queda.

Elliot Rodger sentía que la venganza era lo único que le quedaba.

La venganza es una respuesta habitual por parte de los nihilistas y se ha convertido en un elemento central de la política de la extrema derecha. La venganza fue por ejemplo fundamental en la primera campaña presidencial de Donald Trump, pues, al parecer, solo se presentó como candidato después de sentirse agraviado por las bromas que de él hizo Barack Obama. Trump buscaba la «venganza sin fin porque no hay otra opción» (Brown, 2019: 178). Esta venganza a menudo va dirigida contra quienes según los nihilistas son los vencedores actuales en la sociedad. Por lo tanto, para muchos seguidores de Trump, no importaba qué políticas fuera a llevar a cabo, «solo que se opone a quienes considera responsables de su sufrimiento» (Brown, 2019: 179).

No obstante, estos actos de venganza no consisten solo en la expresión de la pura furia. A través de la venganza y la furia, el nihilista radical cree que hay un intento de crear algo diferente. La venganza es la manera que le permite expresar sus propios valores y, posiblemente, obligar al mundo a cambiar. Rodger termina su manifiesto de la siguiente manera, esbozando una visión del mundo:

> En un mundo ideal, la sexualidad no existiría. Debe ser prohibida por ley. En un mundo sin relaciones sexuales, la humanidad será pura y civilizada. Los hombres crecerán sanos, sin tener que preocuparse por un acto tan bárbaro.

Expresando estos valores, Rodger manifiesta tener cierto interés por el futuro del mundo. Sin embargo, paradójicamente, por su convicción de que nadie más se alineará jamás con su sistema de valores, su nihilismo se manifiesta en forma de fanatismo (Colas, 1997: 5-6; Diken, 2009: 28): un intento por devaluar a la sociedad en su conjunto (Diken, 2009). La única opción que queda es tratar de utilizar la fuerza y el poder para hacer que el mundo encaje con sus ideales. Como explica Diken (2009: 28): «Si los valores supremos no consiguen hallar un lugar en este mundo, uno puede destruirlo sin más». Así es como Rodger acaba describiendo su masacre:

> Es una verdadera lástima que mi mundo ideal no pueda ser creado. Me di cuenta hace mucho tiempo de que no habría manera de que yo pudiera alcanzar ese nivel de poder en mi vida, teniendo en cuenta cómo está el mundo ahora. Tal cosa jamás se hará realidad para mí, pero me dio algo que me permitió hacerme ilusiones cuando me reconcomía el odio contra todas las mujeres por rechazarme a lo largo de los años. Todo este planteamiento e ideología de la abolición del sexo es resultado de haberme visto privado de él toda mi vida. Si no puedo tenerlo, haré todo lo posible por DESTRUIRLO.

Mi organización del Día del Ajuste de Cuentas es mi intento de hacer todo lo que está en mi mano para destruir todo aquello que no puedo tener. A todas esas hermosas chicas que he deseado tanto en mi vida, pero que nunca podré tener porque me desprecian y me detestan, las destruiré, porque nunca me han aceptado como uno de los suyos. Las mataré a todas y las haré sufrir del mismo modo que ellas me han hecho sufrir a mí.

El rencor y la furia son aquí palpables, y la declaración de que va a DESTRUIRLO los refuerza todavía más. Rodger repite la intención de destruir cosas para recalcar su planteamiento de que el rechazo al que ha tenido que enfrentarse solo le ha dejado una salida: el odio, la furia y la destrucción. Este final es un ejemplo de lo que Brown (2019: 177) denomina «resentimiento sin procesar»: está «atrapado en su rencor contenido, incapaz de "volverse creativo". Solo le cabe la venganza, no tiene salida, no tiene futuridad».

Los nihilistas radicales de la machosfera responden a sus sentimientos con puro rencor: un deseo de venganza contra los supuestos crímenes que las mujeres y otras personas han cometido. Las acciones de Rodger le permiten tener una sensación de poder «cuando la afirmación del mundo o la construcción del mundo no son opciones disponibles» (Brown, 2019: 171). Como observa Nietzsche (1989), el rencor no es un sentimiento pasivo, sino que está directamente vinculado con *este* mundo. El rencor es productivo: es una forma de conseguir objetivos, en particular la destrucción de todo lo que uno odia. Los nihilistas radicales manifiestan un paradójico afán por lograr metas divergentes: buscan constantemente el apego a las mujeres y al mismo tiempo desean su destrucción debido al continuo rechazo por parte de estas. Lo consideran productivo. El rencor no solo le enseñará a la mujer una lección, sino que proporciona una salida emocional que permite al hombre vivir sus valores píldora roja. Además, el nihilista radical no desea simplemente la destrucción del individuo, sino que expresa mucha rabia hacia la sociedad en general. En esta versión del nihilismo radical, «el rencor y la rabia no se han desarrollado, convirtiéndose en valores morales refinados, sino que siguen siendo rencor y rabia» (Brown, 2019: 177). El nihilismo se manifiesta como una desesperación por el estado del mundo, una exhalación profundamente furiosa en la que la ira y la furia se convierten en el propósito en y por sí mismo. Rodger es la encarnación de esto.

Cuando hombres como Rodger perpetran actos como su masacre, la mayoría de los comentarios lo explican inmediatamente a través del prisma de la masculinidad tóxica. Es absolutamente necesario que analicemos estos actos de violencia de esta forma: las percepciones de la masculinidad son esenciales para comprender por qué muchos hombres se implican en actos de extremismo violento como este (Roose *et al.*, 2022). Sin embargo, estos actos también se enmarcan en el contexto de una situación social más amplia caracterizada por un creciente sentimiento de nihilismo en la que «se cuestiona la propia futuridad» (Brown, 2019: 180). Los actos de hombres como Elliot Rodger corresponden a un estado de desesperación total (Diken, 2009) que se manifiesta en forma de rencor, furia y sed de venganza. Esta respuesta violenta es la única salida que los nihilistas como Rodger creen tener: es la única manera que tienen de expresarle al mundo su ira y su furia.

Esta respuesta violenta forma parte de una respuesta «masculina» al fracaso, pero no se daría si no existiera el sentimiento de pérdida, alienación y profundo nihilismo con respecto al mundo.

TRISTEZA, NIHILISMO PASIVO Y SUICIDIO

La ira es una de las manifestaciones adoptadas por los hombres de la machosfera para manifestar su queja. Otra es la tristeza. Una de las cosas más desconcertantes y duras con las que me encontré cuando empecé a visitar los foros *incel* fue un constante flujo de notas de suicidio. Estas eran habituales sobre todo en Reddit, pero también las he visto en otras plataformas. Durante mi periodo de investigación activa, por ejemplo, estimé que algún *incel* publicaba al menos una nota de suicidio a la semana, y probablemente muchas me pasaban desapercibidas. En un momento determinado, un miembro de Reddit creó una cuenta específica, llamada u/incelgraveyard*, que recopilaba estas notas y llegó a reunir noventa y cuatro en total (Daly y Laskovtsov, 2022). Muchos de estos usuarios publicaban notas y nunca volvían a participar en Reddit, por lo que el resto de los usuarios daban por supuesto que se habían suicidado. Me espantó lo larga que era la lista, así como la crudeza emocional de las notas.

Aunque los *incels* han recibido una creciente atención por la preocupación que genera su violencia potencial, los estudios suelen ignorar las altas tasas de ideas suicidas y de problemas de salud mental que presenta la comunidad (véase una excepción en Daly y Laskovtsov, 2022). Sin embargo, esta tendencia está relacionada con la preocupación por los índices de suicidio masculino y los vínculos entre el suicidio y la masculinidad (Mac an Ghaill y Haywood, 2021; Rasmussen *et al.*, 2018). El suicidio masculino en particular preocupa a gran parte de la machosfera, que interpreta sus elevados índices como una prueba de la marginación de los hombres.

¿Por qué tantos *incels* recurren a ideas suicidas, aunque puede que nunca las pongan en práctica? En esta sección, analizo esta tendencia. Al igual que en el apartado anterior, estudio notas suicidas dentro de la tendencia nihilista de la machosfera y describo estas notas como una representación del «nihilismo pasivo».

---

* *Incelgraveyard* equivale a «cementerioincel» *[N. de la T.]*.

El nihilismo radical es una expresión de la desesperación que produce la naturaleza del mundo, pero los individuos que lo profesan tienen un elevado concepto de sí mismos y de sus valores. No consideran que sus valores sean problemáticos; por el contrario, están convencidos de que el problema es que el mundo no está alineado con sus valores. De hecho, rechazan todos los valores. En el nihilismo pasivo, son los valores de un individuo —y el valor de este como ser humano— los que se cuestionan. En las comunidades *incel,* esto se expresa a través del autodesprecio. Los *incels* manifiestan la repulsión y la desesperación que les causa no solo el mundo, sino ellos mismos: su aspecto, su cuerpo, su vida, su personalidad, su inteligencia, etc. Por consiguiente, se sienten desorientados ante sí mismos y ante el mundo. Como sostiene el famoso filósofo Martin Heidegger (1977: 61), si los valores y la percepción del yo desaparecen, «no queda nada más a lo que el hombre pueda agarrarse y que le permita orientarse».

Para que se entienda mejor a qué me refiero con esto y para conseguir que el impacto de este texto cale hondo, en esta sección analizaré una de estas notas en profundidad, la que se titula «My Time is Over» [«Mi tiempo se ha acabado»]. Esta nota de suicidio fue escrita por un *incel* que acabó por renunciar al mundo. Acude a un foro a despedirse de todos de una forma profundamente emotiva y extremadamente triste. Recuerdo cómo me impactó esta nota la primera vez que la leí, aunque no deja de ser un ejemplo triste pero clásico del tipo de contenido que suele ser habitual.

La nota empieza con una visión radicalmente nihilista del mundo en la que el participante rechaza el optimismo con el que, según le han dicho toda su vida, tenía que encarar las cosas:

Hoy, 14/07/2018, es el día en el que pondré fin a mi vida. Desde que era niño me saturaron con los «No te preocupes, todo va a ir mejor», «Ya encontrarás a alguien» y «Mañana empieza un nuevo día». Basta ya de toda esa bazofia.

El hombre repite varios clichés optimistas de esos que suelen ofrecer a quienes padecen problemas de salud mental las personas que, a veces de un modo auténtico, pero a menudo torpe, pretenden ayudar. El OP rechaza estas conminaciones a que piense en el futuro y las tacha de «bazofia». No existe un mundo mejor ahí fuera, ninguna futuridad a la que él tenga que aspirar (Brown, 2019). El OP comparte luego un razonamiento acerca de por qué ha perdido la esperanza:

> Si ya ni siquiera quiero una SO*. Las mujeres son horribles. La gente es horrible. No tengo amigos. Mi familia es muy distante, les importaría un pimiento que me ahorcara[1].

Expresa una profunda alienación de su propia vida con respecto no solo a las relaciones sentimentales y sexuales, sino también a la gente en general: las amistades (o la falta de estas) y la familia. El post es un ejemplo de «maldición de la aspiración frustrada» (Cover, 2016: 107), y su aflicción se debe a que no es capaz de cumplir las expectativas del mandato social —ya sean culturales, sociales o de género— para su vida (Clare, 2000; hooks, 2004: 161). Aunque estas expectativas de género varían dependiendo de los contextos institucionales (Mac an Ghaill y Haywood, 2012), la investigación ha puesto continuamente de manifiesto que uno de los factores del suicidio entre los hombres es la «sensación de inadecuación y de vergüenza que produce el hecho de no cumplir los ideales correspondientes a los roles de género culturalmente dominantes» (Rasmussen *et al.*, 2018: 328). El OP lleva esto

---

[1] «Roped» es un término utilizado en las comunidades *incel* que significa «cometer suicidio». (El verbo *roped* deriva del sustantivo *rope*, «soga» o «cuerda» *[N. de la T.]*).

* El autor explica en el texto entre corchetes que las siglas significan *significant other*, es decir, «pareja».

más allá de las cuestiones de género y lo convierte en una queja social más amplia que le permite afirmar que los agravios que toda la sociedad le ha infligido son tan grandes que ya no puede soportarlos. El OP identifica un elemento que ha sido para él su salvación: la comunidad de *incels*. Afirma:

> La única razón por la que he seguido vivo en los últimos meses habéis sido vosotros, tíos. Vosotros me habéis mostrado cómo es el mundo en realidad, y siempre habéis estado a mi lado.

Las notas suicidas en las comunidades *incel* a menudo recogen esta afirmación de que la comunidad ha aportado un alivio temporal a la desesperación (Daly y Laskovtsov, 2022). Sin embargo, la comunidad, al menos en ese momento, no es suficiente. Como he comentado en el capítulo anterior, aun cuando los hombres expresan un deseo de profunda conexión, la comunidad de la machosfera sigue orientando las energías de la gente a unos objetivos egoístas e individualistas. Esto dificulta cualquier conexión profunda, porque la comunidad se centra en comentarios superficiales con memes y en el material de autoayuda. Esto lo pude comprobar en este post, que recibió muy pocas respuestas, sobre todo si lo comparamos con muchos de los memes populares en otras partes del subreddit. Aunque este hombre valora la comunidad hasta el punto de llegar a decir «siempre habéis estado a mi lado», eso no es suficiente para que el OP supere su desesperación y desorientación ni para que pueda vislumbrar un futuro posible.

Esto se ve reflejado en las respuestas habituales a las notas suicidas dentro de la sección de comentarios. En algunas se ruega a los potenciales suicidas que no sigan adelante, y suelen incluir comentarios poco convincentes y que aluden a que las cosas pueden ir mejor o a que todavía quedan cosas por las que vale la pena vivir. En respuesta a este post, por ejemplo, uno de ellos dijo: «No lo hagas», y otro escribe: «No te rindas nunca. Espero que fracases en esto y que recibas buenos cuidados». Sin embargo, la mayoría de los usuarios se muestran más circunspectos, y se limitan a afirmar que lo entienden y que esperan que la persona encuentre paz en el otro mundo. Entre los comentarios, cabe citar: «Lo siento, tío. Mis mejores deseos», «puf, no lo soporto. ¿Por qué la gente tiene que sufrir así?», «RIP. Las mujeres acaban con la vida de otro hombre inocente y solitario» y «nos vemos en el *incelhalla*[2], hermano». Se expresa un sentido colectivo de desesperación en el que toda la comunidad comparte el deseo de muerte.

Llegado a este punto, el OP declara su intención. Aunque no especifica que su plan sea suicidarse, está claro que es su objetivo:

> Estoy asustado, pero tengo que dar ese paso. No volveréis a saber nada de mí.

Como su nombre indica, el nihilismo pasivo asume una falta de acción, un vagar apático por la vida. El suicidio también puede parecer pasivo en cuanto forma de eludir el mundo en lugar de hacerle frente. La investigación sobre los varones y el suicidio ha revelado, sin embargo, que muchos lo ven de otro modo y lo consideran una forma «activa» de violencia que pueden acometer para dejar una última huella en el mundo (Jaworski, 2010). Esto a menudo se detecta en las diferencias en que los hombres y las mujeres llevan a cabo el acto, pues es más probable que aquellos utilicen armas, tales como pistolas, que son más agresivas y tienen mayor probabilidad de éxito (Jaworski, 2010).

---

[2] *Incelhalla,* juego de palabras en torno a la idea del «Valhalla», la versión vikinga del paraíso.

A estos hombres el suicidio les permite decirse a sí mismos que han sido «activos» respondiendo a su dolor. Como sostiene Wendy Brown (2019: 180): «Lejos de sumirse suavemente en la noche», estos hombres «se encaminan hacia el apocalipsis». Para el nihilista pasivo, este impulso hacia el apocalipsis puede originar una violencia «fatal» (Diken, 2009) que, según el filósofo Jean Baudrillard (1993: 76), «no es un choque entre pasiones antagónicas, sino el producto de unas fuerzas indiferentes y apáticas» (Baudrillard, 1993: 76). En otras palabras, el impulso apocalíptico se produce en alguien que está demasiado cansado o no lo suficientemente interesado como para querer mejorar el mundo. El suicidio no es la única forma que los hombres eligen para expresar esta apatía e indiferencia. Dichos sentimientos también están presentes en la masacre perpetrada por Elliot Rodger que describí anteriormente, así como en otras matanzas, como la que perpetró Alek Minassian, que asesinó a once personas en un atentado con furgoneta en Toronto en 2018. La violencia de ambos hombres era apática, el acto final de quien no tiene nada más.

De un modo algo paradójico, sin embargo, el suicidio también actúa como reivindicación de un sentido de hombría que los *incels* consideran que han perdido. Tanto las matanzas como el suicidio se convierten en «una potente forma de demostrar la masculinidad; una "salida" a un proyecto fallido de masculinidad y una "vía para recuperar" un estatus masculino honroso» (Rasmussen *et al.,* 2018: 328). El suicidio suele interpretarse como un signo «de valentía, de orgullo y de resistencia contra circunstancias externas tales como las penurias económicas, la enfermedad física grave y el aislamiento social» (Jaworski, 2010: 48).

Tras estas notas de suicidio subyace un impulso similar de propósito, pues los hombres expresan que la autoviolencia es la única opción que en su opinión les queda para acabar con su dolor y al mismo tiempo para lograr hacer algo en el mundo. La destrucción es la única salida: como dice Brown, «si los hombres blancos no pueden gobernar el planeta, no habrá planeta» (2019: 180). Semejante «destrucción» o «apocalipsis» puede expresarse de múltiples formas, ya sea perpetrando ataques contra otras personas o quitándose la vida, o al menos intentándolo.

El OP expresa a continuación algunos de sus deseos, en particular que no se le olvide, pero también que sus hermanos asuman el reto de conseguir lo que a él no le fue posible. Dice lo siguiente:

> Tengo un último deseo. Por favor, no me olvidéis, es mi mayor temor. Nadie en la vida real se acordará de mí cuando me haya ido, pero en vosotros tengo a alguien a quien le importo. Por favor, tíos, no me olvidéis, y que esto sea una lección para vosotros. No sufráis en Silencio. No escuchéis a otros. Manteneos apartados del drama.

Hay algo profundamente irónico en la petición de no ser olvidado en una plataforma y en una comunidad que insiste en el anonimato y, por otra parte, en la que la mayoría de los participantes solo conocen a un individuo por su nombre de usuario y sus publicaciones. Con estas palabras, el llamamiento es la expresión de un temor profundamente nihilista: que la vida carece realmente de sentido y que todo ha sido para nada. Al pedir no ser olvidado, el OP sugiere una expectativa intrínseca de que lo será. Es una súplica final: ¡por favor, no hagáis que todo haya sido inútil, aun cuando yo ya sé que lo es! Y concluye:

> Mi mayor sueño era lograr cambiar el mundo algún día. Quería ser una persona a la que poder admirar, que ayuda a la gente necesitada. Habría donado todo mi dinero a una institución benéfica, pero mis últimos ahorros se fueron con la bombona de helio y el equipo CPAP que necesitaba para una muerte indolora.
>
> Adiós, hermanos, haced que mi sueño se haga realidad y cambiad el mundo.

Al igual que otros miembros de la machosfera, dice que tenía la esperanza, tenía el sueño optimista de cambiar el mundo, de ser una persona a la que se pudiera admirar, de ayudar a personas necesitadas. Pero este optimismo era cruel, porque sus sueños se desvanecieron debido a los fallos de la sociedad y al modo en que esta trata a los hombres. Mientras que otros responden a este optimismo fallido con rabia y con el deseo de «arrasar con todo», este hombre expresa en cambio su desorientación, su sensación de fracaso y la inevitabilidad de su fin. Esto queda recalcado por las cosas en las que invierte su último dinero: en una bombona de helio y un dispositivo CPAP (de presión positiva continua en las vías respiratorias) para una muerte indolora. No hay una expresión final de gozo, ninguna «última cena» antes de marcharse, solo la muerte.

Sin embargo, paradójicamente, el post acaba con cierta sensación de esperanza: el deseo de que sus hermanos consigan que su sueño se haga realidad y cambien el mundo. Al igual que otros llamamientos nihilistas a la acción, este también es impotente. El OP no hace ninguna propuesta con la que considere que el mundo podría mejorar ni sugiere nada que sus hermanos podrían hacer. Y lo que es más importante: no le parece lo suficientemente probable que esto ocurra como para que él decida seguir en el mundo y participar en ello. Su llamamiento lleva grabada a fuego la certeza de que nada cambiará.

Como comentario aparte, he de decir que estas notas suicidas fueron una de las cosas más duras que leí en la machosfera. Aunque a menudo leí material terroríficamente misógino en los foros de la machosfera, estas notas volvieron a mostrarme la verdadera humanidad de estos hombres. Los posts son muy emotivos, y todos me llegaron al alma. A ello se le sumaba la total incapacidad de hacer nada que pudiera ser útil. Las estructuras de las plataformas de redes sociales suelen limitar la capacidad de los participantes de ponerse en contacto con quienes publican notas para poder intervenir. Aunque otros usuarios suelen responder a las notas de suicidio en el foro, resulta extremadamente difícil contactar personalmente. Plataformas como Reddit, por ejemplo, no dan a las personas usuarias la opción de llamarse, y, debido a la ausencia de geolocalización, incluso es imposible llamar a una ambulancia local para ayudar a alguien. Además, como comenté en el capítulo anterior, los algoritmos empujan el nuevo contenido a los *feeds* de los usuarios más asiduos, por lo que probablemente muchos ni siquiera verían un post como este a menos que lo pillaran inmediatamente después de que se publicara *online*.

Esto me recuerda una situación similar a la que me enfrenté en mi grupo social. Hace varios años, una amiga mía se suicidó. Días antes de hacerlo, publicó algo en Facebook diciendo que no se encontraba bien y pidiendo ayuda. Yo vi el post e incluso le mandé un mensaje (y luego me pasé varios meses sintiéndome fatal por no haber hecho algo más), pero varios amigos y amigas dijeron que el post ni siquiera apareció en su muro. Como comentó una amistad: «Es una sensación extraña pensar que no lo vi por culpa de un algoritmo».

Esa sensación extraña la he tenido claramente como investigador. En otras actividades de investigación, tales como entrevistas o grupos de discusión, los investigadores pueden mostrar empatía con las personas participantes, pues la entrevista suele ser un momento terapéutico para ambas partes. También solemos remitir a las personas entrevistadas a los recursos y servicios de apoyo siempre que es posible. Sin embargo, desde el principio decidí que no publicaría nada ni haría ningún comentario en estas comunidades. Fui testigo de la publicación de notas suicidas, plenamente consciente de que no había nada que yo pudiera hacer para evitar que la persona, potencialmente, cometiera el suicidio. Yo mismo fui presa, y sigo siéndolo, de la apatía, un observador del dolor, la desorientación, la desesperación y el nihilismo desde la distancia. Probablemente esto le haya ocurrido también a muchos otros hombres en la machosfera.

LOS LÍMITES DE LA QUEJA

No estoy diciendo que sea capaz de explicar completamente la violencia de una persona como Elliot Rodger, ni la de aquellos *incels* que se suicidan. Hay gente que dedica toda su carrera a resolver estas cuestiones y todavía no tenemos soluciones definitivas. Cada caso individual es diferente. En este capítulo he tratado de analizar el nihilismo como pieza esencial del presente puzle, sosteniendo que es un sentimiento creciente en la sociedad moderna y que se está convirtiendo en un mecanismo a través del cual muchos gestionan las quejas que tienen de la sociedad. El nihilismo que manifiestan estos hombres es el resultado de su incapacidad de estar a la altura de las expectativas que la sociedad moderna tiene puestas en su condición de personas, y en particular en su condición de varones. Es una respuesta al optimismo cruel (Berlant, 2011) y a la inevitabilidad del fracaso (Nietzsche, 1989; Brown, 1995) imbricado en el capitalismo. Estos hombres no están a la altura de la supuesta promesa del capitalismo y su respuesta es el ataque.

A través de su decepción y su condición de sujetos agraviados, los hombres expresan un sentimiento de desesperación y de desorientación ante el estado del mundo y de su vida en él. Este nihilismo está profundamente entretejido con el resentimiento, y algunos hombres de la machosfera manifiestan una fuerte convicción de que el auge del feminismo y la naturaleza cambiante del Estado han destruido el sistema tradicional de valores hasta el punto de que el mundo carece de sentido. Otros cuestionan la existencia de valores en y por sí mismos y ven sus propias vidas como un problema que no

210

tiene solución. Los hombres de la machosfera expresan este nihilismo a través de actos de furia, desesperación, depresión y suicidio. Para muchos, la queja suele ser terapéutica. Así por ejemplo, en el caso de las mujeres, quejarse a menudo es suficiente y sirve para comunicar y gestionar las frustraciones que sienten muchas de ellas (Berlant, 1988: 243). La queja es una oportunidad para «expresar su oposición a algo pero sin temer por su posición en la economía heterosexual» (Berlant, 1988: 243). Aunque quien se queja no espera una solución o un cambio en su posición, el propio acto constituye un momento terapéutico que permite establecer vínculos sociales y proporciona un propósito y una salida válida.

Esto también se aplica a la machosfera. A los hombres que se ven impotentes, la machosfera les brinda un espacio en el que expresar sus quejas sobre la sociedad y así crear vínculos entre ellos. Para algunos, probablemente esto sea suficiente en y por sí mismo. El nihilismo incluso les ofrece a los hombres algo importante: una manera de entender el dolor que están sufriendo e incluso de lidiar con él.

Pero aunque el nihilismo sin duda les da *algo* a los hombres de la machosfera, ese algo también es destructivo, ya se dirija contra las mujeres, contra la sociedad en general o contra sí mismos. Existe un límite fundamental a la queja masculina, y es que esta se basa en la convicción de que no existe alternativa, de que no hay una vida mejor en el futuro. Al no vislumbrar una alternativa a su decepción, algunos hombres solo aciertan a imaginar el apocalipsis. La propia machosfera expresa, pero al mismo tiempo también perpetúa, el sentimiento nihilista, con frecuencia con resultados violentos.

Capítulo 6

Afrontar la machosfera

Llegamos ahora a la difícil pregunta: ¿qué hacemos con la machosfera? Me han hecho esta pregunta muchas veces, y suelo resistirme a contestar porque las respuestas son complejas. Sin embargo, es preciso que lo intentemos. Empezaré por preguntar si realmente queremos hacer algo para afrontar la machosfera. La respuesta a esta pregunta tal vez pueda parecer obvia, pero creo que vale la pena explicar por qué la machosfera es un problema, para las mujeres, para la sociedad en general y para los propios hombres de la comunidad. Aclarar todo lo posible esta posición nos ayudará luego a pensar también en las mejores estrategias para afrontar la comunidad.

Las soluciones que propondré no son generales y en muchos sentidos suscitarán todavía más preguntas. Pero espero que esto mantenga viva la conversación sobre cómo podemos responder a la misoginia que transmite la comunidad y evitar en primer lugar que se produzca.

A lo largo de este libro, he resaltado las cosas positivas que la machosfera aporta a los hombres. Les proporciona un sentimiento de comunidad en la que expresar las quejas sobre su vida, les ofrece cierta sensación de propósito y les permite unirse en torno a cuestiones compartidas. Los hombres no acuden a la machosfera sin motivo ni porque sean por naturaleza misóginos. Hay algo que la comunidad les aporta. Comprenderlo es fundamental para entender el atractivo que ejerce. Esto no significa que la machosfera sea una influencia en conjunto positiva para la sociedad. En este capítulo expondré de forma clara por qué la machosfera daña tanto a la sociedad como a sus participantes. Esto nos conducirá a la segunda parte del capítulo, en la que hablaré de lo que podemos hacer para afrontar los daños que causa la comunidad.

UNA RESPUESTA MISÓGINA A UN PROBLEMA DEL CAPITALISMO

Quiero ser muy claro con lo que no estoy diciendo aquí. No estoy hablando en contra de los hombres, ni en contra de que se unan para expresar la frustración que les causa su vida ni de que busquen soluciones a estas frustraciones. En un mundo en el que a los hombres con frecuencia se les niega la oportunidad de expresar sus emociones y en el que la conexión emocional masculina se ridiculiza como «no masculina», deberíamos celebrar y buscar ocasiones para que los hombres puedan conectar entre ellos de una manera sana. En todo el mundo existen numerosos grupos que lo están haciendo, ya sean grupos de apoyo, grupos de lectura u organizaciones que ayudan a los hombres en situaciones difíciles; es el caso, por ejemplo, del grupo local del edificio de mi oficina que apoya a hombres que acaban de salir de la cárcel. Estar en contra de la machosfera no significa por lo tanto oponerse a que los hombres se unan; es estar en contra de que los hombres lo hagan de una forma cínica, hipócrita y sumamente misógina. Lamentablemente, la machosfera es un espacio de misoginia, y ya solo por eso deberíamos enfrentarnos a su existencia.

Algunos miembros de la comunidad estarían en desacuerdo con esta postura, y los grupos por los derechos de los hombres a menudo señalan que cuentan con activistas que son mujeres de alto perfil, como Bettina Arndt, Janet Bloomfield o Karen Straughan, para alegar que obviamente es imposible que sean misóginos. Es un argumento que apenas se sostiene. Tristemente, las mujeres también pueden ser misóginas y apoyar las causas misóginas.

En la época en la que yo estudiaba la machosfera, vi posts terriblemente misóginos, y por desgracia no son casos aislados. Los hombres de la machosfera reivindican activamente que a las mujeres se les prohíba el derecho al voto porque son demasiado irracionales para poder opinar sobre el futuro de la sociedad. También es bastante recurrente la convicción de que las mujeres tienen que volver a ser amas de casa porque ello forma parte del «orden natural». La comunidad a menudo se relaciona con los supremacistas blancos, que aspiran al retorno a un orden social histórico, blanco, en el que los hombres dominan la política y los negocios mientras que las mujeres se quedan en casa produciendo una legión de bebés blancos. En los niveles más extremistas (como si lo ya expuesto no lo fuera bastante), algunos hombres de la machosfera fomentan la violación como actividad normal y a veces afirman que esta simplemente forma parte del juego de la seducción. Los «artistas» de la seducción han llegado a publicar vídeos suyos violando a mujeres y afirmando que son pruebas de su éxito en el «ligue». Algunos hombres de la machosfera han llevado esta actitud hasta el extremo y se están produciendo un número creciente de ataques misóginos violentos que proceden de la comunidad.

Cada vez que se airean estos ejemplos de violencia extrema y esta misoginia, algún miembro de la machosfera inevitablemente alza la mano para decir que eso no representa a la comunidad. Aun cuando muchos *incels* tienen a Elliot Rodger por «santo patrón del reino *incel*», otros dirán que no, que no representa a la comunidad. Es una manzana podrida. Pero aunque eso fuera cierto, no podemos ignorar el papel que desempeña la comunidad a la hora de generar estas versiones más extremas de la misoginia: cuando profundizamos en ello, constatamos que, aunque no sea la propia comunidad la que aprieta el gatillo ni conduce la furgoneta, la misoginia que escupe la hace en cierto modo cómplice.

Aunque los miembros de la machosfera no se pondrán de acuerdo sobre si odian o no a las mujeres, a través de su adhesión a la ideología de la píldora roja sí coinciden en una cosa: que los hombres y las mujeres son por naturaleza diferentes. La base misma de la comunidad es una idea de separación fundamental entre los sexos. Como sostiene O'Neill (2018a: 156), «según esta lógica, el antagonismo en las relaciones heterosexuales resulta inevitable y, por lo tanto, es aceptable y a menudo se erotiza. Se *da por supuesto* que las mujeres y los hombres no son capaces de relacionarse con facilidad; prácticamente somos especies diferente» (cursiva en el original). En la machosfera, esto sitúa a las mujeres en una posición de «alteridad»: no es un grupo de gente con el que los hombres se puedan relacionar, sino más bien uno al que hay que comprender, contra el que hay que luchar y al que hay que vencer.

Con ello las mujeres se convierten fácilmente en cabeza de turco. En su condición de «ser otro», es fácil culpar a las mujeres y, en concreto, al feminismo de los problemas de los hombres. Esta insistencia en las diferencias innatas, aun siendo más sutil que la misoginia abierta que permea gran parte de la comunidad, crea un espacio para que se desarrolle una misoginia profunda. Permite a los hombres ver a las mujeres en términos de opuestos (O'Neill, 2018a), lo que genera un espacio en el que la violación, la violencia y la negación de los derechos fundamentales no se consideran una aberración sino una manera necesaria de luchar contra esta fuerza de oposición y de vencerla.

Esto encierra un potencial de destrucción obvio, pero además es triste, puesto que distrae a los hombres de los temas reales que subyacen tras sus problemas. La inseguridad económica, la cultura ornamental, la larga lista de las cuestiones en las que los chicos se están quedando atrás no las causan las mujeres, ni siquiera el feminismo. Se trata sin duda alguna de problemas del capitalismo, y, al culpar a las mujeres, los hombres de la machosfera hacen caso omiso de las verdaderas causas de dichos problemas. Shawn van Valkenburgh (2019) analiza cómo la machosfera ha empezado a culpar a las mujeres en lugar de al capitalismo, que es la verdadera causa de su alienación. Tras estudiar el subreddit r/TheRedPill, en un ejemplo sostiene que «Píldora Roja es a Mujer lo que Marx es a Capitalista». Van Valkenburgh estudia el texto *El varón domado* de Esther Vilar (1972), un libro que se ha convertido en una lectura fundamental en el seno de la machosfera. En el texto, Vilar (1972: viii) establece una comparación directa entre las mujeres y las empresas capitalistas al afirmar:

> De hecho, una mujer puede compararse con una empresa de varias formas. Después de todo, una empresa es solo un sistema impersonal destinado a lograr el máximo beneficio. ¿Y qué más hace una mujer? Sin ninguna emoción, amor, odio o malicia, está ligada al hombre que trabaja para ella.

Van Valkenburgh (2019: 5) plantea luego que esto equivale a una ecuación entre la explotación de un capitalista y la de una mujer. No es simplemente una metáfora, sino que representa una narrativa anticapitalista implícita en la machosfera, pero una narrativa en la que «la crítica se aparta del capitalista/el capital y se enfoca en la mujer / el feminismo». La narrativa de la machosfera implica que los hombres ignoren o eludan las causas reales de sus problemas y dirijan en cambio su ira contra una parte inocente.

No podemos negar la misoginia de la machosfera, que, a través de la canalización de la culpa de los problemas de los hombres, puede derivar en una violencia real y efectiva dirigida contra las mujeres. Esta misoginia, como he sostenido a lo largo del libro, no es inherente a estos hombres, sino que está imbricada en las instituciones misóginas dominantes. Es parte de la ideología de la propia píldora roja, que vende una narrativa misógina fácil que básicamente daña a nuestra comunidad.

El optimismo cruel de la machosfera

La machosfera no daña solo a las mujeres y a la sociedad. También daña a sus participantes. Quienes acuden a la machosfera lo hacen en busca de algo. Al igual que otras comunidades parecidas, como la extrema derecha o los cursos de seducción (Kimmel, 2018; O'Neill, 2018a), los hombres suelen unirse a ella por un deseo de conexión, así como en busca de un lugar donde expresar sus quejas y para hacer algo por superarlas. Esto es habitual en los públicos íntimos. Como plantea Berlant (2011: 10), «incluso aquellos de quienes tenderíais a pensar que están derrotados son seres vivos que están pensando en cómo seguir aferrados a la vida desde dentro de esta y cómo proteger al menos cualquier grado de optimismo de que dispongan para ello». Como afirma el célebre sociólogo Herbert Marcuse, aunque las personas se consuelan con historias en las que se describen como seres derrotados y vencidos por el «sistema [...], siguen luchando por vivir de formas dolorosas, costosas y obsoletas» (Marcuse, 2009 [1968]: 193). La machosfera es la forma en que algunos hombres luchan por esta existencia, y este es el motivo por el cual son tantos los que están apegados a ella. Este apego suele estar impulsado por el optimismo (Berlant, 2011: 24). Nos apegamos a espacios, a personas y a la comunidad porque tenemos la convicción de que pueden hacer algo por nosotros. Como afirma Berlant, «cuando hablamos de un objeto de deseo, en realidad estamos hablando de un cúmulo de promesas que queremos que alguien o algo nos haga, y que deseamos que las cumpla». La machosfera es ese «alguien o algo» que hace posible la vida: un medio no solo de supervivencia, sino de evasión, de alivio y de expectativa.

Sin embargo, el apego que la machosfera genera también es cruel. El objeto del deseo —la machosfera— es un obstáculo para que los hombres se realicen. He mencionado el optimismo cruel varias veces en este libro porque es una parte importantísima de lo que la machosfera provoca en los hombres. El optimismo cruel es una estructura de negación que lleva a los individuos a creer que los sistemas que los oprimen en último término los conducirán a su salvación (Berlant, 2011; Silvestri, 2021). Esto es exactamente lo que ocurre en la machosfera. La machosfera y sus líderes prometen a los hombres el mundo, pero raras veces, o nunca, son capaces de entregárselo.

Lo he explicado profusamente en el libro, pero considero que vale la pena mostrar en qué puede consistir esta crueldad para un miembro. Así que planteémoslo en relación con un individuo que pueda estar buscando una comunidad en la machosfera, y llamémoslo Kevin.

Es posible que Kevin acuda a la machosfera por múltiples razones, pero lo más probable es que esté insatisfecho con algún aspecto de su vida y quiera solucionarlo. También es posible que simplemente haya dado con la comunidad a través de un tuit o un post de Reddit perdidos, o porque ha estado leyendo sobre Andrew Tate o Jordan Peterson y algo de lo que ha leído le ha llamado la atención. Cuando encuentra los foros de la machosfera, es posible que, como la mayor parte de las personas, se dedique simplemente a mirar, o haga algún comentario, pero al cabo de un rato puede que decida publicar algo sobre sí mismo. Empieza a compartir historias de su propia vida, así como sus quejas, y expone detalles íntimos sobre su vida con la esperanza de conectar. Lo hace regularmente, entregándose por completo a lo que publica *online*. Kevin confía en que tal vez pueda encontrar alguna conexión o esperanza en la comunidad.

Pero lo que Kevin acaba publicando *online* es limitado. Debido a la cultura de la machosfera, en realidad solo puede publicar cosas que estén en consonancia con los ideales masculinos: tiene que hablar del gimnasio o de nuevos dispositivos tecnológicos que ha comprado y, sobre todo, tiene que quejarse de las mujeres. Cualquier otra cosa probablemente acabará siendo rechazada o ignorada. También es probable que a Kevin le esté costando encontrar amigos y contactos en la comunidad. Aunque los hombres de la machosfera hablan de un deseo de comunidad, no hacen mucho por generarla. En cambio, fomentan una cultura en la que la única forma de ser feliz es hacer cosas para salir adelante por tus propios medios. Aunque Kevin se ha apuntado para unirse a una comunidad, en realidad está solo.

Además, cuando Kevin hace clic en «publicar», pierde todo control sobre su contenido. Son en realidad las plataformas digitales las que toman el control: extraen datos asociados con lo que ha publicado y controlan su difusión a través de algoritmos. Aunque técnicamente Kevin controla lo que publica en una plataforma, la manera en que esto ocurre y en que la información es utilizada una vez publicada la decide la plataforma, que puede alterar su significado y difundir el contenido con determinada frecuencia horaria si así lo desea. Cada uno de sus posts es una inversión de trabajo, de energía, de emociones y de sí mismo. Parte de esta inversión se hace rápida y fácilmente —por ejemplo republicar una imagen que ha encontrado en otro lado—, pero otros contenidos requieren profundidad y detalle, por ejemplo un largo post en el que describe minuciosamente su vida personal. Sin embargo, cada publicación representa una transferencia de propiedad del individuo a la empresa de red social. El resultado es fundamentalmente, aunque no exclusivamente, que se producen breves interacciones intermitentes con otros usuarios, los cuales enseguida pasan al post siguiente.

Lo que Kevin publica no es canalizado hacia la formación de comunidad ni hacia los comentarios o el debate en profundidad. La machosfera y estas empresas canalizan los posts de Kevin hacia el individualismo y/o los distribuyen entre anunciantes que le pueden vender productos. La machosfera y las empresas de redes sociales siguen prometiendo que las cosas serán diferentes, algún día. Y así sucesivamente: Kevin publica, vierte su corazón, pero, en la mayoría de los casos, apenas hay interacción ni respuesta. Sin embargo, la escasa interacción produce suficiente impacto, la promesa de más, por lo que Kevin sigue insistiendo. Es una repetición de decepciones que se basa en la creencia de que la próxima vez será mejor pero que se salda con una nueva decepción.

La machosfera aleja a los hombres de su contenido, a ellos y a la propia comunidad. Como sostenía Marx (2009 [1844]), este distanciamiento, o alienación, se produce cuando «un poder ajeno» vuelve nuestra actividad en nuestra contra. En la machosfera, y en las redes sociales en general, el contenido producido por los usuarios se vuelve contra ellos por obra de la plataforma. Como dice Andrejevic (2011: 287): «Todos los mensajes que escribimos, todos los vídeos que publicamos, incluso todos los productos que compramos o que miramos, nuestras trayectorias espaciotemporales y los patrones de interacción sociales, todo ello se convierte en puntos de datos en algoritmos que clasifican, predicen y gestionan nuestro comportamiento».

Los públicos íntimos no se basan en conexiones sociales sólidas, sino más bien en una «sensación» de mundo emocional común e historia compartida, que proporciona una «vaga perspectiva de pertenencia social» (Berlant, 2008: 11). Mientras que el público de la machosfera es «íntimo» en el sentido de que lleva los temas corrientes y personales a la esfera pública y permite expresar las preocupaciones íntimas, no es íntimo en la medida en que no fomenta relaciones íntimas profundas entre los participantes. Ofrece una comunidad pero no la entrega.

Nada de esto es determinante. Es posible que algunos usuarios conecten fuera de las plataformas de redes sociales y puedan establecer vínculos fuertes. Es posible que Kevin encuentre a alguien en la ciudad donde vive y que, si es lo suficientemente valiente, organice una quedada para tomar un café o una cerveza juntos. Sin embargo, nada de esto lo promueven las plataformas de redes sociales, que no quieren que la gente quede en la vida real porque eso significa que pasarán menos tiempo *online*. Mientras muchos hombres expresan activamente su deseo de pertenencia y de comunidad en la machosfera, la plataforma no fomenta una comunidad que sea realmente íntima en el sentido que ellos desean.

La machosfera plantea muchos problemas a la sociedad. El más obvio de ellos es la misoginia y la violencia que emanan de su espacio. Deberíamos y debemos luchar contra ello. Además, la machosfera también es dañina para quienes participan en ella. Les brinda a los hombres un lugar en el que expresar cómodamente sus quejas, un sentido de comunidad y una actitud optimista sobre la posibilidad de una vida mejor. A pesar de estas promesas, la machosfera es un lugar de alienación. La arquitectura y la política que rigen las plataformas de redes sociales se adueñan de la inversión y el trabajo individual y lo vuelven contra quienes los producen desde un poder ajeno, a saber, las propias plataformas. Esto aliena a los individuos de su trabajo y de la comunidad a la que quieren pertenecer.

¿Cómo podemos reaccionar ante la machosfera? He sostenido en este libro que la machosfera es un espacio complejo, que ha crecido a partir de muchas de nuestras ideologías sociales dominantes y de nuestras instituciones establecidas. Como podrás imaginar, voy a defender que no hay una solución fácil para abordar los problemas que plantea esta comunidad. Va a requerir mucho esfuerzo y va a ser duro. Empezaré planteando lo que no deberíamos hacer, y en particular por qué recurrir a las fuerzas de seguridad para resolver este problema es una mala idea. Luego analizaré lo que creo que son los dos enfoques más acertados. Es preciso que nos centremos en resolver el núcleo del problema abordando la inseguridad social y económica y encontrando nuevos medios de pertenencia para los hombres. También hemos de afrontar la misoginia sin ambages, no contrarrestándola, sino más bien hallando narrativas e historias alternativas que ayuden a los hombres a comprender lo que está ocurriendo con su vida.

No podemos resolver esto con medidas policiales
o con prohibiciones

Las fuerzas y agencias de seguridad y las empresas de redes sociales con frecuencia han ignorado la misoginia violenta. En su libro *Los hombres que odian a las mujeres,* Laura Bates (2020) acometió el análisis de las estrategias contra el terrorismo y realizó entrevistas con personal de las agencias de seguridad de todo el mundo occidental. Descubrió que la violencia misógina no suele considerarse una amenaza terrorista, y que a grupos como los *incels* se les suele encuadrar junto a los supremacistas blancos por considerar que representan el mismo nivel de amenaza. Bates sostiene a continuación que «el primer gran cambio que es preciso que veamos es que las organizaciones o los gobiernos, cuando monitoreen otras formas de terrorismo, legislen sobre ellas o las afronten, incluyan también la supremacía masculina y el extremismo misógino» (Bates, 2020: 309-310).

Bates no es la única que defiende este planteamiento. En un artículo titulado «How do you solve a problem like Andrew Tate», la doctora Gupreet Kaur (2023) sugiere que la legislación antiterrorista ha de ser la primera línea de defensa contra la machosfera. Propone dos soluciones: que «se contemple la "misoginia al estilo de Andrew Tate" como una amenaza en la actual política antiterrorista, así como en las leyes que regulan los delitos de odio», y que «se introduzcan marcos legales y mecanismos regulatorios claros para luchar contra el extremismo y el impacto del sesgo patriarcal inherente a las tecnologías algorítmicas y basadas en la IA».

De alguna manera, ya se está respondiendo a este llamamiento, pues las agencias de seguridad están empezando a vigilar a los grupos misóginos. En 2021, en Australia, mi país natal, en su «Evaluación anual de las amenazas», Mike Burgess, director general de la Australian Security Intelligence Organisation (ASIO), dijo que un número creciente de extremistas ya no encajan en el espectro izquierda-derecha, sino que les «motiva el miedo a un colapso de la sociedad, o una queja social o económica o la conspiración» (Burgess, 2021). Burgess consideraba que los *incels* son uno de esos grupos, y declaraba que la ASIO estaba realizando un seguimiento mucho más minucioso de esta comunidad *online*. Los servicios secretos estadounidenses revelan algo parecido y afirman en un informe de 2022 que los *incels* representan una amenaza cada vez mayor para la sociedad (Yang, 2022).

Nada de esto puede sorprendernos. Los *incels* han protagonizado múltiples ataques violentos en el mundo occidental, y por ello, por supuesto, las fuerzas y agencias de seguridad van a tomarse esta amenaza en serio. Necesitamos que estas instituciones se esfuercen todo lo posible por intervenir para impedir que estos ataques se produzcan y para responder a ellos cuando ocurran. A pesar de estas iniciativas, no podemos considerarlo una solución general al problema. De hecho, si seguimos por esa vía, corremos el riesgo de que el tema se agrave. Laura Bates (2010: 310), por ejemplo, sostiene que las fuerzas y agencias no deberían limitarse a tomarse el tema en serio, sino que también deberían «aprobarse [leyes sobre terrorismo de género] o enmendarse las existentes para garantizar que a estos delitos se pueda responder con la misma severidad que se aplica a otros actos de violencia impulsados por el odio extremista».

Esto plantea varios problemas. El primero y más obvio es que se han criticado con razón estas leyes por socavar los derechos civiles, pues privan a las personas de sus derechos a la privacidad y al debido proceso. La más famosa de estas leyes antiterroristas es la Patriot Act de Estados Unidos, que fue aprobada apresuradamente cuarenta y cinco días después del 11-S. Aunque se supone que es una ley sobre terrorismo, la Patriot Act se ha utilizado para reforzar la vigilancia de toda la sociedad. La ley permite que las agencias de seguridad realicen lo que se llama vigilancia *sneak and peak* [«búsquedas sigilosas»] y las autoriza a aplazar el momento de informar a los propietarios cuando realizan registros secretos, domiciliarios o en oficinas. Como ha revelado el American Civil Liberties Union (ACLU), el 76% de estas búsquedas sigilosas se han realizado por delitos relacionados con las drogas, mientras que tan solo el 1% ha tenido que ver con el terrorismo. Según el ACLU (2023), la Patriot Act

ha permitido que el gobierno espíe a ciudadanos estadounidenses corrientes, ampliando su potestad para controlar las comunicaciones por teléfono y correo electrónico, obtener registros bancarios y crediticios y hacer un seguimiento de la actividad de ciudadanos estadounidenses inocentes en internet. Mientras que la mayoría de la población de Estados Unidos piensa que se creó para atrapar a terroristas, la Patriot Act de hecho convierte a ciudadanos corrientes en sospechosos.

Como era de suponer, esta actividad se ha centrado mayoritariamente en personas afroamericanas. Tal y como está articulada, la legislación antiterrorista sigue considerando a la población afroamericana y a las minorías étnicas «problemáticas y depravadas» (Patel, 2017); a la comunidad islámica en particular se la ha tratado como intrínsecamente violenta (Red Europea contra el Racismo, 2021). La legislación antiterrorista ha reforzado la vigilancia y limitado el movimiento de las poblaciones musulmanas, lo que ha incrementado el sentimiento racista (Patel, 2017). Esta asociación del islam con la violencia ha provocado un aumento de la vulnerabilidad de muchas personas musulmanas frente a la discriminación y el maltrato, un temor que está arraigado en su identidad musulmana (Red Europea contra el Racismo, 2021). No es deseable repetir estos errores ampliando las leyes antiterroristas para que abarquen a más grupos. No somos tan ingenuos como para creer que, por arte de magia, al ampliar las leyes antiterroristas para abarcar la violencia misógina, estas no se utilizarán del mismo modo en que han estado sirviendo para perseguir el extremismo islamista. Por el contrario, lo que probablemente provoquen es un aumento de la vigilancia, una mayor degradación de los derechos civiles y una creciente marginación de personas afroamericanas. Reforzará específicamente las sospechas contra los hombres racializados, que ya están sumamente sobrerrepresentados en nuestro sistema penitenciario. Esto ya se ha observado cuando se han tomado medidas contra otra forma de violencia misógina. La intervención policial en los casos de violencia de género, por ejemplo, acaba derivando en tasas de encarcelamiento más altas de hombres afroamericanos (y mujeres afroamericanas) aun cuando el delito no discrimine por motivos de raza (Hill, 2019).

Pero lo que probablemente resulte todavía más preocupante es que la legislación antiterrorista tiene el potencial de empujar aún más a los grupos extremistas hacia los márgenes de la sociedad. Existe cierta probabilidad de que estos enfoques perpetúen la sensación de injusticia y de exclusión y, por ende, refuercen la idea de que estos hombres están siendo oprimidos por una sociedad que quiere aplastar de un modo violento no solo sus comunidades, sino su propia identidad. Esto es particularmente cierto teniendo en cuenta que los individuos se sienten cada vez más señalados por lo que Lauren van Metre y Linda Bishai (2019) llaman el «Estado depredador». La depredación por parte del Estado ocurre cuando una élite social explota a las instituciones en beneficio propio. La forma más habitual de hacerlo es a través de la extracción de la riqueza y los recursos comunitarios, pero en el caso de la legislación antiterrorista también puede ocurrir cuando los actores políticos se aprovechan de unos electores específicos para su beneficio político (por ejemplo, aparentando mano dura frente al delito). Alienando aún más a los individuos, la depredación del Estado provoca un mayor número de personas marginadas, con el consiguiente aumento del riesgo de agravar la violencia. Como sostienen Van Metre y Bishai:

> En este entorno, los actores de la seguridad, en lugar de proteger a las comunidades, de hecho causan inseguridad. En otras palabras, las propias características de la democracia —los partidos políticos, la relación entre los representantes y el electorado y las instituciones de justicia y de seguridad— se convierten en mecanismos para la depredación por parte de las élites, lo que a su vez socava la legitimidad de la democracia.

Y continúan diciendo:

En estas condiciones, los grupos extremistas violentos no parecen muy diferentes, salvo que brindan oportunidades a los desposeídos debido a la forma perversa que ha adoptado ahora la «democracia». Además, dado el liderazgo esclerótico y exclusivista presente en muchos estados frágiles y la falta de oportunidades de promoción profesional, el atractivo de líderes extremistas violentos, jóvenes y ambiciosos es una poderosa promesa de movilidad y agencia.

No se han utilizado suficientemente los recursos policiales para poder determinar si en el seno de las comunidades de la machosfera se producirán estos efectos. Sin embargo, la experiencia muestra que una intensificación de la actuación policial sobre las poblaciones musulmanas puede producir un efecto no deseado, pues algunas personas se entregarán todavía más a los extremismos al sentirse cada vez más desconectadas de la sociedad (Coyne, 2019; Sabbagh, 2020). Al tiempo que escribo esto, Israel está librando una guerra contra Hamás (y contra millones de palestinos inocentes) en Gaza. Se ha repetido insistentemente que es probable que la guerra alimente una nueva generación de guerrilleros de Hamás, ya que los palestinos, y con razón, están resentidos y furiosos contra la violencia de proporciones desmesuradas a la que se ven sometidos (Rogers, 2023). El control policial, la violencia y la vigilancia pueden ser fácilmente contraproducentes, marginando cada vez más a la gente de la sociedad.

Vemos que algunas tendencias similares operan en la forma más común de «vigilancia policial» que se desarrolla en la machosfera: la práctica del veto en las redes sociales. Ya sé que los vetos de las redes sociales no tienen la misma trascendencia para las personas que las detenciones o la vigilancia por parte de las fuerzas de seguridad. Sin embargo, son un intento por moderar y castigar que se produce *online* y que ha sido ampliamente utilizado contra la comunidad. Dado este uso, también se está produciendo un auge en la investigación sobre el impacto de estos vetos que nos permite hacernos una idea de la reacción de las comunidades ante estos procedimientos (véanse por ejemplo Chandrasekharan *et al.*, 2017; Copland, 2020; Ribeiro *et al.*, 2020).

La vigilancia en las redes sociales ha aumentado en los últimos años. Aunque las empresas de redes sociales se han resistido a aplicar esas medidas a los grupos misóginos, porque suelen sacar mucho dinero de su contenido (Bates, 2020), las prohibiciones en redes sociales se han vuelto cada vez más habituales. Esto ha dado lugar a medidas que van desde el bloqueo de las cuentas de individuos como Andrew Tate en Facebook y Twitter (hasta que Elon Musk le permitió volver a utilizarlas) hasta la eliminación de grandes comunidades, como el borrado de los foros MGTOW e *incel* en Reddit. A esto, al menos según la legislación vigente, tienen derecho estas compañías (Gillespie, 2018), y está claro que estos individuos y grupos han infringido con frecuencia las normas que tienen establecidas en sus términos y condiciones. Los gobiernos también están empezando a involucrarse en esta cuestión. A raíz de una serie de ataques violentos cometidos por hombres, el gobierno de Australia ha alimentado el pánico sobre el papel que desempeñan las redes sociales y está intentando obligar a estas empresas a eliminar determinados contenidos específicos si no quieren enfrentarse a importantes multas (Taylor, 2024), e incluso ahora están vetando el acceso a redes sociales de menores de dieciséis años (Middleton y Taylor, 2024).

Yo soy muy crítico con los vetos en las redes sociales, principalmente porque no podemos confiar en que las empresas de redes sociales se vayan a ocupar de verdad de la violencia de la extrema derecha o de la machosfera. Como sostiene Jeff Sparrow (2019: 123), «aun cuando estas [las empresas de redes sociales] puedan verse presionadas por la indignación política, al fin y al cabo lo que les mueve es la obtención de beneficios, y las incendiarias cuentas de la extrema derecha les proporcionan un nivel de participación de los usuarios que puede monetizarse a través de la publicidad». A las compañías de redes sociales les preocupa más la controversia que hacer lo correcto, lo que significa que a menudo las organizaciones y las ideas progresistas acaban yendo en el mismo paquete de prohibiciones (Sparrow, 2019). Esto lo hemos podido comprobar en la actual guerra de Israel contra Hamás, durante la cual las empresas de redes sociales a menudo censuran las voces propalestinas, que suelen ser las más marginadas en el debate. Las campañas a favor de los vetos pueden acabar teniendo resultados negativos.

Esto no significa necesariamente que tengamos que descartar la idea por completo. Las pruebas sugieren que eliminar a alguien de una red social puede resultar bastante útil, sobre todo si se trata de personajes de perfil alto que han sido capaces de ganarse la vida a través de dichas plataformas. La desplataformización de Milo Yiannopoulos en 2018, por ejemplo, causó el desplome de su influencia y de sus ingresos, y sus giras se cancelaron en todo el país (Bates, 2020). Yiannopoulos se vio abocado a convertirse en representante comercial de baratijas de su iglesia local (Chudy, 2021). Lo mismo cabe decir de Alex Jones, tristemente célebre teórico de la conspiración, que perdió una audiencia enorme después de ser vetado en las plataformas (Bates, 2020). Jones tuvo que declararse en quiebra tras ser condenado a pagar 1.500 millones de dólares a las víctimas de la masacre en la escuela elemental de Sandy Hook en 2012 (Chan, 2022).

Los activistas y los movimientos también han hecho un buen trabajo para conseguir que se expulsara de las plataformas a los líderes. Después de las giras de conferencias de líderes de la machosfera como Jordan Peterson y Milo Yiannopoulos, a menudo ha habido manifestaciones que por lo general han conseguido detener el apoyo a estos personajes. Como ha puesto de manifiesto el periodista Jason Wilson (2018), las contramanifestaciones que siguieron a la manifestación de la extrema derecha en Charlottesville en 2017 resultaron fundamentales para frenar la difusión de los movimientos nacionalistas blancos. Los líderes fueron asfixiados por estos contramovimientos, hasta el punto de que perdieron el acceso a los canales dominantes y, por ende, el apoyo. Además, este tipo de manifestaciones desmoraliza a los miembros de la extrema derecha y de la machosfera y les desanima a participar (Sparrow, 2019). Poner el foco en los líderes puede ayudar a detener las ideas antes de que estas ganen verdadero terreno. Aunque la investigación es en gran medida desigual, estos vetos son más difíciles de imponer cuando se dirigen a grupos en su totalidad o a individuos de perfil menos alto. En los últimos cinco años aproximadamente, Reddit ha puesto en «cuarentena» o ha censurado una serie de subreddits de la machosfera (Chandrasekharan *et al.*, 2017; Copland, 2020; Ribeiro *et al.*, 2020). Mientras que los vetos son sencillos, las cuarentenas son una forma más compleja de restringir un subreddit. Los subreddits en cuarentena no aparecen en la «portada» de la plataforma ni en el *feed* de suscripciones del usuario. Durante ese tiempo, si los usuarios tratan de acceder al subreddit, aparece un aviso que les advierte de que ese subreddit está dedicado a «contenido perturbador o altamente ofensivo» y exige a los participantes que den su consentimiento explícito para acceder. La cuarentena está diseñada específicamente para limitar la capacidad de acceso a un subreddit, lo que a su vez limita la difusión de su contenido. Sin embargo, suponiendo que el subreddit siga en cuarentena, resulta útil para estudiar la respuesta a las restricciones de la empresa de redes sociales.

El objetivo de la cuarentena de Reddit es doble: poner un cordón sanitario entre los subreddits afectados y la plataforma en su conjunto, y por ende reducir el acceso a material que promueva el odio, y orientar el discurso de dichos subreddits en una dirección más positiva. Tras la aplicación de la cuarentena contra dos subreddits de la machosfera, realicé un análisis para comprobar si esta medida había cumplido dichos objetivos (Copland, 2020).

Lo que hallé, junto con otros investigadores e investigadoras, es muy variado (Chandrasekharan *et al.*, 2017; Copland, 2020; Ribeiro *et al.*, 2020). En mi estudio observé que la cuarentena redujo aproximadamente a la mitad la implicación en ambos subreddits. Esto sugiere que Reddit tuvo éxito en su primer objetivo. Sin embargo, quienes siguieron participando no rebajaron su nivel de misoginia, lo que indica un fracaso en el segundo objetivo. Dicho fracaso podría explicarse en parte por la reacción inicial de los usuarios a la cuarentena. En ambos subreddits, la imposición de la cuarentena suscitó mucha ira, que se manifestó a través de campañas en las que se animaba a los usuarios a trasladarse a plataformas externas. Estas campañas no son excepcionales. Tras un veto completo de los subreddits r/TheDonald y r/Incels, los miembros se dieron de baja de Reddit y se apuntaron a otras comunidades con menos control (Ribeiro *et al.*, 2020). Aunque estas comunidades eran mucho más pequeñas, también vehiculaban un contenido mucho más extremo (Ribeiro *et al.*, 2020). Esto está ocurriendo por todo internet. Al bloqueo de la cuenta de Donald Trump en Twitter siguió una migración masiva de usuarios a las plataformas de extrema derecha Parler y Gab. Luego Trump creó su propia plataforma de redes sociales, Truth Social, que se ha convertido en un espacio para sus seguidores y para la extrema derecha en general. Estas plataformas suelen estar muchísimo menos reguladas que sus homólogas dominantes, lo que significa que las ideas extremistas pueden difundirse sin un control de la sociedad en general. Desgraciadamente, están creciendo a un ritmo alarmante, y la mayor de ellas, Gab, cuenta ahora con millones de suscriptores.

Los vetos pueden tener el mismo efecto que otras formas de vigilancia: empujar todavía más a los hombres hacia los extremismos. En líneas generales, no reducen necesariamente el nivel de misoginia ni de otro material de odio en internet. Analizando vetos parecidos en Reddit, Chandrasekharan *et al.* (2017: 18) sostenían:

> En cierto sentido, Reddit ha convertido a estos usuarios [de los subreddits vetados] en un problema ajeno. Por hablar claro: desde una perspectiva macro, las medidas de Reddit no han hecho que internet sea más seguro o contenga menos mensajes de odio. Una posible interpretación, dadas las pruebas de que disponemos, es que el veto arrastró a estos usuarios de los subreddits vetados a rincones más oscuros de internet.

Con esto no pretendo sugerir que no haya que vetar nunca a individuos ni a grupos, o que las detenciones nunca estén justificadas. A veces la seguridad inmediata de otros individuos/grupos en una plataforma es prioritaria, y en esos casos los vetos son apropiados. Sin embargo, nos estamos engañando a nosotros mismos si creemos que esto resolverá el problema a largo plazo: lo único que hace es lanzar la pelota a otro tejado. La violencia, el odio y la misoginia tal vez desaparezcan de una plataforma, pero no de internet ni de la sociedad en general. Vigilar, ya sea recurriendo a las fuerzas tradicionales u *online,* tiene cierta probabilidad de no resultar eficaz y cierta probabilidad de empeorar las cosas. Hay mejores soluciones.

Resolver el meollo de la cuestión

La vigilancia policial no funciona porque solo aborda el síntoma del problema y no su causa. Tal vez podamos evitar que un ataque se produzca o detener a un delincuente (ambas cosas positivas), pero eso no impide que la gente, en cualquier caso, desarrolle estas ideas. Si queremos hacer frente a los problemas de la machosfera, es necesario que afrontemos el meollo de las cuestiones que subyacen tras el movimiento.

Muchos están empezando a hacerlo, analizando cómo podemos modificar la interpretación por parte de los hombres de la hombría y de la masculinidad. Por ejemplo, en el mismo artículo que cité más arriba, la doctora Gurpreet Kaur (2023) sostiene que retar a los chicos jóvenes a hablar de género es una forma importante de dirigirse a la comunidad. Propone tres soluciones: personas expertas en género y en facilitación deberían hablar a los chicos sobre las normas referentes a la masculinidad; se debería animar a los padres y a las madres, y especialmente a los primeros, a mantener conversaciones francas en casa con los chicos sobre hombres como Andrew Tate, tratando de buscar referentes más positivos, y las escuelas y universidades deberían impartir talleres sobre las relaciones sanas.

Laura Bates (2020) sostiene un planteamiento similar. Afirma que la intervención en cuestiones de género debe tener lugar en una fase temprana, principalmente en nuestros sistemas educativos; defiende que en el currículum escolar se integre un programa antisexista obligatorio a nivel nacional. Un currículum de este tipo, en su opinión (2020: 313), no aspiraría solo a educar a los estudiantes acerca de lo que es la misoginia extrema, sino que supondría también

> proporcionarles unas herramientas y un conocimiento básico sobre temas como los estereotipos de género y las relaciones sanas, el consentimiento y el respeto en las relaciones sexuales, ideas todas ellas fundacionales que ayudarán a reforzar a la gente joven frente a algunas de las ideas equivocadas y tóxicas que encontrarán más tarde *online*.

Programas de este tipo ya se han implantado con grandes esperanzas. En Nueva Zelanda, el movimiento «She Is Not Your Rehab» [«Ella no es tu rehabilitadora»], que comenzó en 2019 (Brown y Brown, 2021), nació de conversaciones que

Matt Brown tenía con sus clientes en su barbería. Luego se convirtió en una campaña más amplia, que se realizó *online* y a través de conversaciones con los hombres, y es una «invitación para que los hombres reconozcan sus propios traumas de infancia y se responsabilicen de su propia sanación de modo que puedan transformar su dolor en lugar de transmitírselo a quienes los rodean». Matt y su mujer Sarah se han convertido en figuras destacadas de su comunidad y exponen a los hombres diferentes maneras de abordar sus problemas vitales y expresar su masculinidad.

Las escuelas y las universidades también están invirtiendo una gran cantidad de recursos para hacer frente a la violencia sexual y a la misoginia. Mi propia universidad, la Australian National University (ANU), tiene una unidad específica de «relaciones respetuosas» que «se centra en la prevención de las agresiones sexuales y el acoso sexual en la comunidad de la ANU». La unidad, según su declaración, «promueve un cambio positivo y sostenible a través de una educación fundamentada en pruebas y en el cambio cultural» (ANU, 2023). Esta unidad realiza formaciones, eventos y actividades educativas para reforzar la comprensión de las agresiones sexuales y el acoso y para apoyar estrategias preventivas; también desarrolla prácticas restaurativas para abordar los conflictos en el campus y ofrece orientación para ayudar a los diferentes sectores de la universidad a desarrollar planes contra el acoso y las agresiones sexuales. Ha tenido un verdadero impacto en el campus, donde se han iniciado debates sobre la misoginia y la violencia sexual, temas de los que solo se hablaba en susurros cuando yo accedí a la universidad.

Estas medidas son una parte muy necesaria de la solución, y el trabajo que hacen personas como los Brown y las unidades de relaciones respetuosas constituyen una verdadera inspiración. Como he señalado a lo largo del libro, los hombres de la machosfera añoran una versión antigua e idealizada de la masculinidad que pretende reinventar la «misión de la hombría» del siglo XX. Esta «misión» era intrínsecamente patriarcal y violenta, lo cual significa que es preciso que pensemos en nuevas formas que permitan a los hombres expresar nuestra masculinidad. Más aún, esta misión, les guste o no a los hombres de la machosfera, está agonizando. Tratar de estar a su altura provoca un fracaso constante, lo que, como he puesto de manifiesto, conduce a mayor desesperación y violencia. Por lo tanto, tenemos que replantearnos nuestras maneras de entender la masculinidad: es algo absolutamente crítico.

Dicho todo esto, centrarse en la masculinidad de este modo también tiene sus limitaciones. La primera se refiere a su alcance. Soluciones como las que propone Laura Bates suelen centrarse en talleres en las escuelas o en programas específicos. Uno de los problemas que acarrea, y que me han señalado múltiples docentes (estoy saliendo con un profesor y tengo muchos amigos que son profesores), es que el currículum escolar está ya muy sobrecargado y que las y los docentes sencillamente no tienen ni tiempo ni capacidad para añadir un contenido más. Cuando se implantan, estos programas suelen comprimirse en una agenda ya saturada de actividades, de modo que acaban limitados a un breve taller que probablemente no tendrá impacto a largo plazo.

El análisis de la eficacia de los materiales sobre relaciones respetuosas pone de manifiesto este problema y la necesidad de un compromiso profundo. Los cursos, seminarios o módulos de una sola edición, centrados en generar una mayor concienciación y en cambiar creencias y actitudes, que suelen ser las formas más comunes de intervención, no alteran el comportamiento a largo plazo (DeGue, 2014). Por el contrario, los métodos deben ser aplicados en combinación con talleres presenciales y con una prevención comunitaria a largo plazo porque la investigación pone de manifiesto que este tipo de programas completos sí que pueden cambiar actitudes y comportamientos (DeGue, 2014). Aun así, lamentablemente, todavía no sabemos lo suficiente. Aunque estas medidas pueden resultar útiles, no van a resolver la cuestión definitivamente. El segundo problema es que los planteamientos «malsanos» de la masculinidad no son la única causa que subyace tras el crecimiento de la machosfera. Aunque las campañas y los programas que acabo de comentar contribuyen en parte a abordar cuestiones que pueden inducir a los hombres a unirse a la comunidad, no logran resolverlo todo. Por ejemplo, no permiten superar las realidades de la cultura ornamental, y muchos de ellos no pueden ayudar a los hombres a salir de su penuria económica. Hemos de ser más ambiciosos y no limitarnos a abordar únicamente la masculinidad: tenemos que superar algunas de estas estructuras mucho más grandes. A este respecto hay muchas cosas que podemos hacer, y aunque no pueda abordarlas todas en este breve capítulo, sí puedo empezar planteando dos ideas.

Un punto de partida podría ser ofrecer a estos hombres un sentido de pertenencia diferente. Muchos espacios que los hombres jóvenes (y las mujeres jóvenes) han ocupado anteriormente —las organizaciones juveniles, los sindicatos, los grupos deportivos, las parroquias, etc.— se han ido desmantelando, induciendo a los individuos a encontrar su comunidad sobre todo *online*. Como señala Laura Bates (2020: 321), «entre 2012 y 2016, se cerraron más de 600 centros juveniles en el Reino Unido, y la financiación local para los servicios de juventud se desplomó hasta un 62% entre 2009 y 2017». De niño, yo me beneficié de los servicios de juventud, y me consterna comprobar que este tipo de problemas ocurren en mi propia ciudad natal, Canberra. De adolescente descubrí una gran comunidad a través de un grupo social LGTBIQ llamado Bit Bent. Ahora, de adulto, una de mis compañeras de trabajo ha estado llevando a su hijo al mismo grupo. Por desgracia, me ha contado hace poco que es posible que el grupo desaparezca porque la falta de financiación le impide disponer de personal. Esto posiblemente conducirá a jóvenes en situación de riesgo que no tienen adonde acudir a acabar buscando *online* comunidades similares. Como afirma Bates (2020: 318):

> Estamos cosechando los frutos que sembraron los recortes de los gobiernos locales y el cierre de los centros comunitarios: la desaparición gradual y sistemática de espacios físicos a los que los chicos puedan acudir a socializar. Por ello se dirigen a lugares que se encuentran *online*.

Volver a invertir en estos espacios podría proporcionar a los hombres sitios diferentes, más sanos, a los que ir en lugar de optar por lo *online*. Como escribe Bates (2020: 318), «hemos de proporcionar espacios *offline* que sean relevantes y satisfactorios para ellos y que puedan hacer suyos».

Otra de las grandes pérdidas que les han afectado es la de un empleo estable, un factor clave para forjar un sentido de comunidad y estabilidad en la vida de las personas. Como ya he comentado, todos estamos haciendo frente a un progresivo nivel de inseguridad económica. Y ello está generando un malestar social generalizado que no podemos abordar sin revertir algunos de los cambios económicos que se han producido en la era neoliberal. No me costaría nada escribir un libro entero sobre el tema, ¡y de hecho muchas personas lo han hecho! En su libro *Inventar el futuro,* Nick Srnicek y Alex Williams (2015) sugieren una serie de cambios necesarios para revertir la naturaleza depredadora del capitalismo neoliberal. Incluyen implantar por completo la automatización para liberar a las personas del trabajo pesado, reducir la duración de la semana laboral, adoptar una renta mínima universal básica que a todo el mundo le asegure los ingresos que necesita para sobrevivir y campañas culturales para poner límites a la ética del trabajo que impera en nuestra sociedad moderna. Los beneficios de estos planteamientos suponen no solo que habrá más seguridad económica, sino que también se frenará la cultura ornamental que define el neoliberalismo. Hemos de redefinir la forma en que nos vemos a nosotros mismos y a nuestras comunidades. En lugar de ser trabajadores individuales y competitivos, la nueva misión de la hombría (o de la condición humana) debería ser centrarse en la cooperación, la comunidad y la alegría de vivir. Sin embargo, esto solo lo podremos alcanzar si liberamos a la gente de un trabajo inestable y creamos auténticas comunidades en lugar de permitir que individuos aislados busquen desesperadamente narrativas e historias que los ayuden a entender por qué odian tanto su vida.

Implicar a los seguidores y afrontar la misoginia

Las sugerencias que he planteado arriba son ingentes, y me imagino que estarás pensando: es imposible. Además, estas ideas son a muy largo plazo y no sirven para afrontar la misoginia que se está produciendo ahora mismo. Sí, sería estupendo cambiar las estructuras económicas, pero ¿qué hay de la violencia digital que las mujeres están sufriendo en la actualidad? ¿Qué podemos hacer con eso?

Estoy de acuerdo también con estas críticas. Como escribí anteriormente, no pude evitar pensar: ¡menuda pregunta! Reconozco que ningún gobierno actual va a cambiar sustancialmente nuestro sistema económico en ese sentido, al menos hasta que se produzcan grandes cambios. Tampoco se toman medidas para reinvertir en servicios sociales como los centros juveniles ni para afrontar la cultura ornamental, que es un factor tan fundamental de nuestros problemas. Ello se debe en gran medida a que los gobiernos y otras élites le sacan partido a la naturaleza depredadora de nuestro actual sistema (Van Metre y Bishai, 2019).

Además, muchas de las soluciones anteriores no afrontan la misoginia de manera directa. Aunque se trata de soluciones importantes a largo plazo, también tenemos que pensar en los hombres que están profundamente implicados en estos movimientos y en las ideas misóginas que promueven. ¿Qué significaría interactuar de manera eficaz con estos hombres? Si la vigilancia policial no funciona, ¿cómo podemos cambiar sus ideas y sacarlos de estos movimientos?

Existe espacio para abordar los dos temas a la vez. En esta sección sugiero que nosotros —y cuando digo «nosotros» me refiero a los movimientos ampliamente progresistas y profeministas— tenemos la posibilidad de interactuar con los hombres que puedan estar interesados en la machosfera si les ofrecemos una alternativa. Se trata de una idea de gran calado: muchas de nuestras explicaciones actuales sobre la machosfera tratan a los hombres como si fueran malvados o tóxicos por naturaleza y, por lo tanto, los consideran incapaces de cambiar. Este suele ser el fundamento de las soluciones basadas en la vigilancia policial: ¡ya que no podemos cambiar a estos hombres, encerrémoslos! No estoy de acuerdo con este planteamiento: debemos aceptar algún matiz y reconocer que los hombres tienen la capacidad de cambiar; debemos evitar las creencias patriarcales y misóginas (Thoburn, 2023). Los movimientos progresistas pueden desempeñar aquí un papel integral, tanto cambiando nuestro lenguaje como apoyando a organizaciones que están tratando de evitar que los hombres se integren en espacios misóginos y sacándolos de estos. Si dejamos de echarles toda la culpa a los hombres malvados o a la masculinidad tóxica, conseguiremos desviarlos de la machosfera para que en cambio participen en movimientos que luchan por la justicia económica y de género.

¿Cómo podemos hacerlo? Una pujante área de investigación que ofrece algunas posibles vías es la de las «narrativas alternativas», cuya popularidad ha ido en aumento en movimientos que tratan de prevenir y contrarrestar el extremismo violento.

En los últimos años, dichos movimientos para prevenir y contrarrestar el extremismo violento se han centrado mayoritariamente en las contranarrativas, que se definen como esfuerzos intencionados o directos de «desacreditar, deconstruir y desmitificar las narrativas extremistas violentas a través de la ideología, los hechos, la lógica o el humor» (Briggs y Feve, 2014: 13). Las contranarrativas funcionan oponiéndose proactivamente a la ideología de un grupo extremista violento. En el caso de la machosfera, esto significaría responder a las afirmaciones de que no existe la brecha salarial de género con pruebas que demuestren lo contrario o a las de que los hombres son los menos privilegiados de nuestra sociedad señalando todo el poder que siguen teniendo.

Las contranarrativas parten de la ideología: plantean que la ideología es lo primero que tenemos que derrotar. Así es como surgió originalmente este concepto, con el planteamiento desarrollado durante el auge del Estado Islámico en 2013 (Rosand y Winterbotham, 2019). Los responsables políticos creían que la capacidad de reclutamiento y la radicalización del Estado Islámico se debían ante todo a la popularidad de una ideología violenta, «perversa» y «radical». El razonamiento que se hacía entonces era: si derrotas la ideología, eliminarás al grupo y la amenaza violenta (Rosand y Winterbotham, 2019). Esto fomentó toda una industria de la contranarrativa, que se centró en conseguir que los líderes políticos y religiosos «moderados» denunciaran las ideologías islamistas extremistas, identificando a las verdaderas voces y formando a individuos y grupos para que desarrollasen y difundieran estas narrativas (Rosand y Winterbotham, 2019).

Estos enfoques también han sido adoptados en los debates de la corriente general sobre la machosfera y la misoginia, haciendo particular hincapié en cómo los padres, las escuelas y otras instituciones educativas pueden plantar cara a las ideas de la machosfera cuando aparecen. Laura Bates (2020: 315), por ejemplo, hace un llamamiento a los padres para que contrarresten las ideas de la machosfera siempre que aparez-can. Dice lo siguiente:

> Cuando de la nada brote una bandera roja, cuestióna-la. Cuestiónala una y otra vez. La machosfera es una caja de resonancia. La razón misma por la que resulta tan convincente es que la naturaleza de sus comunidades cerradas y de sus vídeos en bucle con soporte algorítmico adoctrina totalmente. No se comparten opiniones contrarias, así que compártelas tú. Expón a los jóvenes otras ideas, otras opciones. Reta y cuestiona aquello que la machosfera da por supuesto.

Sin embargo, la investigación sobre las contranarrativas es muy somera, y son pocas las pruebas concluyentes. Un estudio de contranarrativas realizado por el Parlamento Europeo afirmaba que el concepto estaba insuficientemente desarrollado y que carecía de investigación empírica (Reed *et al.,* 2017). Andrew Glazzard (2017) coincide con esto y plantea que los programas de contranarrativa se basan en unas métricas poco consolidadas, carecen de una teoría propiamente dicha sobre cómo pueden operar y a menudo no consiguen distinguir entre radicalización y reclutamiento para la violencia.

La principal explicación a este hecho es que, como he puesto repetidamente de manifiesto, para mucha gente la ideología no suele ser la primera razón que le lleva a adherirse a estas comunidades. La gente suele unirse por un sentimiento de aislamiento o porque se siente desconectada de la sociedad; en cambio, los grupos de la machosfera, igual que las organizaciones extremistas violentas (Kimmel, 2018), proporcionan un espacio en el que los individuos son escuchados e, irónicamente, pueden sentirse seguros. Las contranarrativas se centran en la parte equivocada del problema, pues se fijan en aspectos superficiales (la ideología expresada) y no en la causa subyacente.

Además, las contranarrativas suelen recibirse a la defensiva, lo que empuja todavía más a la gente a abrazar las ideas extremistas (Thorburn, 2023). Volviendo a las palabras de Laura Bates, «desafiar» la ideología de la machosfera implica a menudo una confrontación directa que puede situar a «quien desafía» y a «quien es desafiado» como opuestos. El reto en sí mismo crea un binario en el que dos grupos son lanzados uno contra otro sin espacio para crear un terreno de encuentro que permita el cambio. Las contranarrativas perpetúan la convicción entre quienes son «desafiados» de que sus planteamientos están siendo ignorados o socavados, lo que los expone todavía más a caer en manos de las celebridades de la machosfera que escuchan sus preocupaciones. Esto resulta particularmente problemático si estamos animando a los padres a que sean los que planteen un desafío a sus hijos. Muchos chicos se están uniendo a estos grupos, al menos en parte, por deseo de rebelarse. Que sus padres vengan y les planteen un desafío no hace más que reforzar ese deseo, con lo que la machosfera les resulta todavía más atractiva. Esto es contraproducente, y por ello «las contranarrativas de oposición suelen ser menos eficaces que las narrativas alternativas, que abren espacio para la comprensión y la tolerancia mutuas, lo que puede ayudar a abordar las quejas y las necesidades psicosociales de las personas que pueden ser vulnerables a las ideologías extremistas» (Thorburn, 2023: 7).

Vale la pena ilustrarlo con un ejemplo muy claro para ponerlo de manifiesto. Durante años he estado siguiendo una cuenta destacada de Twitter (ahora X.com) contra la machosfera denominada @TakeDownMRAs[1] (MRAs o Men Rights Activists son los activistas por los derechos de los hombres). La cuenta, que tiene más de 30.000 seguidores, republica contenido de los derechos de los hombres o de la machosfera

---

[1] https://twitter.com/TakedownMRAs.

con comentarios sarcásticos, burlándose de las personas y proporcionando información y «hechos» sobre aquello en lo que están equivocados. A veces resulta extremadamente entretenido, y la cuenta ha conseguido montones de seguidores. Pero dudo que haya conseguido cambiar nada, y de hecho es posible que acabe empeorando las cosas. La cuenta se dirige a un grupo de personas que ya destacan por su oposición a las ideas de la machosfera y de los derechos de los hombres y genera un espacio en el que la gente puede reírse y, francamente, presumir de ser mucho más lista que esos hombres. Eso, sin embargo, no crea el entorno propicio para cambiar las opiniones de quienes ya se sienten denostados. Por el contrario, la «política presuntuosa» (Sparrow, 2018) solo consigue que la gente se sienta denigrada, se enfade y tenga mayor tendencia a integrarse en movimientos compuestos por personas que sí la van a escuchar.

Tal vez sea llevar las cosas al extremo, pero las contranarrativas a menudo se entremezclan con este tipo de actitud presuntuosa. En lugar de asumir que las convicciones de una persona pueden ser fruto de unos sentimientos genuinos, o incluso que estos tal vez encierren aunque solo sea una pizca de verdad, las contranarrativas tratan a las personas y sus ideas como si fuera preciso derrotarlas. Estos enfoques también suelen fundamentarse en la educación, dando por supuesto que los que están del otro lado no tienen suficiente formación para comprender cuál es el mejor planteamiento. Pero, en lugar de fomentar el cambio, la política presuntuosa simplemente refuerza la oposición de las posturas, y las personas o grupos que utilizan las contranarrativas suelen ser vistos (con razón) como élites que se dirigen con desprecio a quienes expresan sus sentimientos (Sparrow, 2018). Esto consolida las afirmaciones de guerra cultural de la extrema derecha, que utiliza cada vez más ideales populistas que la sitúan cerca de la «gente corriente» que lucha contra una tropa de «élites izquierdistas». En una cita que fácilmente puede aplicarse al uso de las contranarrativas, Jeff Sparrow (2018: 102) sostiene que la introducción de la retórica presuntuosa fue un desastre. Asegura que:

> Al desacreditar a las personas tildándolas de ignorantes, los progresistas confirmaron todo aquello que decían los activistas culturales: abrazaron abiertamente el estereotipo condescendiente del elitista liberal.

Hay mejores soluciones. En otros movimientos diseñados para disminuir la radicalización, un nuevo enfoque denominado «narrativas alternativas» está adquiriendo cada vez más popularidad. Las narrativas alternativas pretenden disminuir la radicalización ofreciendo a los participantes una historia alternativa que ayude a explicar su situación y sus sentimientos, lo que proporciona una vía diferente, más positiva, que la gente pueda recorrer (Hemmingsen y Castro, 2017: 32). En lugar de tratar de oponerse a las ideas misóginas, las narrativas alternativas se proponen hablar con los hombres sobre las causas reales de sus problemas y animarlos a unirse a movimientos cuyo objetivo sea afrontar dichas causas.

Para las narrativas alternativas, es fundamental esforzarse por desarrollar un enfoque común del mundo. Esto significa empezar admitiendo la «pizca de verdad» (Barzegar *et al.,* 2016) de la queja masculina, es decir, reconociendo que las quejas son genuinamente sentidas aun cuando a veces no estemos de acuerdo con ellas (Gimmel, 2018). Las narrativas alternativas intervienen entonces para hallar y desarrollar interpretaciones sobre el origen de estos sentimientos, sobre las estructuras sociales a las que posiblemente haya que achacar los problemas y sobre las soluciones disponibles. Todo este proceso se basa en la empatía y la comprensión; en lugar de atacar a las personas por sentir que se identifican con las ideas de la machosfera, es preciso que empecemos por comprender el origen de sus preocupaciones. Es entonces cuando las narrativas alternativas pueden presentar historias positivas sobre los valores sociales, la apertura y la democracia con el fin de ofrecer una vía diferente que las personas puedan transitar (Briggs y Feve, 2014: 13).

Enfoques como este ya se están aplicando dentro de los espacios de la machosfera. Joshua Thorburn (2023), por ejemplo, estudia dos subreddits destacados, r/IncelExit y r/ExRedPill, que apoyan a personas que han dejado o desean abandonar estas comunidades. Estos espacios brindan una visión real a los individuos que están planteándose salir o han salido ya de la machosfera. Lo primero que ven claro es que estos individuos nunca o casi nunca declaran que decidieron dejar estas comunidades cuando otros los «desafiaron» o se «enfrentaron a ellos». En cambio, entre las motivaciones para abandonarlas reconocen que descubrieron (generalmente por su cuenta) incoherencias ideológicas dentro del movimiento, que percibieron hipocresía en los líderes de la machosfera o que entablaron relaciones de amistad o afecto con mujeres que contradecían las narrativas contra ellas que sostienen dichos líderes (Thorburn, 2023). Mientras que muchos de estos factores de motivación fueron impulsados por los propios individuos, muchos otros surgen por el paciente apoyo de otras personas de su entorno.

r/IncelExit y r/ExREdPill proporcionan un lugar abierto, de apoyo y empático en el que procesar los sentimientos que llevaron en un principio a los hombres a unirse a grupos de la machosfera, al tiempo que orientan estos sentimientos en direcciones diferentes. Thorburn (2023) señala el ejemplo de un chico de quince años que era usuario de r/IncelExit y afirmaba que había crecido viendo vídeos de artistas del ligue. En un post este chico preguntaba a la comunidad si estaba mostrando una devoción excesiva[2] por una chica de la

---

[2] «Simping» significa «prestar demasiada atención» o «dar demasiado afecto» —ya sea mediante regalos o cumplidos— para buscar la aproba-

que al parecer se había enamorado. Como explicaba Thorburn (2023: 12):

> Este usuario expresaba su preocupación por el hecho de estar haciéndole cumplidos a su amiga, de caminar con ella hasta casa desde el instituto, de compartir y comentar experiencias de trauma, de ayudarla a afrontar la relación con un tipo raro y sencillamente en general por ser un muy buen amigo en una relación en apariencia mutuamente respetuosa y recíproca. Temía que eso quisiera decir que estaba mostrando una devoción excesiva.

Como afirma Thorburn (2023: 12), «claramente, la influencia de los vídeos de artistas del ligue generó un miedo en este usuario acerca de cómo estaba manifestando su masculinidad [...] ver estos vídeos le afectó tanto que se preguntaba si debía ser respetuoso y amable con las mujeres si quería encarnar el concepto de la masculinidad de la machosfera». Este post corre el riesgo de ser objeto de burlas, o al individuo se le podría atacar por su sexismo, por tener semejantes planteamientos. No es imposible que esto ocurra en las múltiples plataformas de las redes sociales. Pero lo que r/IncelExit le proporcionaba era un espacio de apoyo para que pudiera plantear su pregunta de manera libre y abierta. Los miembros le dieron consejos, compartieron sus impresiones y le sugirieron maneras amables de rechazar la idea de que estaba mostrando una devoción excesiva, ofreciéndole interpretaciones de lo que estaba sucediendo (por ejemplo, es totalmente normal ser amable con una mujer que es amiga tuya), alternativas a lo que podría haber escuchado en boca de los artistas del ligue.

---

ción de otra persona. (El autor usa el término *simping* que figura en el post del usuario. En el texto en castellano hemos optado por utilizar la forma contextual «mostrando una devoción excesiva» en lugar del término en inglés *[N. de la T.]*).

Se trata de un excelente ejemplo que respalda la bibliografía sobre las narrativas alternativas, lo cual sugiere que estas pueden ser más eficaces que las contranarrativas, pues permiten afrontar quejas reales y percibidas, así como las necesidades emocionales que pueden conducir a la gente a interesarse por el discurso extremista en primera instancia (Roose *et al.,* 2022). Mientras r/IncelExit y r/ExRedPill son ante todo espacios para personas que ya han abandonado estas comunidades, también atraen a individuos a los que les interesan estas ideas pero que todavía no las han adoptado por completo (Thorburn, 2023). A este subconjunto de personas los foros les proporcionaban un espacio abierto en el que podían «airear sus experiencias como célibes, pedir consejo o apoyo y también refrendar la validez de ciertas ideas de píldora roja y negra ante una comunidad que ofrecía narrativas alternativas a la machosfera» (Thorburn, 2023: 12). Como he venido diciendo a lo largo del libro, la queja masculina a menudo viene motivada por quejas genuinas de los hombres sobre su vida. Esto es parecido al discurso extremista, en el que la receptividad a las narrativas y su influencia suelen deberse a temas sociales más amplios y a quejas más generales relativas a las políticas del Estado y a los conflictos sociales (Glazzard, 2017: 6). Es de suma importancia proporcionar espacios donde estas quejas puedan ser oídas, escuchadas y orientadas hacia la causa real de los problemas.

En este sentido, las narrativas alternativas suelen funcionar, pues conectan con el impulso emocional que motiva la adhesión a los grupos extremistas violentos. Como ya he dicho en reiteradas ocasiones, gran parte de las narrativas de la machosfera se basan en la emoción, ya sea la ira, la tristeza, la decepción, el odio o el amor (por no nombrar más que algunas). Sin embargo, la bibliografía señala que la emoción suele estar infrautilizada a la hora de abordar las narrativas extremistas (Roose *et al.,* 2022), y yo diría que lo mismo ocurre con los grupos de la machosfera. Las emociones están fuertemente conectadas con la identidad individual y pueden llevar a personas de ideas parecidas a gravitar unas hacia otras, constituyendo un «aspecto integral de la solidaridad política de grupo» (Smith, 2018: 442). Las organizaciones extremistas violentas generan un atractivo emocional conectando su interpretación del mundo con conceptos más amplios como la justicia, la igualdad, la autonomía y el significado (Cottee y Hayward, 2011: 973; Smith, 2018: 445). En cambio, las narrativas alternativas reconocen el atractivo emocional de los mensajes y lo replican. Esto supone tanto identificar los factores de atracción y repulsión de la interacción con las narrativas de la machosfera como buscar vías para proporcionar maneras diferentes de interactuar.

Las narrativas alternativas, aunque todavía en pañales en lo referente a afrontar la machosfera, tienen un historial creciente de logros en otras áreas, en particular a la hora de conseguir que la gente abandone la extrema derecha y otros movimientos. En Europa, en 1997, los investigadores de la Academia Noruega de Policía crearon el proyecto Exit Norway con tres objetivos:

> Crear redes locales para apoyar a los padres de chicos implicados en grupos racistas o violentos, permitir a la gente joven desvincularse de dichos grupos y desarrollar conocimiento metodológico y difundirlo entre los profesionales que trabajan con jóvenes relacionados con los grupos violentos (Copland, 2019).

Exit, que ahora se ha extendido a otros países de Europa y a Australia, utiliza el apoyo entre pares trabajando con personas en aquellas causas sociales que las llevaron a organizaciones de extrema derecha y luego las ayudan a salir de ellas. Se centran en ayudar directamente a las personas a identificar cómo pueden desvincularse de la extrema derecha. Esto incluye abordar las barreras sociales, psicológicas, emocionales y legales que tienen las personas que se desvinculan y también trabajar de un modo confidencial y sin emitir juicios para hallar soluciones a estos problemas. El proceso suele estar dirigido por antiguos miembros de estos grupos, que pueden actuar como referentes positivos. Aunque los grupos trabajan exclusivamente con personas que ya están motivadas a desvincularse, proporcionan algunas ideas sobre cómo pueden funcionar las narrativas alternativas.

La experiencia de Exit ha puesto de manifiesto que enfrentarse a la ideología de los miembros de la extrema derecha puede resultar contraproducente y, por lo tanto, es mejor optar por otra vía. Robert Örell, un antiguo extremista de Exit Suecia, dice: «Vemos que enfrentarse, enzarzarse en discusiones o disputas [sobre la ideología] muy raras veces conduce a un cambio; más bien al contrario: refuerza la necesidad de justificar, explicar y defender las ideas, lo cual conduce a lo opuesto de lo que queremos» (Copland, 2019). En cambio, Örell dice que animan a los clientes a que «reflexionen sobre por qué se implicaron en el movimiento y comprendan cómo impactó e influyó en su forma de pensar y de razonar y cómo el movimiento les incitó a interpretar todo lo que experimentaban a través de un prisma ideológico que con el tiempo se convirtió en el único prisma que utilizaban» (Copland, 2019). Además, trabajan con los clientes para fomentar nuevas experiencias y grupos sociales. Örell dice:

> Esto nos ayuda a crear nuevas percepciones sobre cómo relacionarse con el mundo, con las diferentes fuentes de información, con otras personas y con nosotros mismos, vividas a través de experiencias e interpretaciones de los acontecimientos. De este modo brindamos más matices y menos distancia, y con ello disminuye la necesidad de ideas extremistas violentas, que se vuelven menos atractivas (Copland, 2019).

Exit ha tenido un éxito importante con este modelo y han surgido iniciativas parecidas por todo el mundo. Están consiguiendo que la gente abandone estos grupos; exit-Alemania (2022), por ejemplo, afirma que, desde 2022, han ayudado con éxito a más de 800 personas, con un índice de recaída de tan solo el 3%. Aunque grupos como Exit no abordan actualmente la machosfera, existe la posibilidad de aprender de este tipo de organizaciones. Podríamos constituir grupos similares dirigidos a hombres de la machosfera o, alternativamente, trabajar con grupos existentes para ampliar su campo de acción. Este enfoque, sin embargo, no lo deberían aplicar exclusivamente organizaciones antiextremistas. Grupos como Exit o subreddits como r/IncelExit o r/ExRedPill solo pueden llegar a un número determinado de personas. Aunque son extremadamente valiosos, contar solo con ellos para esta tarea nos tendrá dando vueltas sin avanzar.

De una manera más amplia, deberíamos ayudar a los padres, los docentes, las amistades, la familia y a todo el mundo a desarrollar habilidades parecidas de modo que puedan ofrecer alternativas a los jóvenes que se sienten atraídos por las ideas de la machosfera. En algunos casos, esto puede significar localizar grupos sociales alternativos o ayudarlos a conseguir un trabajo sostenible. En casos en que estas opciones no sean posibles, se les puede ayudar a localizar y a adherirse a movimientos sociales que luchan por conseguir cambios necesarios en nuestra sociedad, ya sean grupos de masculinidad positiva, campañas para la justicia económica o social o incluso movimientos feministas. Los grandes movimientos sociales en torno a la justicia de género, económica y social también deberían contemplar esta estrategia. En lugar de hablar de los hombres jóvenes y desafectos como fracasados que viven encerrados en casa, deberíamos tratar de fomentar la solidaridad con ellos en torno a problemas colectivos. Nuestro lenguaje debería reconocer el meollo de la cuestión que ha provocado el auge de la machosfera y centrar nuestra ira en los descontrolados sistemas capitalistas que están perjudicando a todo el mundo.

Deberíamos aceptar que las quejas de los hombres jóvenes se basan en miedos reales y buscar vías para hablar con ellos sobre los diferentes factores —fundamentalmente de nuestro sistema económico y de género— que causan dichos problemas. Es preciso encontrar ámbitos comunes y construir a partir de ellos para incitar a la gente a adherirse a movimientos en lugar de tener que sacarlos de ellos. Gran parte de esta cuestión consiste en crear movimientos basados en la esperanza. Jeff Sparrow defiende esta posición cuando propone cómo afrontar los movimientos racistas, sobre todo en respuesta a la matanza de Christchurch. Dice que «los antirracistas deben ofrecer una verdadera alternativa que vaya más allá de criticar a la derecha. Más que nada, es preciso que ofrezcan esperanza» (Sparrow, 2019: 128). Sparrow señala por ejemplo el trabajo de Naomi Klein, que sostiene que el cambio climático no es solo una crisis, sino que también puede ser una oportunidad para mejorar el mundo: ofrece un espacio en el que «plantear políticas que mejoren radicalmente las vidas, cierren la brecha entre ricos y pobres, creen un número enorme de buenos puestos de trabajo y refuercen la democracia de abajo arriba» (Klein, 2014: 10). Los movimientos en respuesta a la crisis de la masculinidad pueden hacerlo, deberían hacerlo y en muchos casos ya están haciéndolo. Deberíamos infundir a los hombres ya desafectos la esperanza de que, si se unen a este tipo de movimientos, pueden formar parte de una lucha que les dará mayor seguridad laboral, que reducirá su aislamiento y que abordará temas muy reales como las tasas de suicidio masculino y las muertes por accidente laboral. También podemos generar confianza en que los movimientos feministas incorporarán a estos hombres a sus causas y luchar contra los impactos de nuestras normas de género en todas las personas (esforzándonos al mismo tiempo por luchar contra el impacto de la violencia machista y la opresión contra las mujeres).

Quiero dejar una cosa meridianamente clara: esto no significa que yo esté insinuando que los movimientos sociales deberían tratar de interactuar con los líderes de la machosfera y, desde luego, tampoco con quienes promueven o perpetran la violencia contra las mujeres. Los medios de comunicación con frecuencia han cometido el error de dar visibilidad a los líderes de la extrema derecha y de la machosfera en un intento por debatir con ellos y arrojar luz sobre sus horribles ideologías. Con ello lo único que consiguen es presentar sus ideas como una parte legítima del discurso político, algo que no deseamos en absoluto que suceda. La investigación sobre las narrativas alternativas ha puesto de manifiesto que son más eficaces cuando se dirigen a individuos considerados «indecisos» (Roose *et al.*, 2022): los que no están totalmente integrados en grupos de la machosfera sino que permanecen un poco al margen o tal vez se sientan tentados por sus mensajes (Briggs y Feve, 2014: 4; Barzegar *et al.*, 2016: 6; El Sayed *et al.*, 2017: 33). No estoy diciendo que pensemos en cómo expulsar a Andrew Tate, Milo Yiannopoulos o Jorgan Peterson de estos espacios. Definitivamente no deberíamos tener debates o discusiones abiertas con ellos en televisión. Sin embargo, existe una gran diferencia entre gente como Tate y un hombre joven que se siente frustrado con el mundo. Tratarlos igual llevará a que sean iguales. Nuestro objetivo debería ser proporcionarle a ese joven una historia diferente, de modo que Tate no lo pueda abducir con sus ideas misóginas.

Las narrativas alternativas consisten en encontrar diferentes vías que las personas puedan tomar. Proporcionan un sustituto a la machosfera, otro espacio en el que los hombres puedan tener una sensación de apego y conexión. Estas narrativas no tienen el propósito de oponerse a las de la machosfera, sino simplemente el de presentar algo igual de convincente pero sin misoginia ni violencia. Esto no puede hacerse aisladamente, sino que debe inscribirse en un proceso que aborde las causas fundamentales de la alienación y la frustración individuales y grupales, en particular la destrucción de los servicios sociales y del empleo estable que se ha producido durante la era neoliberal. Las narrativas alternativas deben incluir soluciones a estos problemas.

Se trata de un cambio esencial para muchas personas activistas porque son numerosas las que, con razón, han reaccionado con vehemencia y se han opuesto radicalmente a luchar contra la machosfera. Sé que muchas de ellas, en particular las mujeres, están asustadas y enfadadas con los líderes de la machosfera y los hombres que la componen. No espero que todo el mundo esté dispuesto a interactuar con un hombre enfadado que defiende ideas misóginas. Pero quienes sí lo estamos es lo que tenemos que hacer. Así, además de detener el auge de la machosfera, se podría respaldar a movimientos sociales progresistas que necesitamos acuciantemente para afrontar las cuestiones sociales y económicas que han originado la machosfera.

No hay soluciones mágicas. Esto requiere esfuerzo. Pero es un esfuerzo que hay que hacer.

Capítulo 7

Conclusión

En abril de 2024, un hombre llamado Joel Cauchi entró en un centro comercial lleno de gente en el barrio de Bondi, a las afueras de Sídney, asesinó a seis personas con un cuchillo e hirió a varias más, incluida una bebé. Cinco de las seis personas que murieron eran mujeres, y el único hombre asesinado fue un guarda de seguridad que trató de intervenir. Esto no fue casualidad. En su investigación posterior, la policía afirmó que era «obvio» por las grabaciones del suceso que el objetivo de Cauchi eran las mujeres. Aunque no utilizaron estas palabras, se trataba potencialmente de un caso de violencia misógina. Cuando los medios de comunicación localizaron al padre de Cauchi y le preguntaron por qué pensaba que su hijo podía haber querido actuar así contra las mujeres, dio una respuesta que equiparaba siniestramente a Cauchi con Elliot Rodger: «Para vosotros es un monstruo. Para mí era un chico muy enfermo [...] quería tener una novia, no tenía habilidades sociales y se frustró tanto que se trastornó».

Al principio se pasó ampliamente por alto la componente de género del atentado de Cauchi (Copland, 2024). No es de extrañar. Las matanzas a menudo presentan sesgos de género, pero estos se suelen esconder bajo la alfombra porque la misoginia sencillamente a muchos líderes o a las fuerzas y agencias de seguridad les resulta demasiado próxima para querer afrontarla (Copland, 2024). En este caso, los medios se agarraron a la explicación menos conflictiva de que Cauchi tenía problemas de salud mental (lo que probablemente también fuera cierto). Desgraciadamente, esto no iba a durar. En los meses que siguieron, diversos hombres por todo el país acometieron una serie de ataques violentos, incluido el asesinato de varias mujeres en casos de violencia de género. Aunque se había olvidado en gran medida el sesgo de género de la matanza perpetrada por Cauchi, Australia no tardó en enzarzarse en un acalorado y necesario debate sobre la violencia perpetrada por hombres. Esto incluyó mítines, una importante cobertura por parte de la prensa y audaces declaraciones de miembros del Parlamento y del gobierno que afirmaban que harían todo lo posible por poner fin a la violencia.

Esto sucede de manera recurrente. Se produce un acto violento terrible al que siguen explosiones de dolor y rabia y promesas por parte de los gobiernos de que finalmente van a hacer algo, pero al final nunca se invierten recursos suficientes para impulsar el cambio que realmente se necesita, hasta que el ciclo vuelve a empezar. En este caso el gobierno australiano convocó un gabinete de crisis de los gobiernos federal y estatal y aprovechó la oportunidad para anunciar lo que llamaron un paquete de reformas de gran alcance, que incluía ayudas a las mujeres por 5.000 dólares australianos para salir de la violencia de género, junto con nuevas leyes que prohíben la pornografía *deepfake,* el *doxxing* y otras formas de acoso digital. Aunque se anunció como algo que iba a cambiar las reglas del juego, una vez más fue solo un parche que hizo parecer que el gobierno estaba haciendo algo cuando en realidad no cambió gran cosa. No estoy desacreditando el magnífico trabajo que hacen las abogadas y abogados y algunas magníficas organizaciones que trabajan en este ámbito: realmente están ocurriendo cosas. Tampoco estoy criticando a quienes organizan mítines o hacen muchísimo activismo en el día a día. Pero con demasiada frecuencia esto cae en saco roto y quienes se dedican al activismo o a la abogacía se ven luchando contra un sistema que no quiere acometer el gran cambio que se necesita. Todo esto estaba ocurriendo mientras estaba sumido en mi trabajo con las pruebas finales de este libro. Como ha sucedido reiteradas veces con mi investigación, ello me brindó una oportunidad inmejorable, y tremendamente triste, de dar un paso atrás y pensar en lo que quiero decir exactamente sobre la machosfera, la violencia ejercida por los hombres y el extremismo en términos más generales. ¿Qué lecciones es preciso que aprendamos para que podamos romper este ciclo y hallar soluciones reales, sólidas y duraderas a estos problemas?

Hay tres cosas que espero que te lleves de este libro. Aunque no creo que resuelvan el problema de la machosfera ni de la violencia machista en y por sí mismas, tengo la esperanza de que nos permitan dar un nuevo paso adelante.

La banalidad de la machosfera

Cuando se producen actos violentos como el de Cauchi, a menudo nos apresuramos a distanciarnos como personas y como sociedad de este tipo de hombres y de sus acciones. Lo habitual es recurrir a la utilización sutil de las palabras: a los autores de actos de violencia de género enseguida se les tilda de monstruos e inmediatamente se condena a cualquiera que manifieste su estupor alegando que en su opinión eran «buenas personas». Fue el caso del padre de Cauchi cuando dijo: «Quiero a un monstruo. Para vosotros es un monstruo pero para mí era un chico muy enfermo».

Hacemos lo mismo con la machosfera cuando hablamos de la comunidad como si de una forma de aberración se tratara. Incluso el término «extremista» lo sugiere: una persona que está ahí lejos, que no es parte de nosotros. La gente no suele considerar que la machosfera o la violencia machista formen parte de nuestra sociedad, sino más bien que es una manifestación de un grupo de individuos «malvados» que pasan el tiempo en los rincones oscuros de la web haciendo y diciendo cosas que se considerarían inadmisibles en el resto de la sociedad respetable. David Graeber (2011: 159) describe este fenómeno de un modo brillante:

> A la mayoría de las personas no nos gusta pensar demasiado en la violencia. Las que son lo suficientemente afortunadas para llevar una vida relativamente cómoda y segura en una ciudad moderna tienden bien a actuar como si no existiera, bien, cuando algo les recuerda lo contrario, a declarar que el mundo de «ahí fuera» en términos más amplios es un lugar terrible y brutal y que no hay nada que se pueda hacer para remediarlo.

Pero esto no es verdad. La machosfera, y la violencia que procede de ella, somos nosotros. Está profundamente imbricada en nuestra sociedad y en las ideologías e ideas que subyacen tras esta (Bratich y Banet-Weiser, 2019). Aunque a menudo me pregunto si debo decirlo en voz alta, por si acaso se me malinterpreta, la misoginia de la machosfera es banal. Cuando digo esto, no me refiero a que la misoginia sea intrascendente. La misoginia nunca carece de importancia, y los hombres de la machosfera han recurrido a ella para justificar varios ataques violentos. Sin embargo, la misoginia de la machosfera es banal en el sentido de que no es nueva. Aunque leer los mensajes suele resultar doloroso, no he descubierto ninguna muestra de misoginia en la machosfera particularmente sorprendente o extraordinaria. Todo lo que está escrito se ha construido sobre siglos de pensamiento misógino, y la machosfera no hace sino perpetuar una tradición que existía mucho antes de que aparecieran las redes sociales. Aunque es posible que a menudo los hombres de la machosfera se tengan a sí mismos por ingeniosos o transgresores, gran parte del contenido es bastante aburrido. Pensar en la machosfera de este modo es importante. Considerar que la machosfera es una aberración, o una comunidad que existe solo en los «rincones oscuros de la web», exime a las ideologías y a las instituciones dominantes del papel que desempeñan en el auge de esta comunidad. Hemos de pensar en esto de un modo diferente: no podemos resolver este problema con ajustes superficiales. Esto es exactamente lo que Anthony Albanese, primer ministro de Australia, dijo en respuesta al estallido de casos de violencia de género en el país. En un mitin (2024), declaró:

> Estamos aquí para afirmar que la sociedad, que Australia, tiene que esforzarse por mejorar. Tenemos que cambiar la cultura. Tenemos que cambiar las actitudes. Tenemos que cambiar el sistema legal. Tenemos que cambiar el enfoque de todos los gobiernos, porque no basta con apoyar a las víctimas. Tenemos que centrarnos en los agresores y en la prevención.

Lamentablemente, Albanese no dio continuidad a sus palabras con ninguna acción real, ni lo ha hecho ningún gobierno en ninguna parte del mundo. Albanese incluso llegó a contradecirse a sí mismo en este mismo mitin cuando trató con desprecio a la joven que había organizado el evento, hasta el punto de hacerla llorar (Crabb, 2024). ¿En qué cabeza cabe que el hecho de que el primer ministro haga llorar a una joven en la televisión nacional sea un buen ejemplo del «cambio de cultura»? Aquel instante puso de manifiesto que las dinámicas de poder marcadas por el género todavía son tremendamente reales en nuestra sociedad y lo difícil que resulta cambiarlas. No podemos resolver esta cuestión con más prohibiciones en redes sociales ni más subvenciones para ayudar a las mujeres a salir de la violencia (aunque dichas ayudas sean útiles): tenemos que afrontar las causas que originan la misoginia que subyace tras este movimiento.

LA INFLUENCIA DE LA QUEJA EN LA MACHOSFERA

Al hilo del debate sobre la violencia machista en Australia, muchos líderes políticos empezaron a hablar de la machosfera. Jacinta Allan (2024a), presidenta del gobierno del estado de Victoria, al introducir un paquete de reformas sobre la violencia familiar, aprovechó su presencia en el Parlamento para atacar a Andrew Tate y el papel que desempeña en el fomento de actitudes misóginas. Allan afirmó que «*online,* está pregonando el veneno más repulsivo y misógino […] este individuo ha tomado la masculinidad tóxica y la ha rociado de petróleo».

Por la misma época que los comentarios de Allan, un informe de la Monash University revelaba que se había producido un incremento significativo de los comportamientos y las actitudes misóginos, homófobos, racistas y alienantes entre algunos chicos de las escuelas primaria y secundaria en Australia (Wedesweiler, 2024). Los comentarios sobre dicho informe iban dirigidos directamente contra Tate, y una de las agencias de prensa dijo que «el mundo académico coincide en que, si bien existe una multitud de factores en juego en las escuelas, una parte importante de la retórica con carga sexual y violentamente misógina puede atribuirse a un hombre: Andrew Tate» (Wedesweiler, 2024).

No tengo reparos en que los políticos ataquen a Andrew Tate en sede parlamentaria, ni en que las agencias de comunicación señalen lo horrible que es (aunque deberíamos ser cautos y no darle demasiada cobertura en los medios). Es un ser odioso y no merece nuestro respeto. Pero lo que me parece frustrante de semejantes ataques es que dan por supuesto que su existencia basta para difundir la misoginia y para incitar a la gente a la violencia. No se analiza por qué esto puede resultarles atractivo a algunos hombres. En otras palabras: la gente puede decir lo que le parezca en internet; de hecho, muchas personas lo hacen. Pero solo unas pocas tienen tantos seguidores como Tate. Algo tiene que estar ocurriendo para que esto sea así.

Espero haberte convencido de que la razón por la que Tate tiene tantos seguidores no es que está sabiendo cómo atender las quejas de muchos hombres y ofreciéndoles una historia clara y coherente que los ayuda a comprender sus quejas y a sentir que pueden hacer algo al respecto. El personal académico de la Monash University lo ha reconocido, lo que resulta muy útil; Stephanie Westcott, la investigadora principal, afirma:

> Puede que los mensajes inequívocos [que Tate lanza] sobre cómo tener éxito y cómo ser hombre en el mundo también resulten atractivos para ellos porque las conversaciones actuales sobre el género y la sexualidad y temas como el consentimiento podrían resultar confusas para algunos chicos (cit. en Wedesweiler, 2024).

Aunque este es un punto de partida sólido, yo iría más lejos. Las quejas de los hombres no se centran solo en su género: se refieren a sus vidas en general. Muchas cosas han cambiado para los hombres (y para todas las personas) en las últimas décadas; y para muchos, las cosas han empeorado gravemente. Rechazo que esto sea una mera reacción ante su caída de una elevada posición de poder. Los hombres de la clase trabajadora y de la clase media en Occidente han tenido en general muy poco poder en comparación con sus compatriotas de las clases altas, y ahora tienen todavía menos. Lo que es peor es que incluso el sueño de llegar a la tierra prometida de una vida mejor les ha sido arrebatado. Como he señalado reiteradas veces, esto no es solo una realidad para los hombres: el mito del sueño de una vida mejor ha muerto para muchas personas en las últimas décadas. Los ricos se han hecho más ricos mientras que los pobres son cada día más pobres. Estas quejas nos las tomamos en serio cuando las expresan determinadas personas de nuestra sociedad; pero cuando son los hombres los que plantean este tipo de cuestiones, se les suele ningunear o se les dice que se lo merecen. Por lo tanto, no debe sorprendernos que una comunidad que les dice a estos hombres que sus sentimientos son reales y que les ofrece una historia que narra por qué se están produciendo estos problemas tenga semejante atractivo.

Pero no se trata solo de la queja. Los hombres acuden a la machosfera por un montón de razones: muchos tal vez lo hagan solo por jugar, por divertirse, por aprender o por observar lo que está ocurriendo. Otros, sin embargo, también buscan un sentimiento de conexión. Desde mi punto de vista, uno de los descubrimientos más interesantes ha sido la importancia del amor en la comunidad. Y precisamente el amor no es el término que a la mayoría de la gente se le viene a la cabeza cuando piensa en la machosfera. Desde luego, nunca es el que surge como primera reacción cuando le hablo a la gente sobre mi investigación. Sin embargo, comentarios sobre el amor, el sexo y las relaciones están por todas partes en la machosfera, al igual que en la sociedad. Es imposible eludirlos. La machosfera no es simplemente un espacio de misoginia, aunque gran parte del discurso sobre el amor tenga tintes misóginos. Por el contrario, es una comunidad llena de emociones diferentes y complejas; y he puesto de manifiesto que algunas de ellas, como el amor, la pertenencia o la emancipación, tienen más peso del que las personas ajenas a la comunidad podrían suponer.

Comprender esto es fundamental si queremos abordar la misoginia de la comunidad. No podemos contentarnos con censurar a Andrew Tate y esperar que con ello el problema desaparezca; tenemos que hacer mucho más. En honor a la verdad, la presidenta del estado de Victoria, en su exposición de la política del gobierno en materia de violencia de género, abordó en cierto modo la cuestión al anunciar que se esforzarían por «actuar contra la influencia de personas como Andrew Tate, garantizando que más chicos y hombres jóvenes tengan referentes adecuados para fomentar comportamientos positivos» (Allan, 2024b). Esto ayuda, aunque sea parcialmente, a reconocer que hemos de ofrecer a los hombres algo diferente de lo que en este momento están experimentando en el mundo. Pero no basta con buscar referentes positivos: también tenemos que afrontar las causas fundamentales de estos problemas, pues de lo contrario el tema seguirá surgiendo una y otra vez.

He escrito este libro firmemente convencido de que la sociedad tiene problemas serios provocados por la existencia de la machosfera, y de que es preciso que los abordemos. Creo que entender en profundidad estas comunidades y las estructuras en las que han surgido es un punto de partida esencial.

LA MACHOSFERA ES MALA PARA LOS HOMBRES

En un excelente artículo que analiza los motivos por los que los hombres maltratan a las mujeres, a Simon Port y a Sandra Rajic (cit. en Ayoub, 2024), que realizaron un programa denominado «Working With the Man» [«Trabajando con el hombre»], les preguntaban por qué los hombres maltratan a las mujeres. Entre las múltiples razones, citaban que muchos hombres lo hacen porque les proporciona una sensación de poder. Así lo expresaron:

> Los hombres hacen cosas para sentir poder, para tener esa sensación de falsa valentía. Algunos se muestran especialmente bravucones cuando están con otros hombres

para mostrar lo duros que son. Algunos se sienten muy amenazados por el feminismo y dicen que este ha ido demasiado lejos.

Estoy completamente de acuerdo con esto. Esta realidad también presenta un reto particular. Adquirir o recuperar una sensación de control o de poder puede por supuesto resultar bastante empoderador. Es probable que en estos momentos de misoginia y de violencia muchos hombres se sientan así. Es exactamente la sensación de control que tenía Arthur en *Joker*. Esto hace aún más difícil abordar la machosfera y la violencia ejercida por los hombres porque estos no suelen percibir lo negativa que es para ellos. Sabemos que la machosfera es mala para las mujeres y para nuestra sociedad. De lo que tenemos que hablar más, sin embargo, especialmente con sus usuarios, es de lo mala que es también para los hombres.

Curiosamente, lo primero que me he preguntado siempre es qué ofrece la machosfera a los hombres. Les brinda un espacio abierto y a menudo libre de juicio en el cual quejarse de sus vidas, de su experiencia con el sexo y las relaciones, de las mujeres y en concreto del feminismo. También les induce cierta esperanza de que van a poder resolver estas quejas.

Pero al observar a los hombres de la machosfera comentar este afán por una vida mejor, a menudo me ha llamado la atención su continua decepción con lo que la comunidad les ofrece, aun cuando no sean capaces de darse cuenta por sí mismos. La machosfera es una comunidad de hombres que buscan desesperadamente un medio que les permita mejorarse a sí mismos y mejorar sus vidas, aunque siempre son incapaces de lograrlo. Siendo testigo de esta desesperación, a menudo he sentido una enorme empatía por estos hombres. Se diría que están bloqueados, pues saben que algo está mal pero no son capaces de idear cómo salir de la situación en la que se encuentran. En el mismo artículo (Ayoub, 2024), Sian Ord de Relationships Australia lo explica en los siguientes términos:

«Por detrás de su fachada de control, estos hombres suelen sentirse muy desgraciados. Pero, al carecer de una guía de posibles comportamientos alternativos, siguen atrapados en un patrón destructivo». El apego de los hombres a los ideales de la masculinidad limita su potencial para explorar vidas diversas, mientras que las estructuras de las redes sociales afectan a la posibilidad de crear la deseada intimidad profunda. La machosfera es una estructura alienante que distancia a los hombres de sí mismos, de su comunidad y de la sociedad en general.

Estas estructuras alienantes son complejas, resultan confusas y no existen para todos los que participan en la machosfera. Sin embargo, esta y las redes sociales en sentido más amplio no son capaces de cumplir las promesas de emancipación y pertenencia que hacen a los individuos. Al mismo tiempo, se las arreglan para mantenerlos atrapados dentro de sus estructuras con la promesa continua de que conseguirán esa vida mejor siempre y cuando sigan perseverando.

Creo que esto una vez más abre ciertas vías para abordar algunos de los temas relacionados con este espacio. Es importante comprender que los individuos están tratando de encontrar el acceso a esa vida mejor a través de la machosfera, y entender también los fallos de la comunidad a la hora de proporcionar dicho acceso. Eso nos brinda la posibilidad de idear maneras para ofrecer un acceso a esa vida mejor que no conlleve la misoginia de la machosfera.

RESUMAMOS

La machosfera es un espacio con matices, complejo y desordenado al que los individuos acuden por múltiples razones. Hemos de tratar de comprender dichas razones y de tomárnoslas en serio. Además, hemos de asumir que esta comunidad no surgió de la nada. Es producto de nuestra sociedad; de hecho, es una extensión natural de las ideas y de la ideología que subyace tras el modo de funcionar de nuestro mundo. Si queremos abordar los problemas asociados con la machosfera, hemos de comprender estas cuestiones. De lo contrario, seguiremos avanzando a trompicones mientras hombres como Andrew Tate reclutan cada día a nuevos seguidores.

Bibliografía

ABRAMS, Z., «Boys are facing key challenges in school. Inside the effort to support their success», *Monitor on Psychology,* 54(3): 46-53, 2023.

ACLU, «Surveillance Under The Patriot Act», 2023; https://www.aclu. org/issues/national-security/privacy-and-surveillance/surveillance-under-patriot-act.

AHMED, S., *The Cultural Politics of Emotion,* Nueva York, Routledge, 2004. [Ed. cast.: *La política cultural de las emociones,* México, UNAM, 2015].

AHMED, S., y STACEY, J., «Testimonial cultures: an introduction», *Journal for Cultural Research,* 5(1): 1-6, 2001.

ALBANESE, A., «No more: national rally against gender based violence march», 2024; https://www.pm.gov.au/media/no-more-national-rally-against-gender-based-violence-march.

ALLAN, J., «Masculinity as cruel optimism», *NORMA,* 13(3-4): 175-190, 2018.

— cit. por C. Goode en Twitter, 2024a; https://twitter.com/calgodde/status/1796042758995808320.

— «Changing laws and culture to save women's lives», 2024b; https://www.premier.vic.gov.au/changing-laws-and-culture-save-womens-lives.

Almog, R., y Kaplan, D., «The nerd and his discontent: the seduction community and the logic of the game as a geeky solution to the challenges of young masculinity», *Men and Masculinities,* 20: 27-48, 2017.

Andrejevic, M., «Surveillance and alienation in the online economy», *Surveillance and Society,* 8(3): 278-287, 2011.

ANU, «Respectful relationshipsR, 2023; https://www.anu.edu.au/students/health-safety-wellbeing/respectful-relationships.

Arendt, H., *Eichmann in Jerusalem: A Report on the Banality of Evil,* Nueva York, Penguin Books, 1994. [Ed. cast.: *Eichmann en Jerusalén. Un estudio sobre la banalidad del mal,* Barcelona, Lumen, 1999].

Armstrong, M., «Friendships: less is now more», World Economic Forum, 2022; https://www.weforum.org/agenda/2022/11/friendships-less-is-now-more/.

Ayoub, S., «Power, patriarchy, victimhood, denial: three experts on why men hurt women», *The Guardian,* 8 de junio de 2024; https://www.theguardian.com/society/article/2024/jun/08/power-patriarchy-victimhood-denial-three-experts-on-why-men-hurt-women.

Baele, S.; Braces, L., y Coan, T., «From "incel" to "saint": analysing the violent worldview behind the 2018 Toronto attack», *Terrorism and Political Violence,* 33(8): 1667-1691, 2019.

Baggs, M., «Gilette faces backlash and boycott of "#MeToo advert"», *BBC News,* 15 de enero de 2019; https://www.bbc.com/news/newsbeat-46874617.

Banet-Weiser, S., «Postfeminism and popular feminism», *Feminist Media Histories,* 4(2): 152-156, 2018.

Barzegar, A.; Powers, S., y El Karihli, N., «Civic approaches to confronting violent extremism: sector recommendations and best practices», Institute for Strategic Dialogue, 2016; https://www.isdglobal.org/wpcontent/uploads/2016/10/civic_approaches_to_confronting_violent_extremism_digital_release.pdf.

Bates, L., *Men Who Hate Women,* Londres, Simon and Schuster, 2020. [Ed. cast.: *Los hombres que odian a las mujeres,* Madrid, Capitán Swing, 2023].

Baudrillard, J., *The Transparency of Evil,* Londres, Verso, 1993. [Ed. cast.: *La transparencia del mal. Ensayo sobre los fenómenos extremos,* Barcelona, Anagrama, 2006].

BERLANT, L., «The female complaint», *Social Text,* 19/20: 237-259, 1998.

— «The subject of true feeling: pain, privacy, and politics», en W. Brown y J. Halley (eds.), *Left Legalism / Left Critique,* Durham (NC), Duke University Press, 2002.

— *The Female Complaint,* Durham (NC), Duke University Press, 2008.

— *Cruel Optimism,* Durham (NC), Duke University Press, 2011. [Ed. cast.: *El optimismo cruel,* Buenos Aires, Caja Negra Editora, 2006].

— *Desire/Love,* Brooklyn (NY), Punctum Books, 2012. [Ed. cast.: *El sexo o lo insoportable. Deseo/Amor,* Madrid, Editorial Irrecuperables, 2024].

BIRD, S. R., «Welcome to the men's club: homosociality and the maintenance of hegemonic masculinity», *Gender & Society,* 10: 120-132, 1996.

BLOCH, J., «The new and improved Clint Eastwood: change and persistence in promise keepers self-help literature», *Sociology of Religion,* 61: 11-30, 2000.

BOKEK-COHEN, Y.; PERES, Y., y KANAZAWA, S., «Rational choice and evolutionary psychology as explanations for mate selectivity», *Journal of Social, Evolutionary, and Cultural Psychology,* 2(2): 42-55, 2008.

BORIS, E., «Book review: American gold digger: marriage, money, and the law from the Ziegfeld Follies to Anna Nicole Smith», *Journal of Family History,* 46(4): 513-516, 2021.

BOWLES, N., «Jordan Peterson, custodian of the patriarchy», *The New York Times,* 18 de mayo de 2018; https://www.nytimes.com/2018/05/18/style/jordan-peterson-12-rules-for-life.html.

BRATICH, J., «Redpilling and the archaic roots of patriarchal post-truth», en J. Harson (ed.), *Re-thinking Mediations of Post-truth Politics and Trust,* Londres, Taylor y Francis, 2024, págs. 89-108.

BRATICH, J., y BANET-WEISER, S., «From pick-up artists to incels: con(fidence) games, networked misogyny, and the failure of neoliberalism», *International Journal of Communication,* 13: 5003-5027, 2019.

BRENNER, J., y RAMAS, M., «Rethinking women's oppression», *New Left Review,* 144: 1-39, 1984.

BRIGGS, R., y FEVE, S., «Policy briefing: countering the appeal of extremism online», Institute for Strategic Dialogue, 2014; https://www.dhs.gov/sites/default/files/publications/Countering%20 the%20Appeal%20of%20Extremism%20Online-ISD%20Report. pdf.

BROWITT, J., «The garage as vernacular museum: reading contemporary masculinity through "man caves"», en J. Lloyd y E. Vasta (eds.), *Reimagining Home in the 21st Century,* Cheltenham, Edward Elgar, 2017.

BROWN, M., y BROWN, S., *She is Not Your Rehab,* Nueva Zelanda, Penguin Ryom House, 2021.

BROWN, W., *States of Injury: Power and Freedom in Late Modernity,* Princeton (NJ), Princeton University Press, 1995. [Ed. cast.: *Estados del agravio: poder y libertad en la modernidad tardía,* Madrid, Lengua de Trapo, 2019].

— *Undoing the Demos: Neoliberalism's Stealth Revolution,* Nueva York, Zone Books, 2015. [Ed. cast: *El pueblo sin atributos: la secreta revolución del neoliberalismo,* Barcelona, Malpaso, 2016].

— *In the Ruins of Neoliberalism: The Rise of Antidemocratic Politics in the West,* Nueva York, Columbia University Press, 2019. [Ed. cast.: *En las ruinas del neoliberalismo: el ascenso de las políticas antidemocráticas en Occidente,* Madrid, Traficantes de Sueños, 2021].

BUCKLEY, R., «Hypergamy», en C. Shehan (ed.), *Encylopedia of Family Studies,* Hoboken (NJ), Wiley, 2016.

BUDGEON, S., «Making feminist claims in the post-truth era: the authority of personal experience», *Feminist Theory,* 22(2): 248-267, 2021.

BURGESS, M., «Director-General's annual threat assessment», Australian Security Intelligence Organisation, 2021; https://www. asio.gov.au/resources/speeches-and-statements/director-generals-annual-threat-assessment-2021.

BURNETT, S., «The battle for "NoFap": myths, masculinity, and the meaning of masturbation abstention», *Men and Masculinities,* 25(3): 477-496, 2022.

BURNS, K., «No, the war in Ukraine isn't because of pronouns», *Medium,* 2022; https://gen.medium.com/no-the-war-in-ukraine-wasnt-because-of-pronouns-c3e3e8f938a3.

BUTLER, P., «Male suicide rate hits two-decade high in England and Wales», *The Guardian,* 1 de septiembre de 2020; https://www.theguardian.com/society/2020/sep/01/male-suicide-rate-england-wales-covid-19.

CAMERON, D., *The Myth of Mars and Venus,* Oxford, Oxford University Press, 2007.

— «Gender, language, and the new biologism», *Constellations,* 17(4): 526-539, 2010.

— «Evolution, language and the battle of the sexes», *Australian Feminist Studies,* 30(86): 351-358, 2015.

CARAH, N., «Curators of databases: circulating images, managing attention and making value on social media», *Media International Australia,* 150: 137-142, 2014.

— «What do participants on digital media produce? Tracking the development of Hello Sunday Morning from a blog to a social network, to a self-tracking app», *International Journal of Cultural Studies,* 23(4): 512-530, 2020.

CASTELLS, M., *The Rise of the Network Society,* Oxford, Blackwell Publishers, 1996. [Ed. cast.: *La sociedad red,* tomo I de la trilogía *La era de la información: economía, sociedad y cultura,* Madrid, Alianza Editorial, 2005].

CHAN, W., «Alex Jones owes $1.5bn and declared bankruptcy. So how is Infowars still running?», *The Guardian,* 8 de diciembre de 2022; https://www.theguardian.com/us-news/2022/dec/07/alex-jones-infowars-bankruptcy.

CHANDRASEKHARAN, E.; PAVALANATHAN, U.; SRINIVASAN, A.; GLYNN, A.; EISENSTEIN, J., y GILBERT, E., «You can't stay here: the efficacy of Reddit's 2015 ban examined through hate speech», *Proceedings of the ACM on Human-Computer Interaction,* 1: art. 31, 2017.

CHEN, E., «Caught in a bad bromance», *Texas Journal of Women and the Law,* 21(2): 241-266, 2012.

CHIA, A., «Welcome to me-mart: the politics of user-generated content in personal blogs», *American Behavioral Scientist,* 56(4): 421-438, 2012.

CHUDY, E., «Desperate "ex-gay" Milo Yiannopoulos flogs Virgin Mary statues on Christian shopping channel», *PinkNews,* 16 de noviembre de 2021; https://www.thepinknews.com/2021/11/16/milo-yiannopoulos-virgin-mary-statues-christian/.

CLARE, A., *On Men: Masculinity in Crisis,* Londres, Chatto and Windus, 2000. [Ed. cast.: *Hombres: la masculinidad en crisis,* Barcelona, Taurus, 2002].

CLARKE, N.; JENNINGS, W.; MOSS, J., y STOKER, G., «The rise of anti-politics in Britain», University of Southampton, 2016; https://antipolitics.soton.ac.uk/files/2014/10/The-rise-of-anti-politics-in-Britain.pdf.

COLAS, D., *Civil Society and Fanaticism: Conjoined Histories,* Stanford (CA), Stanford University Press, 1997.

CONNELL, R. W., *Masculinities,* Cambridge, Polity Press, 1995. [Ed. cast.: *Masculinidades,* México, UAM, 2015].

CONNELL, R. W., y MESSERSCHMIDT, J. W., «Hegemonic masculinity: rethinking the concept», *Gender & Society,* 19(6): 829-859, 2005.

COPLAND, S., «How do you prevent extremism?», *BBC Future,* 2019; https://www.bbc.com/future/article/20190501-how-do-you-prevent-extremism.

— «Reddit quarantined: can changing platform affordances reduce hateful material online?», *internet Policy Review,* 9(4): 1-26, 2020.

— «The online Manosphere and misogyny in the far-right: the case of the #thotaudit», en M. Devries, J. Bessant y R. Watts (eds.), *Rise of the Far Right: Technologies of Recruitment and Mobilization,* Lanham (MD), Rowman and Littlefield, 2021.

— *Reddit, the Manosphere and the male complaint,* tesis doctoral, Canberra, The Australian National University, 2022; https://openresearchrepository.anu.edu.au/handle/1885/265930.

— «Misogynistic mass violence is on the rise. Why are we ignoring it?», ANU Reporter, 26 de abril de 2024; https://reporter.anu.edu.au/all-stories/misogynistic-mass-violence-is-on-the-rise-why-are-we-ignoring-it.

COSMOPOLITAN, «These women have never had a relationship. Here's how they really feel about it», *Cosmopolitan Magazine,* 13 de marzo de 2020; https://www.cosmopolitan.com/uk/love-sex/relationships/a31466754/never-had-boyfriend/.

COSTON, B., y KIMMEL, M., «White men as the new victims: reverse discrimination cases and the men's rights movement», *Nevada Law Journal,* 13(2): 368-385, 2013.

COTTEE, S., «Incel (e)motives: resentment, shame and revenge», *Studies in Conflict and Terrorism,* 44(2): 93-114, 2021.

Cottee, S., y Hayward, K., «Terrorist (e)motives: the existential attractions of terrorism», *Studies in Conflict & Terrorism,* 34(12): 963-986, 2011.

Courtney, J., «Real men do housework: ethos and masculinity in contemporary domestic advise», *Rhetoric Review,* 28: 66-81, 2009.

Cover, R., «Suicides of the marginalised: cultural approaches to suicide, minorities and relationality», *Cultural Studies Review,* 22(2): 90-113, 2016.

Cox, D., «The state of American friendship: change, challenge and loss», Survey Center on American Life, 2021a; https://www.americansurveycenter.org/research/the-state-of-american-friendship-change-chal lenges-and-loss/.

— «Men's social circles are shrinking», Survey Center on American Life, 2021b; https://www.americansurveycenter.org/why-mens-social-circles-are-shrinking/.

Coyne, J., «Why is the Morrison Government pushing for new terrorism legislation?», *ABC News,* 4 de julio de 2019; https://www.abc.net.au/news/2019-07-04/dutton-counter-terror-laws-could-backfire/11275524.

Crabb, A., «Albanese was so desperate to prove he cares about gendered violence, he forgot one thing: if you're a proper leader, it's not about you», *ABC News,* 1 de mayo de 2024; https://www.abc.net.au/news/20 24-05-01/albanese-gendered-violence-rally/103785858.

Cunningham, K., «"Sale funnels" and high-value men: the rise of strategic dating», *The Guardian,* 8 de agosto de 2021; https://www.theguardian.com/lifeandstyle/2021/aug/08/sales-funnels-and-high-value-men-the-rise-of-strategic-dating.

Daggett, C., «Petro-masculinity: fossil fuels and authoritarian desire», *Millennium: Journal of International Studies,* 47(1): 25-44, 2018.

Daly, S., y Laskovtsov, A., «"Goodbye, my friendcels": an analysis of Incel suicide posts», *Journal of Qualitative Criminal Justice and Criminology,* 11(1), 2022.

De Boise, S., *Men, Masculinity, Music and Emotions,* Londres, Palgrave Macmillan, 2015.

De Boise, S., y Hearn, J., «Are men getting more emotional? Critical sociological perspectives on men, masculinities and emotions», *The Sociological Review,* 65(4): 779-796, 2017.

DeGue, S., «Preventing sexual violence on college campuses: lessons from research and practice», White House Task Force to Protect Students from Sexual Assault, 2014; https://www.time.com/wp-content/uploads/2014/09/evidence-based-strategies-for-the-prevention-of-sv-perpetration.pdf.

Diken, B., *Nihilism,* Londres, Routledge, 2009.

Dixon, T., *From Passions to Emotions: The Creation of a Secular Psychological Category,* Cambridge, Cambridge University Press, 2005.

Dobson, A.; Carah, N., y Robards, B., «Digital intimate publics and social media: towards theorising public lives on private platforms», en A. Dobson, B. Robards y N. Carah (eds.), *Digital Intimate Publics and Social Media,* Cham, Suiza. Palgrave Macmillan, 2018.

Donaghue, N., «The "facts" of life? How the notion of evolved brain differences between women and men naturalises biological accounts of sex/gender», *Australian Feminist Studies,* 30(86): 359-365, 2015.

Dragiewicz, M., y Mann, R., «Fighting feminism-organised opposition to women's rights: guest editors introduction», *International Journal for Crime, Justice and Social Democracy,* 5(2): 1-5, 2016.

Duriesmith, D., «Adaptation of militarized masculinity and violent extremism in the southern Philippines in conflicting identities: the nexus between masculinities, femininities and violent extremism in Asia», Bangkok, UNDP y UN Women, 2020.

Dwyer, C., «Donald Trump: "I could... shoot somebody, and I wouldn't lose any voters"», *NPR,* 23 de enero de 2016; https://www.npr.org/sections/thetwo-way/2016/01/23/464129029/donald-trump-i-could-shoot-somebody-and-i-wouldnt-lose-any-voters.

Edelstein, D., «Joker is one unpleasant note played louder and louder», *Vulture,* 1 de octubre de 2019; https://www.vulture.com/2019/10/joker-movie-review-joaquin-phoenix-as-arthur-fleck.html.

Edley, N., *Men and Masculinity,* Londres y Nueva York, Routledge, 2017.

Edley, N., y Wetherell, M., «Jekyll and Hyde: men's constructions of feminism and feminists», *Feminism & Psychology,* 11(4): 439-457, 2001.

EL SAYED, L.; FARIS, T., y ZEIGER, S., «Undermining violent extremist narratives in the Middle East and North Africa: a how-to guide», Hedayah, 2017; https://hedayah.com/resources/undermining-violent-extremism-narratives-in-the-middle-east-and-north-africa-a-how-to-guide/.

ELKIN-KOREN, N., «User-generated platforms», en R. Dreyfuss, D. Zimmerman y H. First (eds.), *Working Within the Boundaries of Intellectual Property: Innovation Policy for the Knowledge Society,* Oxford, Oxford University Press, 2010.

ELLWOOD, Z., «Meaning of the "Joker" movie: what you missed», *Medium,* 13 de octubre de 2019; https://apokerplayer.medium.com/meaning-of-the-joker-movie-what-you-missed-5aa160b3f012.

EQUIMUNDO, «State of American men 2023», *Equimundo,* 2023; https://www.equimundo.org/resources/state-of-american-men/.

EUROPEAN NETWORK AGAINST RACISM, «Suspicion, discrimination and surveillance: the impact of counter-terrorism law and policy on racialist groups at risk of racism in Europe», 2021; https://www.enar-eu.org/wp-content/uploads/suspicion_discrimination_surveillance_report_2021.pdf.

EXIT-GERMANY, «EXIT-Germany: we provide ways out of extremism», 2022; https://www.exit-deutschland.de/english.

FALUDI, S., *Stiffed: The Betrayal of the Modern Man,* Londres, Chatto & Windus, 1999.

FARRELL, T.; FERNYEZ, M.; NOVOTNY, J., y ALANI, H., «Exploring misogyny across the Manosphere in Reddit», *WebSci '19 Proceedings of the 10th ACM Conference on Web Science,* 87-96, 2019.

FARVID, P.; BRAUN, V., y ROWNEY, C., «"No girl wants to be called a slut!": women, heterosexual casual sex and the sexual double standard», *Journal of Gender Studies,* 26(5): 544-560, 2015.

FEDERICI, S., *Witches, Witch-Hunting, and Women,* Oakland (CA), PM Press, 2018.

FISHER, E., *Media and New Capitalism in the Digital Age: The Spirit of Networks,* Nueva York, Palgrave Macmillan, 2010.

— «How less alienation creates more exploitation: audience labour on social network sites», *TripleC: Cognition, Communication, Cooperation,* 10(2): 171-183, 2012.

Flood, M., «Men, sex, and homosociality: how bonds between men shape their sexual relations with women», *Men and Masculinities,* 10(3): 339-359, 2008.

Forrest, S., «Young men in love: the (re)making of heterosexual masculinities through serious relationships», *Sexual and Relationship Therapy,* 25: 206-218, 2010.

Foucault, M., *The History of Sexuality: Volume One,* Victoria, Penguin Books, 1976. [Ed. cast.: *Historia de la sexualidad I,* México, Siglo XXI, 2024].

Freud, S., *Civilization and its Discontents,* Londres, Norton, 1961. [Ed. cast.: *El malestar en la cultura,* Madrid, Akal, 2016].

Galle, S., «MGTOW: the ultimate guide to the men going their own way movement», MensGroup, s.f.; https://mensgroup.com/mgtow/.

Gavey, N.; McPhillips, K., y Braun, V., «Interruptus coitus: heterosexuals accounting for intercourse», *Sexualities,* 2(1): 35-68, 1999.

George, J., y Huynh, K., *The Culture Wars: Australian and American Politics in the 21st Century,* Melbourne, Palgrave Macmillan, 2009.

Gest, J., *The New Minority: White Working Class Politics in an Age of Immigration and Inequality,* Oxford, Oxford University Press, 2016.

Gill, R., «Mediated intimacy and postfeminism: a discourse analytic examination of sex and relationship advice in a women's magazine», *Discourse & Communication,* 3(4): 345-369, 2009.

— «The affective, cultural and psychic life of postfeminism: 10 years on», *European Journal of Cultural Studies,* 20(6): 606-626, 2017.

Gillespie, T., «The politics of "platforms"», *New Media and Society,* 12(3): 347-364, 2010.

— *Custodians of the internet: Platforms, Content Moderation, and the Hidden Decisions that Shape Social Media,* New Haven (CT), Yale University Press, 2018.

Ging, D., «Alphas, betas, and incels: theorizing the masculinities of the Manosphere», *Men and Masculinities,* 22(4): 1-20, 2017.

— «Bros v. hos: postfeminism, anti-feminism and the toxic turn in digital gender politics», en D. Ging y E. Siapera (eds.), *Gender Hate Online: Understanding the New Anti-Feminism,* Cham, Suiza, Palgrave McMillan, 2019.

GLAZZARD, A., «Losing the plot: narrative, counter-narrative and violent extremism», *The International Centre for Counter-Terrorism – The Hague*, 8(8), 2017.

GRAEBER, D., *Debt: The First 5,000 Years*, Brooklyn (NY), Melville House, 2011.

— «What's the point if we can't have fun?», *The Baffler*, enero de 2014; https://thebaffler.com/salvos/whats-the-point-if-we-cant-have-fun.

GRAY, J., *Men are from Mars, Women are from Venus*, Nueva York, HarperCollins, 1992. [Ed. cast.: *Los hombres son de Marte, las mujeres son de Venus*, Barcelona, Grijalbo, 2025].

GREEN, A., «Cucks, fags and useful idiots: the othering of dissenting white masculinities online», en E. Harmer y K. Lumsden (eds.), *Online Othering: Exploring Violence and Discrimination on the Web*, Cham, Suiza, Palgrave Macmillan, 2019.

GUERRERO, J., «Why are men so lonely?», *The LA Times*, 15 de enero de 2024; https://www.latimes.com/opinion/story/2024-01-15/men-friendship-gen-z-loneliness.

HAFEZ, M., y MULLINS, C., «The radicalization puzzle: a theoretical synthesis of empirical approaches to homegrown extremism», *Studies in Conflict and Terrorism*, 38(11): 959-975, 2015.

HAGER, E., «For men in prison, child support becomes a crushing debt», *The Marshall Project*, 18 de octubre de 2015; https://www.themarshallproject.org/2015/10/18/for-men-in-prison-child-support-becomes-a-crushing-debt.

HAIDER, A., *Mistaken Identity: Race and Class in the Age of Trump*, Londres, Verso, 2018.

HALLE, D., «Displaying the dream: the visual presentation of family and self in the modern American household», *Journal of Comparative Family Studies*, 22(2): 217-229, 1991.

HAMMARÉN, N., y JOHANNSON, T., «Homosociality: in between power and intimacy», *SAGE Open*, 4(1): 1-11, 2014.

HARVEY, D., «Universal alienation», *triple*, 16(2): 424-439, 2018.

HAY, C., *Why We Hate Politics*, Cambridge, Polity Press, 2007.

HAZLEDEN, R., «Love yourself: the relationship of the self with itself in popular self-help texts», *Journal of Sociology*, 39: 413-428, 2003.

— «The pathology of love in contemporary relationship manuals», *The Sociological Review*, 52(2): 201-217, 2004.

HEIDEGGER, M., *The Question Concerning Technology and Other Essays,* Nueva York, Harper, 1977. [Ed. cast.: *La pregunta por la técnica,* Barcelona, Herder, 2021].

HELMOND, A., «The platformization of the web: making web data platform ready», *Social Media and Society,* 1(2): 1-11, 2015.

HEMMINGSEN, A.-S., y CASTRO, K. I., *The Trouble with Counter-Narratives,* Copenhague, Danish Institute for International Studies, 2017.

HEWITT, J. P., *Self and Society: A Symbolic Interactionist Perspective,* Boston (MA), Allyn & Bacon, 2003.

HILL, J., *See What You Made Me Do: Power, Control and Domestic Abuse,* Melbourne, Black Inc., 2019.

HINOJOSA, R., «Doing hegemony: military, men, and constructing a hegemonic masculinity», *The Journal of Men's Studies,* 18(2): 179-194, 2010.

HOCHSCHILD, A., «The commercial spirit of intimate life and the abduction of feminism: signs from women's advice books», *Theory, Culture and Society,* 11: 1-24, 1994.

— *Strangers in Their Own Land: Anger and Mourning on the American Right,* Nueva York, The New Press, 2016. [Ed. cast.: *Extraños en su propia tierra,* Madrid, Capitán Swing, 2018].

HOLLWAY, W., «Women's power in heterosexual sex», *Women's Studies International Forum,* 7(1): 63-68, 1984.

HOOKS, B., *The Will to Change: Men, Masculinity and Love,* Nueva York, Washington Square Press, 2004. [Ed. cast.: *El deseo de cambiar: hombres, masculinidad y amor,* Manresa, Bellaterra, 2021].

HUMPHRYS, E.; COPLAND, S., y MANSILLO, L., «Anti-politics in Australia: hypothesis, evidence and trends», *Journal of Australian Political Economy,* 86: 122-156, 2020.

HUNT, A., «The great masturbation panic and the discourses of moral regulation in nineteenth and early twentieth-century Britain», *Journal of the History of Sexuality,* 8(4): 575-615, 1998.

ILLOUZ, E., *Saving the Modern Soul: Therapy, Emotions, and the Culture of Self-help,* Berkeley (CA), University of California Press, 2008. [Ed. cast.: *La salvación del alma moderna: terapia, emociones y la cultura de la autoayuda,* Buenos Aires, Katz Editores, 2010].

— *Why Love Hurts: A Sociological Explanation,* Cambridge, Polity Press, 2012. [Ed. cast.: *Por qué duele el amor. Una explicación sociológica,* Buenos Aires, Katz Editores, 2023].

— *Cold Intimacies: The Making of Emotional Capitalism,* Cambridge, Polity Press, 2013. [Ed. cast.: *Intimidades congeladas. Las emociones en el capitalismo,* Buenos Aires, Katz Editores, 2007].

IRONWOOD, I., *The Manosphere: A New Hope for Masculinity,* Otto (NC), Red Pill Press, 2013.

JACKSON, S., y SCOTT, S., «Gut reactions to matters of the heart: reflections on rationality, irrationality and sexuality», *Sociological Review,* 45(4): 552-575, 1997.

JANE, E., «"Back to the kitchen, cunt": speaking the unspeakable about online misogyny», *Continuum,* 28(4): 558-570, 2014.

— «Incels are having plastic surgery to attract women, but it won't work», *ABC News,* 16 de junio de 2019; https://www.abc.net.au/news/2019-06-16/incels-plastic-surgery-for-face-improvement-misogyny-remains/11205336.

JAWORSKI, K., «The gendering of suicide», *Australian Feminist Studies,* 25(63): 47-61, 2010.

JONES, C.; TROTT, V., y WRIGHT, S., «Sluts and soyboys: MGTOW and the production of misogynistic online harassment», *New Media & Society,* 22(10): 1903-1921, 2019.

KALISH, R., y KIMMEL, M., «Suicide by mass murder: masculinity, aggrieved entitlement, and rampage school shootings», *Health Sociology Review,* 19(4): 451-464, 2010.

KAUR, G., «How do you solve a problem like Andrew Tate?», *ALiGN,* 27 de febrero de 2023; https://www.alignplatform.org/resources/blog-how-to-solve-problem-andrew-tate.

KELLY, A., «The housewives of white supremacy», *The New York Times,* 1 de junio de 2018; https://www.nytimes.com/2018/06/01/opinion/sun day/tradwives-women-alt-right.html.

KIMMEL, M., «Masculinity as homophobia: fear, shame, and silence in the construction of gender identity», en H. Brod y M. Kaufman (eds.), *Theorizing Masculinities,* Londres, Sage, 1994.

— *Manhood in America: A Cultural History,* Nueva York, Oxford University Press, 2011.

— «From men's liberation to men's rights: angry white men in the US», *openDemocracy,* 2014; https://www.opendemocracy.net/

en/5050/from-mens-liberation-to-mens-rights-angry-white-men-in-us/.

— *Angry White Men: American Masculinity at the End of an Era,* Nueva York, Nation Books, 2017. [Ed. cast.: *Hombres (blancos) cabreados. La masculinidad al final de una era,* Valencia, Barlin libros, 2023].

— *Healing from Hate: How Young Men get into and out of Violent Extremism,* Oakland (CA), University of California Press, 2018.

KIPER, J., «An obstacle to decolonising Europe: White nationalism and its co-option of Serbian propaganda», *Anthropological Journal of European Cultures,* 30(2): 112-122, 2021.

KLEIN, N., *This Changes Everything,* Harmondsworth, Penguin Books, 2014.

KNOW YOUR MEME, «Manosphere», *Know Your Meme,* 2015; https://knowyourmeme.com/memes/subcultures/Manosphere.

KRAFCHICK, J.; ZIMMERMAN, T.; HADDOCK, S., y BANNING, J., «Best-selling books advising parents about gender: a feminist analysis», *Family Relations,* 54: 84-100, 2005.

LIPMAN-BLUMAN, J., «Toward a homosocial theory of sex roles: an explanation of the sex segregation of social institutions», *Signs: Journal of Women in Culture and Society,* 1(3): 15-31, 1976.

LUMSDEN, K., «"I want to kill you in front of your children is not a threat. It's an expression of desire": discourses of online abuse, trolling and violence in r/MensRights», en K. Lumsden y E. Harmer (eds.), *Online Othering: Exploring Violence and Discrimination on the Web,* Basingstoke, Palgrave Macmillan, 2019.

LYMAN, P., «The domestication of anger: the use and abuse of anger in politics», *European Journal of Social Theory,* 7(2): 133-147, 2004.

MAC AN GHAILL, M., *The Making of Men: Masculinities, Sexualities and Schooling,* Buckingham (RU), Open University Press, 1994.

MAC AN GHAILL, M., y HAYWOOD, C., «Understanding boys: thinking through boys, masculinity and suicide», *Social Science & Medicine,* 74: 482-489, 2012.

MACARTHUR, J., y SHIELDS, S., «There's no crying in baseball, or is there? Male athletes, tears, and masculinity in North America», *Emotional Review,* 7(1): 39-46, 2015.

MacKinnon, C., *Toward a Feminist Theory of the State,* Cambridge (MA), Harvard University Press, 1989. [Ed. cast.: *Hacia una teoría feminista del Estado,* Madrid, Cátedra, 1995].

Maddison, S., «Private men, public anger: the men's rights movement in Australia», *Journal of Interdisciplinary Gender Studies,* 4(2): 39-51, 1999.

Mair, P., *Ruling the Void: The Hollowing of Western Democracy,* Londres, Verso, 2013. [Ed. cast: *Gobernando el vacío: la banalización de la democracia occidental,* Madrid, Alianza Editorial, 2015].

Maloney, M.; Roberts, S., y Graham, T., *Gender, Masculinity and Video Gaming: Analysing Reddit's r/gaming Community*, Cham, Suiza, Palgrave Macmillan, 2019.

Marcuse, H., *Negations: Essays in Critical Theory,* Londres, MayFly Books, 2009 (1968).

Marwick, A., y Caplan, R., «Drinking male tears: language, the Manosphere, and networked harassment», *Feminist Media Studies,* 18(4): 543-559, 2018.

Marx, K., *Capital: Volume 1,* Londres, Penguin Books, 1990. [Ed. cast.: *El capital. Obra completa. Tomo 1,* Madrid, Siglo XXI, 2017].

— *The Economic & Philosophic Manuscripts of 1844*, 2009 (1844); https://www.marxists.org/archive/marx/works/1844/manuscripts/preface.html. [Ed. cast.: *Manuscritos de economía y filosofía,* Madrid, Alianza Editorial, 2013].

Massanari, A., *Participatory Culture, Community, and Play: Learning from Reddit,* Nueva York, Peter Lang, 2015.

— «Gamergate and the Fappening: how Reddit's algorithm, governance, and culture support toxic technocultures», *New Media and Society,* 19(3): 329-346, 2017.

McCormack, M., *The Declining Significance of Homophobia: How Teenage Boys Are Redefining Masculinity and Heterosexuality,* Oxford, Oxford University Press, 2012.

McCormack, M., y Anderson, E., «"It's just not acceptable any more": the erosion of homophobia and the softening of masculinity at an English sixth form», *Sociology,* 44(5): 843-859, 2010.

McKinnon, S., *Neo-Liberal Genetics: The Myths and Moral Tales of Evolutionary Psychology,* Chicago (IL), Prickly Paradigm Press, 2005.

McLean, S., y Vermeylen, L., «From getting ahead to getting back on one's feet: performing masculinity as a self-help reader», *Men and Masculinities,* 22(4): 716-737, 2019.

McRobbie, A., *The Aftermath of Feminism: Gender, Culture and Social Change,* Londres, Sage, 2009. [Ed. cast.: *El desmantelamiento del feminismo: Género, cultura y cambio social,* Madrid, Morata, 2023].

Messner, M., «Friendship, intimacy and sexuality», en S. Whitehead y F. Barrett (eds.), *The Masculinities Reader,* Cambridge, Polity, 2001.

Mete, V., «Four types of anti-politics: insights from the Italian case», *Modern Italy,* 15(1): 37-61, 2010.

Middleton, K., y Taylor, J., «Anthony Albanese backs campaign to ban children under 16 from social media», *The Guardian,* 21 de mayo de 2024; https://www.theguardian.com/australia-news/article/2024/may/21/anthony-albanese-social-media-ban-children-under-16-minimum-age-raised.

Miller, D., *Tales from Facebook,* Cambridge, Polity, 2011.

Moloney, M., y Love, T., «#TheFappening: virtual manhood acts in (homo)social media», *Men and Masculinities,* 21(5): 603-623, 2018.

Mooney-Somers, J., y Ussher, J., «Sex as commodity: single and partnered men's subjectification as heterosexual men», *Men and Masculinities,* 12(3): 353-373, 2010.

Moore, C., Tuit (url), 2019; https://twitter.com/Chadwick_Moore/status/1193076908809998336.

Moran, C., «Caitlan Moran: what's gone wrong for men and the thing that can fix them», *The Guardian,* 1 de julio de 2023; https://www.theguardian.com/society/2023/jul/01/caitlin-moran-whats-gone-wrong-for-men-and-the-thing-that-can-fix-them.

Morgan, D., *Discovering Men,* Londres, Routledge, 1992.

Mosseri, A., «Bringing people closer together», Facebook.com, 2018; https://about.fb.com/news/2018/01/news-feed-fyi-bringing-people-closer-together/.

Murphy, J., «What does John Gray have to say to feminism?», *Continuum: Journal of Media and Cultural Studies,* 15: 159-167, 2001.

— «Toronto professor Jordan Peterson takes on gender-neutral pronouns», *BBC,* 2016; https://www.bbc.com/news/world-us-canada-37875695.

NAGEL, J., «Masculinity and nationalism: gender and sexuality in the making of nations», *Ethnic and Racial Studies,* 21(2): 242-269, 1998.

NATIONAL CONFERENCE OF STATE LEGISLATURES (NCSL), «Child support and incarceration», 2022; https://www.ncsl.org/research/human-services/child-support-and-incarceration.aspx.

NEUBACK, K., y CAZENAVE, N., *Welfare Racism: Playing the Race Card Against America's Poor,* Nueva York, Routledge, 2001.

NICHOLAS, L., y AGIUS, C., *The Persistence of Global Masculinism: Discourse, Gender and Neo-colonial Re-articulations of Violence,* Cham, Suiza, Palgrave Macmillan, 2017.

NIETZSCHE, F., *The Complete Works of Friedrich Nietzsche,* vol. 11, Londres, Macmillan Company, 1914. [Ed. cast.: *Obras completas,* 4 vols., Madrid, Tecnos, 2016].

— *The Will to Power,* Nueva York, Vintage Books, 1968. [Ed. cast.: *La voluntad de poder,* Madrid, Edaf, 2006].

— *On the Genealogy of Morals and Ecce Homo,* Nueva York, Vintage Books, 1989. [Ed. cast.: *La genealogía de la moral: un escrito polémico,* Madrid, Alianza Editorial, 2011].

NILSSON-JULIEN, E., «Meet the trad wives: the anti-feminist influencers calling for traditional values», *Euronews.culture,* 28 de febrero de 2024; https://www.euronews.com/culture/2024/02/28/meet-the-trad-wives-the-anti-feminist-influencers-calling-for-traditional-values.

NOVAK, M., *Awakening from Nihilism: Why Truth Matters,* Charlottesville (VA), University of Virginia Press, 1995.

O'NEILL, R., *Seduction: Men, Masculinity and Mediated Intimacy,* Cambridge, Polity, 2018a.

— «Not all dead white men: classics and misogyny in the digital age, by Donna Zuckerberg», *The Times Higher Education,* 2018b; https://www.timeshighereducation.com/books/book-of-the-week/not-all-dead-white-men-classics-and-misogyny-digital-age-donna-zuckerberg-harvard-university-press.

PATEL, T., «It's not about security, it's about racism: counter-terror strategies, civilizing processes and the post-race fiction», *Palgrave Communications,* 3: art. 17031, 2017.

PEARSON, E., «Extremism and toxic masculinity: the man question re-posed», *International Affairs,* 95(6): 1251-1270, 2019.

PETERSON, J., *12 Rules for Life: An Antidote to Chaos,* Canadá, Random House, 2018. [Ed. cast.: *12 reglas para vivir,* Barcelona, Planeta, 2018].

— «Jordan B. Peterson warns Congress of government-corporate collusion», *Sky News Australia,* 8 de marzo de 2024; https://www.skynews.com.au/world-news/united-states/jordan-b-peterson-warns-congress-of-governmentcorporate-collusion/video/b27c22d2ebe54648cf9b5940e72fb8c0.

RAFAIL, P., y FREITAS, I., «Grievance articulation and community reactions in the men's rights movement online», *Social Media + Society,* 5(2): 1-11, 2019.

RASMUSSEN, M. L.; HAAVIND, H., y DIESERUD, G., «Young men, masculinities, and suicide», *Archives of Suicide Research,* 22(2): 327-343, 2018.

REDDITINC.COM, *Dive Into Anything,* 2022; https://www.redditinc.com/.

REED, A.; INGRAM, H., y WHITTAKER, J., «Countering terrorist narratives», Parlamento Europeo, 2017; https://www.europarl.europa.eu/RegData/etudes/STUD/2017/596829/IPOL_STU(2017)596829_EN.pdf.

REGINSTER, B., *The Affirmation of Life: Nietzsche on Overcoming Nihilism,* Cambridge (MA), Harvard University Press, 2006.

REY, P. J., «Alienation, exploitation, and social media», *American Behavioral Scientist,* 56(4): 399-420, 2012.

RIBEIRO, M. H.; JHAVER, S.; ZANNETTOU, S.; BLACKBURN, J.; DE CRISTOFARO, E.; STRINGHINI, G., y WEST, R., «Does platform migration compromise content moderation? Evidence from r/The_Donald and r/Incels», prepublicación arXiv, arXiv:2010.10397, 2020.

ROBERTS, S., «Boys will be boys... won't they? Change and continuities in contemporary young working-class masculinities», *Sociology,* 47(4): 671-686, 2013.

ROGERS, P., «Israel's assault on Gaza provides breeding ground for Hamas», *Open Democracy,* 2023; https://www.opendemocracy.net/en/ha mas-israel-palestine-war-breeding-ground-new-recruits-paul-rogers/.

ROOSE, J., *Political Islam and Masculinity: Muslim Men in Australia,* Nueva York, Palgrave Macmillan, 2016.

— «"Ideological masculinity" that drives violence against women is a form of violent extremism», The Conversation, 12 de julio de 2018; https://theconversation.com/ideologicalmasculinity-that-drives-violence-against-women-is-a-form-violent-extremism-99603.

ROOSE, J.; FLOOD, M.; GREIG, A.; ALFANO, M., y COPLAND, S., *Masculinity and Violent Extremism*, Cham, Suiza, Palgrave Macmillan, 2022.

ROSAND, E., y WINTERBOTHAM, E., «Do counter-narratives actually reduce violent extremism?», *Brookings*, 20 de marzo de 2019; https://www.brookings.edu/articles/do-counter-narratives-actually-reduce-violent-extremism/.

ROSE, N., *Inventing Ourselves: Psychology, Power, and Personhood*, Cambridge, Cambridge University Press, 1998. [Ed. cast.: *La invención del sí mismo. Poder, ética y subjetivación*, Santiago de Chile, Pólvora Editorial, 2019].

SABBAGH, D., «Longer jail time for terrorists could backfire, says watchdog», *The Guardian*, 19 de febrero de 2020; https://www.theguardian.com/politics/2020/feb/19/longer-jail-time-for-terrorists-could-backfire-says-watchdog.

SALMELA, M., y VON SCHEVE, C., «Emotional roots of right-wing political populism», *Social Science Information*, 56(4): 567-595, 2017.

SALTER, M., «From geek masculinity to gamergate: the technological rationality of online abuse», *Crime, Media, Culture*, 14(2): 247-264, 2018.

— «The problem with a fight against toxic masculinity», *The Atlantic*, 27 de febrero de 2019; https://www.theatlantic.com/health/archive/2019/02/toxic-masculinity-history/583411/.

SANDLIN, J.; STEARNS, J.; MAUDLIN, J., y BURDICK, J., «"Now I aint's saying she a gold digger": Wal-Mart shoppers, welfare queens, and other gendered stereotypes of poor women in the big curriculum of consumption», *Cultural Studies – Critical Methodologies*, 11(5): 464-482, 2011.

SCHEDLER, A., «Anti-political-establishment parties», *Party Politics*, 2(3): 291-312, 1996.

SEARS, A., «Lean on me? The falling rate of friendship», *European Solidaire Sans Frontieres*, 2006; https://europe-solidaire.org/spip.php?article11452.

SENFT, T., y BAYM, N., «What does the selfie say? Investigating a global phenomenon», *International Journal of Communication*, 9: 1588-606, 2015.

SHE IS NOT YOUR REHAB, «She is not your rehab», 2022; https:// www.sheisnotyourrehab.com/about/she-is-not-your-rehab/.

SHELLER, M., «Mobile publics: beyond the network perspective», *Environment and Planning D: Society and Space,* 22(1): 39-52, 2004.

SHELLER, M., y URRY, J., «Mobile transformations of "public" and "private" life», *Theory, Culture & Society,* 20(3): 107-125, 2003.

SILVESTRI, L., «Precarity, nihilism, and grace», *International Journal of Cultural Studies,* 24(2): 360-377, 2021.

SIMPSON, M., *Male Impersonators: Men Performing Masculinity,* Londres, Routledge, 1994.

SINGER, I., *The Nature of Love: 1. Plato to Luther,* Chicago (IL), University of Chicago Press, 1984.

SMITH, D., «So how do you feel about that? Talking with Provos about emotion», *Studies in Conflict and Terrorism,* 41(6): 433-449, 2018.

SPARROW, J., *Trigger Warnings: Political Correctness and the Rise of the Right,* Melbourne, Scribe, 2018.

— *Fascists Among Us: Online Hate and the Christchurch Massacre,* Melbourne, Scribe, 2019.

SPOEHR, T., «The rise of wokeness in the military», Heritage Foundation, 3 de septiembre de 2022; https://www.heritage.org/defense/commentary/the-rise-wokeness-the-military.

SRNICEK, N., y WILLIAMS, A., *Inventing the Future: Postcapitalism and a World Without Work,* Londres, Verso, 2015. 2015. [Ed. cast.: *Inventar el futuro: postcapitalismo y un mundo sin trabajo,* Barcelona, Malpaso, 2017].

STATISTA, «Number of prisoners under jurisdiction of federal or state correctional authorities from 2005 to 2022, by gender», *Statista,* 2022; https://www.statista.com/statistics/252828/number-of-prisoners-in-the-us-by-gender/.

STEEDMAN, C., *Landscapes for a Good Woman: A Story of Two Lives,* Newark (NJ), Rutgers University Press, 1986.

STROZEWSKI, Z., «Proud Boys "rule book" revealed in trial sparks flurry of jokes, mockery», *Newsweek,* 23 de enero de 2023; https://www.newsweek.com/proud-boys-rule-book-revealed-sparks-jokes-mockery-1775926.

SUNRISEHOODIE, «MGTOW – hypergamy cares who the breadwinner is [status leakages]», *Patreon,* 2018; https://www.patreon.com/posts/mgtow-hypergamy-19576669.

TANNEN, D., *You Just Don't Understand! Men and Women in Conversation,* Nueva York, William Morrow, 1990.

TAPSCOTT, D., y WILLIAMS, A., *Wikinomics: How Mass Collaboration Changes Everything,* Nueva York, Penguin, 2006. [Ed. cast.: *Wikinomía: la nueva economía de las multitudes inteligentes,* Barcelona, Paidós, 2007].

TASKER, Y., y NEGRA, D., *Interrogating Postfeminism: Gender and the Politics of Popular Culture,* Durham (NC), Duke University Press, 2007.

TAYLOR, J., «Australia's online safety regulator has drawn a line in the sand for X. Will she prevail?», *The Guardian,* 2 de mayo de 2024; https://www.theguardian.com/australia-news/2024/may/02/australias-online-safety-regulator-has-drawn-a-line-in-the-sand-for-x-will-she-prevail.

TERRY, G., «"I'm putting a lid on that desire": celibacy, choice and control», *Sexualities,* 15(7): 871-889, 2012.

THE ADVOCATE, «Gay is the new black», *The Advocate,* 16 de noviembre de 2008; https://www.advocate.com/news/2008/11/16/gay-new-black.

THORBURN, J., «Exiting the Manosphere. A gendered analysis of radicalization, diversion and deradicalization narratives from r/IncelExit and r/ExRedPill», *Studies in Conflict & Terrorism,* 1-25, 2023; https://doi.org/10.1080/1057610X.2023.2244192.

TOMASSI, R., «Women in love», *The Rational Male,* 27 de diciembre de 2011; https://therationalmale.com/2011/12/27/women-in-love/.

— «Schedules of mating», *The Rational Male,* 23 de agosto de 2012; https://therationalmale.com/2011/08/23/schedules-of-mating/.

— *The Rational Male,* Nevada, Counterflow Media, 2013.

— «The pareto principle», *The Rational Male,* 23 de febrero de 2016; https://therationalmale.com/tag/8020-rule/.

TRAVIS, T., «Handles to hang on to our sobriety: commonplace books and surrendered masculinity in alcoholics anonymous», *Men and Masculinities,* 12(2): 175-200, 2009.

TRIGGERNOMETRY, «Jordan Peterson on "toxic femininity"», YouTube, 2021; https://www.youtube.com/watch?v=gX5Vaqx_nNg.

TYLER, M., «Managing between the sheets: lifestyle magazines and the management of sexuality in everyday life», *Sexualities,* 7(1): 81-106, 2024.

UNDERWOOD, M., «"We're all gonna make it brah": homosocial relations, vulnerability and intimacy in an online bodybuilding community», en A. Dobson, C. Robards y N. Carah (eds.), *Digital Intimate Publics and Social Media,* Cham, Suiza, Palgrave Macmillan, 2018.

VAN DIJCK, J., «Users like you? Theorizing agency in user-generated content», *Media, Culture & Society,* 31(1): 41-58, 2009.

— *The Network Society,* 3.ª ed., Londres, Sage, 2012.

— «Inequalities in the network society», en K. Johnson y N. Prior (eds.), *Digital Sociology: Critical Perspectives,* Londres, Palgrave Macmillan, 2013.

VAN METRE, L., y BISHAI, L., «Why violent extremism still spreads», *Just Security,* 11 de marzo de 2019; https://www.justsecurity. org/63169/violent-extremism-spreads/.

VAN VALKENBURGH, S., «"She thinks of him as a machine": on the entanglements of neoliberal ideology and misogynist cybercrime», *Social Media + Society,* 5(3): 1-12, 2019.

VILAR, E., *The Manipulated Man,* Nueva York, Farrar, Straus and Giroux, 1972. [Ed. cast.: *El varón domado,* Barcelona, Grijalbo, 1973].

WALING, A., «Problematising "toxic" and "healthy" masculinity for addressing gender inequalities», *Australian Feminist Studies,* 34(101): 362-375, 2019a.

— «Rethinking masculinity studies: feminism, masculinity, and poststructural accounts of agency and emotional reflexivity», *Journal of Men's Studies,* 27(1): 89-107, 2019b.

WAYNE, C., «Men have become too soft, emotional & girly», *Understanding Relationships,* 2012; https://understandingrelationships. com/men-have-become-too-soft-emotional-girly/47761.

WEDESWEILER, M., «The Andrew Tate factor behind a toxic behaviour problem at Australian schools», *SBS News,* 2024; https:// www.sbs.com.au/news/article/the-andrew-tate-factor-behind-a-toxic-behaviour-problem-at-australian-schools/idqvvye1y.

WESTER, S.; VOGEL, D.; PRESSLY, P., y HEESACKER, M., «Sex differences in emotion: a critical review of the literature and implications for counselling psychology», *The Counseling Psychologist,* 30(4): 630-652, 2002.

WHITE, T., «What did Hannah Arendt really mean by the banality of evil?», *Aeon,* 2018; https://aeon.co/ideas/what-did-hannah-arendt-really-mean-by-the-banality-of-evil.

WILLIAMS, E., TikTok video, TikTok, 2023; https://www.tiktok.com/@esteecwilliams/video/7193858884636020014.

WILLIAMS, P., «Authentic identities: straightedge subculture, music, and the internet», *Journal of Contemporary Ethnography,* 35(2): 173-200, 2006.

WILLIS, P., y VICKERY, A., «Loneliness, coping practices and masculinities in later life: findings from a study of older men living alone in England», *Health and Social Care in the Community,* 30: e2874-2883, 2022.

WILSON, J., «In defence of the patriarchy», *Breitbart.com,* 4 de diciembre de 2014; https://archive.md/eJEdg#selection-649.104-649.658.

— «The altright is in decline. Has antifascist activism worked?», *The Guardian,* 20 de marzo de 2018; https://www.theguardian.com/world/2018/mar/19/the-alt-right-is-in-decline-has-antifa-activism-worked.

YANG, J., «What a close read of the Isla Vista shooter's horrific manifesto, "My Twisted World," says about his values – and ours», *Quartz,* 26 de mayo de 2014; https://qz.com/213553/what-isla-vista-shooter-horrific-manifesto-my-twisted-world-says-about-values.

— «"Incels" are a rising threat in the US, secret service report finds», *The Guardian,* 16 de marzo de 2022; https://www.theguardian.com/us-news/2022/mar/16/involuntary-celibates-incels-threat-us-secret-service.

YIANNOPOULOS, M., «The sexodus, part 1: The men giving up on women and checking out of society», *Breitbart.com,* 4 de diciembre de 2014; https://archive.md/ocOGM#selection-547.40-547.136.

YOUTUBE, «About YouTube», *YouTube.com,* 2024; https://about.youtube/.

ZACHAREK, S., «*Joker* wants to be a movie about the emptiness of our culture. Instead, it's a prime example of it», *Time Magazine,* 31 de agosto de 2019; https://time.com/5666055/venice-joker-review-joaquin-phoenix-not-funny/.

ZIMMERMAN, T.; HADDOCK, S., y McGEORGE, C., «Mars and Venus: unequal planets», *Journal of Marital and Family Therapy,* 27: 55-68, 2001.

ZUCKERBERG, D., *Not All Dead White Men: Classics and Misogyny in the Digital Age,* Cambridge (MA), Harvard University Press, 2018.

Índice analítico

Índice